DIE ZUKUNFT BEGINNT HEUTE

Impulse für einen gesellschaftlichen Wandel

Die Zukunft beginnt heute

Impulse für einen gesellschaftlichen Wandel

Christoph Gringmuth
Marianne Grimmenstein-Balas
Michael Meyen
Ricardo Leppe
Friederike de Bruin
Franz Ruppert
Christopher Schümann
Mathias Forster
Erwin Thoma
Vera Zingsem
Frank Lustig

Driediger Verlag

Dahlienweg 13 * 49124 Georgsmarienhütte
E-Mail: verlag@driediger.de

Anthologie
Die Zukunft beginnt heute. Impulse für einen gesellschaftlichen Wandel

Autoren: Dr. Christoph Gringmuth, Marianne Grimmenstein-Balas, Prof. Dr. Michael Meyen, Ricardo Leppe, Friederike de Bruin, Prof. Dr. Franz Ruppert, Christopher Schümann, Mathias Forster, Dr. Ing. Erwin Thoma, Vera Zingsem, Frank Lustig

Redaktionsteam: Anja Pauls, Frank Lustig, Elvira Driediger, Dr. Christoph Gringmuth, Vera Zingsem

Umschlaggestaltung: Bianca Meding
Foto Titelseite: © Lia_Russy/Shutterstock
Druck: Friedrich Pustet GmbH & Co. KG, Regensburg

ISBN: 978-3-932130-67-0

Alle Rechte der Nutzung und Verbreitung der einzelnen Beiträge sind vorbehalten und unterliegen der Genehmigung des Verlages.

Inhalt

Vorwort der Herausgeberin — 7

Christoph Gringmuth: Geld oder Leben – oder beides?
Neue Ökonomieansätze für eine souveräne Demokratie — 15

Marianne Grimmenstein-Balas: Gestörte Demokratie.
Wege in eine faktische Gewaltenteilung — 57

Michael Meyen: Mit zwei Euro in die Freiheit.
Wie wir den Journalismus besser machen können — 79

Ricardo Leppe: Bildung leicht gemacht. Die Schule der Zukunft
in zwei Schritten — 103

Friederike de Bruin: Menschlichkeit von Anfang bis Ende.
Geburt und Tod als Eckpfeiler unseres Lebens — 135

Franz Ruppert: Ich will leben, lieben und geliebt werden.
Wege zu einer menschlicheren Gesellschaft — 161

Christopher Schümann/Mathias Forster: Zurück in die Balance
Heilsame Aspekte zur Zukunft der Gesellschaft aus der Perspektive
der Landwirtschaft — 193

Erwin Thoma: Häuser wie der Baum, Städte wie der Wald.
Naturgemäß bauen — 255

Vera Zingsem: Weltverwoben. Der innere Zusammenhang
von Gottesbild, Weltbild, Menschenbild und Ethik — 269

Frank Lustig: Nachwort — 305

Danksagung — 317

Vorwort der Herausgeberin

„Das Geheimnis des Wandels liegt nicht darin,
das Vergangene zu bekämpfen, sondern alle Energie
darauf zu richten, das Neue aufzubauen."

Dan Millman [1]

Seit Jahrtausenden stellen sich Menschen immer wieder die Frage: „Wie können wir glücklich miteinander leben?" Sicherlich gibt es weite Teile der Erde und lange Jahrhunderte der Geschichte, in denen die Mehrheit der Bevölkerung keinerlei Mitbestimmungsmöglichkeiten für sich sieht und sah. Aber auch in den geschützten Räumen einer vermeintlichen Demokratie scheint gesellschaftliche Mitsprache nur in geringem Maße möglich zu sein. Der ehemalige Bundestagsabgeordnete, Bundesminister, CSU-Vorsitzende und Bayerische Ministerpräsident Horst Seehofer drückte es in einem Interview 2010 so aus: „Diejenigen, die entscheiden, sind nicht gewählt. Und diejenigen, die gewählt werden, haben nichts zu entscheiden".

Dennoch, die Frage „Wie wollen wir leben?" bleibt. Und sie wirft zunächst weitere Fragen auf: Wo beginnt man, wenn man die Gesellschaft zum Positiven verändern will? Welche Themenbereiche sind betroffen und was kann bleiben, wie es ist?

Als wir in unserem fünfköpfigen Redaktionsteam den Rahmen dieses Werks abzustecken begannen, war uns noch nicht bewusst, wie viele Themen sich anbieten und ganz substanziell erscheinen werden. Schließlich trafen wir die Entscheidung, zehn Themen auszuwählen, und ließen die Möglichkeit offen, einen weiteren Band folgen zu lassen.

Das Brainstorming im Redaktionsteam und die Gespräche mit den Mitautoren ergaben, dass es kaum einen Lebensbereich gibt, in dem man nicht einiges verbessern und optimieren könnte. Politik, Justiz, Ökonomie, Bildung, Gesundheit, Natur, Wissenschaft sowie das unserer Lebensphilosophie zugrunde liegende Welt- und Menschenbild – in jedem dieser Bereiche wäre eine Erneuerung und Umgestaltung erstrebenswert.

Am Ende hatten wir so viele spannende Themen zusammengetragen, dass sie mehrere Bände hätten füllen können. Die Entscheidung für einige wenige Kernbereiche fiel uns nicht leicht, sie musste aber getroffen werden.

Wir sehen in diesem Buch kein umfassendes Werk, sondern einen Anstoß zum Diskussionsprozess. Wie könnte das Zusammenleben besser gestaltet werden? Was können wir tun, um glücklich, zufrieden, frei und doch verantwortungsvoll mit den Menschen auf dieser Welt wie auch mit der Natur zu leben? Dabei ist es uns wichtig, den Gedanken und Visionen freien Lauf zu lassen, ohne bereits jetzt an die Beschränkungen zu denken, die uns der Status quo auferlegt. „Denken ohne Geländer" nannte Hannah Ahrendt das ihrerzeit.

Gleichzeitig ist uns bewusst, dass Veränderung allmählich geschehen sollte. Große Visionen zu verwirklichen, ist nicht einfach. Je mehr sie sich von der aktuellen Realität entfernen, desto schwieriger ist es, einen breiten Konsens dafür zu finden. Denn wir Menschen haben Angst vor zu viel Veränderung. Die Aussicht kann noch so verlockend sein – wir fürchten uns vor zu viel Neuem. Und so wird es ein behutsames Suchen und Herantasten sein, die notwendige Form, die überzeugendste Schrittfolge und das ideale Tempo für die Neuerfindung einer so vielschichtigen Gesellschaft wie der unseren zu entwickeln. Eines Aufbruchs und Neuanfangs, der den überkommenden Ballast und das verknöcherte Denken früherer Tage hinter sich lässt, aber jeden einzelnen Menschen mitnimmt.

Ideologien sind das Werkzeug, mittels dessen die Massen gesteuert werden, oder, wie es der Historiker Yuval Noah Harari formuliert: „Eine große Zahl von wildfremden Menschen kann effektiv zusammenarbeiten, wenn alle an gemeinsame Mythen glauben."[2] Diese Erkenntnis machten sich Herrschende aller Zeiten zunutze. Doch genau diese kann auch uns dazu verhelfen, Veränderungen anzugehen. Wir müssen nur damit beginnen, an eine andere Vision, einen anderen Mythos zu glauben. Wir müssen anstatt des neoliberalen Paradigmas eigene Geschichten von Liebe, Mitgefühl, Freiheit und Gerechtigkeit erzählen und sie zur Grundlage unseres Tuns machen. Und diese neuen Geschichten – die selbstverständlich auch alte Geschichten sein dürfen – müssen in einer breiten Kampagne zur positiven Veränderung in der Gesellschaft thematisiert werden. Wenn wir beginnen, über diese Ziele zu diskutieren – sowohl öffentlich in allen Medien, in Talkshows als auch in privaten Gesprächen –, wenn wir unsere Aufmerksamkeit darauf richten, Wege zu finden, die uns zu diesen Zielen hinführen, wenn unsere Acht-Uhr-Nachrichten zum großen Teil aus solchen Fragestellungen bestehen, wird sich die Stimmung in der Gesellschaft spürbar verändern. Die hier im Buch versammelten Autoren fangen schon einmal damit an.

So entwirft Marianne Grimmenstein das bestechende Bild einer zukünftigen Demokratie. Ihrer Meinung nach gilt es, ein System zu etablieren, bei dem das Volk faktisch das Geschehen bestimmt – und nicht nur formal. Ein System mit tatsächlicher, funktionierender Gewaltentrennung. Das Tun der Exekutive muss durch die Judikative kontrolliert und Rechtswidrigkeiten stets geahndet werden. Wenn eine funktionierende Demokratie errichtet ist, wird es deutlich leichter sein, Missstände in unserem Land und dieser Welt zu beenden. Denn das ist es, was die Menschen wirklich wollen.

Auch einige engagierte Ökonomen beschäftigen sich aktuell mit den gravierenden Problemstellungen unserer Zeit. Nach einer Phase, in der man in der Wirtschaft anscheinend auf grenzenloses Wachstum setzte, ist der Irrtum dieses Vorgehens offenkundig geworden. Postwachstums- und Gemeinwohl-Ökonomie sind Denkrichtungen, die derzeit in aller Munde sind und bessere, realistischere wie menschenfreundlichere Strategien anbieten. Christoph Gringmuth fasst das Wesentliche aus diesen Richtungen in seinem Aufsatz zusammen, leicht verständlich und zugleich wissenschaftlich fundiert.

Wissen ist Macht, hatte bereits Ende des 16. Jahrhunderts Francis Bacon, der Begründer des englischen Empirismus, proklamiert. Aus diesem Grund muss Wissen in einer wahren Demokratie allen Menschen zur Verfügung stehen. Das betrifft ganz essenziell die Bildung der Kinder, über die Ricardo Leppe in seinem Aufsatz kluge Gedanken formuliert. Es kann aber auch nicht sein, dass Zeitdokumente versiegelt und zur Geheimsache erklärt werden – wie die Protokolle der Wirecard-Affäre. Die gern behauptete Unfähigkeit der Massen, vernünftige basisdemokratische Entscheidungen zu treffen, könnte zum großen Teil darin begründet sein, dass ihnen wesentliche Informationen vorenthalten werden. Womit wir beim Thema Medien und Kommunikation wären, zu dem Michael Meyen in seinem Beitrag kompetent Stellung bezieht.

Wie Historiker mehrfach belegt haben, konnten die Menschen den Kriegen der letzten Jahrzehnte nur zustimmen, weil ihnen drastische Lügen aufgetischt wurden. Diese Tatsache unterstreicht einmal mehr, warum eine transparente Medienberichterstattung enorm wichtig ist. Ein anderer wichtiger Aspekt wird von Psychologen benannt. Gewalt ist immer auch Ausdruck davon, wie stark jemand traumatisiert wurde. Wir brauchen deshalb eine Enttraumatisierung nicht nur einzelner Menschen, sondern der Gesellschaft, sagt Traumapsychologe Franz Ruppert, um die Menschen glücks- und friedensfähiger zu machen. Und wir müssen uns anschauen, wie wir den Lebensbeginn gestalten. Denn die Traumatisierung beginnt bereits mit der Geburt, wenn sie nicht mutter- und kindgerecht erfolgt. Die Geburts- und Sterbebegleiterin Friederike de Bruin hat dazu in ihrem wunderbaren Artikel die wichtigsten Gesichtspunkte zusammengefasst. Sie erklärt auch, warum es für ein glückliches, erfülltes Leben wichtig ist, dass wir ein natürliches Verhältnis zum Tod haben. Unser Glück wird aber auch von unserem Verhältnis zur Umwelt bestimmt und findet beschämenden Ausdruck in der konventionellen, auf maximalen Gewinn hin optimierten Land- und einer extreme Ressourcen verbrauchenden Bauwirtschaft. Wie wir zurück zu einem ausgewogenen Verhältnis gelangen, einen Großteil des menschengemachten CO_2-Ausstoßes vermeiden können und dabei sogar eine Menge für unser aller Gesundheit tun, das entnehmen wir den ermutigenden Beiträgen von Ernst Thoma sowie Christopher Schümann und Mathias Forster.

Schlussendlich zeigt uns die Philosophin und Theologin Vera Zingsem durch eine Reise in die Vergangenheit, dass partnerschaftliche, demokratisch organisierte Gesellschaften keine Erfindung der Neuzeit sind. Es ist insbesondere unsere Beziehung zur Erde wie auch zur Tier- und Pflanzenwelt, die neu und grundlegend überdacht werden sollte. Damit steht unser gesamtes bisheriges und gängiges Gottes- Welt- und Menschenbild zur Frage.

Gern hätten wir gezeigt, wie die Kunst in Zeiten eines fehlenden freien Disputs und immer enger werdender Gedankenkorridore an Aussagekraft verliert, und Vorschläge erarbeitet, um dem vorzubeugen. Wie in der Wissenschaft eine stärkere Grundfinanzierung der Hochschulen zu objektiveren Ergebnissen führen könnte, anstatt zu Abhängigkeiten durch ständig zunehmende Drittmittelfinanzierung – also die Finanzierung aus Unternehmen – sowie zu wachsender Intransparenz bei Kooperationsverträgen zwischen Hochschulen und privaten Geldgebern. Diese Themen – wie auch die Lebensbereiche Rechtswesen, Verkehr, Erziehung, Sport und weitere Einzelfragen aus den Bereichen Gesundheit und Landwirtschaft – verdienen es, einen gesonderten Platz unter den Visionen für ein besseres Leben zu erhalten. Wir werden sie in einem zweiten Band berücksichtigen.

Jeder Mensch hat das Bedürfnis, zum Glück anderer beizutragen, wie der amerikanische Psychologe Marschall B. Rosenberg betonte[3]. Wenn man genauer hinschaut, ist die Handlung, die zum Glück anderer beiträgt, genau das, was uns selbst die meisten Glücksgefühle verschafft. Das biblische „Geben ist seliger denn Nehmen" drückt genau das aus. In die Augen eines Kindes zu schauen, dem ich eine Freude bereitet habe, kann einer der glücklichsten Momente überhaupt werden. Wenn wir uns das bewusst machen, wird uns die Richtung klar, in die es gehen soll.

Elvira Driediger

[1] Dan Millman: Way of the Peaceful Warrior. A Book that Changes Lives. Tiburon, Kalifornien: HJ Kramer 2006
[2] Yuval Noah Harari: Eine kurze Geschichte der Menschheit. DVA München, 2019
[3] Marshall B. Rosenberg: Gewaltfreie Kommunikation. Eine Sprache des Lebens. Junfermann Verlag, Paderborn, 2016

Christoph Gringmuth

Geld oder Leben – oder beides?

Christoph Gringmuth

Dr. Christoph Gringmuth studierte theoretischen Maschinenbau und promovierte in Volkswirtschaft im Bereich Verkehr und Umwelt jeweils am Karlsruher Institut für Technologie KIT. Er arbeitete viele Jahre im Innovationsbereich, vorwiegend in Großunternehmen und im Hochschulsektor, zuletzt als Leiter des Transfer- und Innovationsmanagements der Hochschule Osnabrück und Universität Osnabrück. Basiert das Interesse an Geld- und Gesellschaftssystemen in erster Linie auf privater Motivation, so führen auch Erfahrungen aus beruflichem Kontext zu der Erkenntnis, dass es an der Zeit ist, tradierte Pfade zu verlassen und bei der Suche nach neuen Wegen wachsam das Freiheitliche im Blick zu haben. Christoph Gringmuth lebt in Osnabrück und hat zwei Söhne.

GELD ODER LEBEN – ODER BEIDES?

Neue Ökonomieansätze für eine souveräne Demokratie

Werte Leserinnen und Leser,
Sie finden in diesem Buch wunderbare Ideen zur Gestaltung unserer Lebenswelt. Diese Visionen gestalten eine Gesellschaft mit und sind in diese eingebettet. In meinem Beitrag möchte ich mich im Wesentlichen mit dem Rahmen, in dem diese Visionen zur Entfaltung kommen könnten, beschäftigen. Der Rahmen ist auch dahingehend bedeutsam, ob er diese Visionen überhaupt zum Tragen kommen lässt. Er wird wesentlich von unserem Wirtschafts- und Geldsystem bestimmt. Dieses wiederum übt einen durchaus dominanten Einfluss auf die Politik aus, so dass auch unser politisches System ein Teil dieses Kräftespiels ist.

Unser jetziges System hat mit seiner wirtschaftlich/gesellschaftlich/monetären Ausprägung zu der bekannten Situation mit viel Licht und Schatten geführt. Zumindest im Westen – in einer Epoche des Friedens nach dem zweiten Weltkrieg – vollzog sich ein enormer Aufbau von Wohlstand, aber leider nicht für alle. Wenige werden immer reicher, viele immer ärmer. Der Raubbau an der Natur ist schwindelerregend, Artenrückgang und Verschmutzung schockieren und beschämen uns genauso wie Hunger auf der einen und Überfluss auf der anderen Seite.

Und dies alles stattfindend im Rahmen eines global herrschenden Kapitalismus, der gemeinhin auch als Raubtierkapitalismus bezeichnet wird, der in jedem Fall der wirtschaftswissenschaftlichen Doktrin des Neoliberalismus folgt, welche in den Mittelpunkt ihres Denkens den homo oeconomicus, eine rein nutzenbezogene, im wahrsten Sinne des Wortes herzlose Sicht auf den Menschen stellt, und in der Geld das Maß aller Dinge zu sein scheint.

Auch Technologien haben uns nur bedingt weitergeholfen, wenn es um die Lösung von gesellschaftlichen oder Umweltproblemen ging – im Gegenteil: Wir stehen an einer Schwelle, an der die technischen Möglichkeiten eine Zerstörungskraft auf andere Art als bisher darstellen – nicht mehr monolithisch und klar identifizierbar in Form von Atomwaffen, sondern subtiler, oft begleitet durch unsere weitgehende Akzeptanz als Teil unseres Alltags, zum Beispiel in Form von digitalen Möglichkeiten der Überwachung, die oft im nutzbringenden Gewand von Annehmlichkeiten wie Smartphones daherkommen, oder in Form von erneuerbaren Energien, die Probleme eher umgestalten denn schlussendlich lösen.

Wandel erwünscht

Ein Wandel liegt in der Luft. Die Menschen spüren dies seit Jahren, wünschen sich ein anderes, gerechteres Wirtschaftssystem. Ein menschlicheres. Zu Recht. Die Ziele des Kapitalismus bestehen in der Gewinnmaximierung, die Doktrin ist Konkurrenz. Menschliche Werte sehen anders aus. Diese sind zum Beispiel:

1. Menschenwürde
2. Solidarität
3. Gerechtigkeit
4. ökologische Nachhaltigkeit und
5. demokratische Mitbestimmung.

Interessanterweise sind dies die in demokratischen Verfassungen meistgenannten Werte. Von Konkurrenz oder Gewinnmaximierung ist nichts nachzulesen. Somit erscheinen die Regeln des Marktes als unmenschlich und – ja letztlich sogar gegebenenfalls verfassungswidrig, falls sie expliziten Verfassungszielen nicht dienlich sind?

Die Zeit für Veränderung ist reif. Die gute Nachricht ist: Auch bezüglich Wirtschafts- und Geldsystemen existieren Veränderungsvorschläge von unterschiedlichem Reifegrad und mit unterschiedlichen Akzenten. Es sind deren viele, und für diesen Artikel muss und möchte ich mich auf zwei beschränken: Beide setzen unterschiedliche Akzente, basieren auf unterschiedlichen Analysen, und es werden viele Dimensionen des menschlichen Seins mitberücksichtigt. Sie sind ein Quell von Ideen. Es handelt sich um die Gemeinwohl-Ökonomie (GWÖ) nach Christian Felber sowie um die Postwachstumsökonomie (PWÖ) nach Prof. Dr. Nico Paech.

Ziele des Volkes – Ziele der Mächtigen

Aber Veränderung ist nicht nur von den Menschen, dem Volk, dem Souverän (auf dass er dies auch wirklich sei, und falls nicht, es so bald als möglich werde), sondern auch von den Eliten, die das globale und transnationale und nationale Wirtschafts-, Gesellschafts- und Politikgeschehen sowohl auf offener (Politik-)Bühne, aber auch unter Ausschluss der Öffentlichkeit lenken, angestrebt. Diese Kräfte sind wahrlich nicht immer demokratisch legitimiert. Gerade in der Corona-Krise propagiert zum Beispiel das World Economic Forum (WEF), welches sich einmal jährlich in Davos trifft, Veränderungen, die zunächst verheißungsvoll klingen mögen. Zum Beispiel, dass wir nichts mehr besitzen, aber so glücklich sein werden wie nie. Oder auch so technologielastige Vorschläge wie die des Transhumanismus, welcher die Verschmelzung von Mensch und Maschine bedeutet, die bei vielen Menschen berechtigte Vorbehalte auslösen können.

Die recht fragwürdige Glücksverheißung, die mit vollständiger Besitzlosigkeit einhergehen soll, wirft naheliegende Fragen auf, wie zum Beispiel, wer denn alles besitzen wird, wenn „wir" nichts mehr besitzen, oder „wer entscheidet, ob das vonstattengeht". Nicht zuletzt ist zu hinterfragen, warum ausgerechnet die wirtschaftlichen Eliten, deren seit Dekaden in Politik umgesetzter Wille maßgeblich zu unseren heutigen Problemen geführt hat, jetzt diejenigen sein sollen, die diese Probleme nun lösen können?

Auch wird offenkundig an einer Änderung des Währungssystems gearbeitet. Digitales Geld kennen wir schon lange und genießen die praktischen Vorteile. Aber wenn darüber nachgedacht wird, wie eine neue, digitale Währung aussehen kann – und die in diesem Beitrag vorgestellten neuen Wirtschaftsformen enthalten Vorschläge für ein neues Geldsystem, wobei die Vorteile des Digitalen gesucht werden – dann sollte einem klar sein, dass es bei Währungen und dem Recht der Geldschöpfung auch immer um Macht und Kontrolle geht.

Ernst Wolff, Buchautor und ein ausgewiesener Kenner des globalen Finanzsystems, warnt zum Beispiel eindringlich vor rein digitalen Geldsystemen, welche der Konteninstanz grundsätzliche Vollmacht über das Geld von jedem von uns geben. Es existieren bereits Planungen der nicht demokratisch legitimierten Europäischen Zentralbank EZB, in denen wir Europäer nur noch je ein Konto eben bei der EZB haben sollen. Wo das hinführen könnte, führt uns China vor: In China wird diese totale Kontrolle bereits seit mehreren Jahren in vielen Provinzen ausgeübt, wobei mittels digitaler Kontrolle und Vergabe von Sozialpunkten, die gemäß regimegefälligem Verhalten vergeben werden, Aktivitäten wie Einkaufen oder Verkehrsmittelnutzung zugelassen oder gegebenenfalls verweigert werden. Da nicht zuletzt die deutsche Politik in Form einer im August 2020 veröffentlichten Studie des Bundesministeriums für Bildung und Forschung BMBF namens „ZUKUNFT VON WERTVORSTELLUNGEN DER MENSCHEN IN UNSEREM LAND" das chinesische Sozialpunktesystem mit verblassender demokratischer Grundhaltung in Form des Szenario 5.5 „Das Bonus-System" (Zitat: „Das Szenario in einem Tweet: Neue Zahlenfixierung: In den 2030er Jahren übernimmt ein digitales, partizipativ ausverhandeltes Punktesystem eine zentrale politisch-gesellschaftliche Steuerungsfunktion") konkret in Erwägung zieht, möchte ich Sie, liebe Leserinnen und Leser, aufrütteln, wach zu sein, Ihrem Verstand zu trauen und mögliche Veränderungen, die auf den ersten Blick positiv und nützlich erscheinen, auf möglichen Machtmissbrauch, der das Ende unserer Freiheit bedeuten könnte, zu prüfen.

Somit bieten die vorgestellten Ansätze beides: Hoffnungsvolles, beeindruckend Umfassendes, Durchdachtes, Anregendes, aber auch Punkte, deren Verwirklichung – je nach Ausprägung und Art ihrer Umsetzung – eine Abbiegespur in eine gegebenenfalls dystopisch diktatorische Welt darstellen könnten, die wir mit diesem Buch wahrlich nicht anregen möchten.

Gemeinsamkeiten der Ansätze

Bevor ich Ihnen die beiden Ansätze im Einzelnen näherzubringen versuche, möchte ich einige ihrer Gemeinsamkeiten nennen.

- Sinn: Die Autoren stellen die Frage, wie wir leben wollen, was unsere Werte sind und wie ein menschliches und fruchtbares Miteinander aussehen könnte.
- Geld: Alle sehen im jetzigen Geldsystem und in den damit eng verbundenen Werten des Marktes eine Hauptursache heutiger Missstände wie Ungleichheit, Umweltzerstörung und gesellschaftlichem Verfall. Deshalb schlagen sie ein Geldsystem ohne Positivzins vor, was bei beiden Ansätzen unterschiedliche Ausprägungen und Detailtiefe aufweist.
- Werte: Geld als Maßzahl für Wohlstand einer Nation zu sehen, wird als Grundfehler erachtet – dass man reich und unglücklich oder aber arm und glücklich sein kann, ist hinlänglich bekannt. Geld ist ein Mittel zum Zweck, sollte niemals Selbstzeck sein, so die Autoren.
- Existenzsicherung: Beide sehen in einem Grundeinkommen einen nicht unwesentlichen Baustein einer angstfreien Existenz. Meines Erachtens ist hierbei genau darauf zu achten, mit welcher Attribuierung über das Grundeinkommen gesprochen wird: Das einzig richtige Attribut lautet meiner Meinung nach *bedingungslos*. Seien Sie argwöhnisch, wenn Sie andere, vermeintlich gut klingende Begriffe wie „universelles" Grundeinkommen hören – was, bitte, soll das bedeuten? Für mich ist dieses Attribut inhaltsleer, und es macht mich misstrauisch, warum ein dergestalt unkonkretes Attribut verwendet wird. Ich jedenfalls möchte kein universelles, sondern ein bedingungsloses Grundeinkommen, mit welchem ich bedingungslos alles bezahlen kann, was ich möchte. Dann, und nur dann, bedeutet ein Grundeinkommen Freiheit, auch und nicht zuletzt Freiheit von Angst.
- Regionalisierung: Dies wird von beiden Autoren als richtiger und wichtiger umzusetzender Schritt gesehen. Regional Lebensmittel und Güter produzieren und Regionalwährungen einführen. Regionalisierung stärkt die Unabhängigkeit von globalen Lebensmittel-, Waren- und Geldsystemen, ist ökologisch, und weil es greifbar in Notwendigkeit und Sinn ist, hat es das Potenzial, uns Menschen wieder mehr zusammenzuführen.

- Arbeit: Alle kommen zu dem Schluss, dass wir weniger Erwerbsarbeit verrichten sollten. Unisono werden ca. 20 Stunden pro Woche als erstrebenswert – und machbar! – angesehen, damit Raum für regionale Stärkung, auch für unentgeltliche Leistungen bleibt. Gefällt Ihnen diese Idee? Mir sehr. Es würde ermöglichen, unsere oft durch Erwerbsarbeit stattfindende Entfremdung von unseren Bedürfnissen zu schmälern. Die Meister in nicht entfremdeten Tätigkeiten scheinen mir diejenigen Naturvölker zu sein, die keine Trennung von Arbeit und Freizeit kennen – Jagen, Essen zubereiten, Spielen, Tanzen – alle Tätigkeiten sind für sie sinnhaft und tragen auf natürliche Weise zum Dasein bei.

Kurzbeschreibung der Visionen

Bevor wir bei beiden ökonomischen Konzepten in die Tiefe gehen, zum besseren Überblick hier eine Kurzbeschreibung der Ansätze:
- Die Gemeinwohl-Ökonomie hat wundervolle Ziele: gemeinwohlorientierte Umsetzung von Verfassungswerten, wahre Demokratie anstrebend und umsetzbar. Es handelt sich um einen vor ca. zehn Jahren definierten und seitdem sich permanent ausbreitenden, umfassenden Ansatz einer gemeinwohlorientierten Ökonomie, einer neuen Theorie, die zu permanenter Verbesserung einlädt. Ihre notwendige Zwillingsschwester ist die „Souveräne Demokratie", eine Demokratie von unten nach oben, in der der Einzelne umfassende Mitgestaltungsmöglichkeiten hat – und dringend aufgefordert ist, diese auch zu nutzen.
- Die Postwachstumsökonomie zielt auf einen Rückbau des Wohlstandsmodells, einhergehend mit einem Bewusstseinswandel hin zu Reduktion und Selbstbegrenzung. Eine Abkehr vom Überfluss wird letztendlich als Befreiung erachtet.

So, nach all diesen Vorbetrachtungen hoffe ich, Sie gewappnet zu haben, meine Darstellungen von wirtschaftlich gesellschaftlichen Zukunftssystemen mit wachem Geist verfolgen zu können. Es geht los. Oder noch nicht ganz. Eine sehr wichtige Erklärung habe ich vergessen: Da beide Ansätze ein alternatives Geldsystem vorschlagen, möchte ich Ihnen zunächst die Krux des jetzigen Geldsystems näherbringen.

Dorffrieden

Geld entsteht quasi aus dem Nichts durch vergebene Kredite, die verzinst sind. Die Wirkung dieses zinsbasierte Kreditsystem beschreibt Stefan Mekiffer wunderbar anhand eines kleinen Dorfes mit zehn Familien, welche autark leben, aber untereinander ohne Einsatz von Geld kooperieren.[2] Dieses Dorf wird eines Tages von einem Bankier besucht, der dem Dorf verspricht, ihr Leben zu erleichtern, indem er ihnen Geld als Tauschmittel zur Verfügung stellt. Er gibt jeder Familie zehn Münzen, wobei jede Münze einen Scheffel Weizen wert ist. Er selbst erhält zehn Münzen, kann also mit dem Dorf in Handel treten und knüpft die Zurverfügungstellung der Münzen an nur eine Bedingung:

Am Ende des Jahres holt er die Münzen wieder, möchte aber von jeder Familie eine zusätzliche Münze haben. Er gab also 100 Münzen und möchte 110 nach einem Jahr zurückhaben.

Der Bankier hat im Laufe des Jahres vier Handlungsmöglichkeiten: Mit dem Dorf Konsumgüter handeln, im Dorf Vermögen kaufen, seine Münzen horten oder seine Münzen verzinst verleihen.

1. Konsum – Warenfluss: Er kauft für seine zehn Münzen Konsumgüter, zum Beispiel Getreide. Da seine zehn Münzen dem Dorf zugeflossen sind, kann das Dorf von seinen Münzen die von ihm verlangten Zinsen zahlen. Der Bankier erhält auf diese Weise jedes Jahr eine Rente im Wert von zehn Münzen und das Dorf kann seine Zinsen zahlen, muss aber etwas von seinen Konsumgütern abgeben.
2. Vermögensankauf – Kapitalfluss: Der Bankier kauft Vermögen, also zum Beispiel Land, Wald oder Häuser. Das Dorf erhält auf diesem Wege seine zehn Münzen, um die am Jahresende anstehenden Zinsen zu zahlen. Auch wurden auf diese Weise Dinge (zum Beispiel Wald) zu Handelsgütern, die es vorher nicht waren. Für das Dorf hat das dramatische Folgen: Sein Besitz schrumpft und die Kosten steigen, da die verkauften Liegenschaften gemietet werden müssen, falls sie weiter genutzt werden sollen. Irgendwann gehört das ganze Dorf dem Bankier. Das Auskommen der Dorfbewohner hängt dann essenziell von der Höhe der Miete seines ehemaligen Besitzes ab (kleiner Hinweis an dieser Stelle: Das WEF schlägt eine

besitzlose Mietwirtschaft vor – die Abhängigkeit für „uns", falls dies einträte, überlasse ich Ihrer Fantasie ...)

3. Schulden eintreiben – Horten: Der Bankier verwahrt seine Münzen; er investiert sie *nicht* in den Geldkreislauf des Dorfes. Das Dorf steht vor dem Dilemma, hundert Münzen zu besitzen, aber 110 zurückzahlen zu müssen. Am Ende des ersten Jahres ist zwangsläufig eine Familie bankrott. Dieser Prozess führt das Dorf über die Jahre unaufhaltsam in den Ruin.

4. Reinvestition – Refinanzierung: Der Bankier verleiht seine zehn Münzen, was er natürlich verzinst tut. Er gibt seine zehn Münzen ins Dorf, verlangt wieder zehn Prozent Zins, will also am Ende des Jahres 11 statt zehn Münzen zurück. Wird dieser Prozess beispielhaft 20 Jahre fortgeführt, werden aus den elf Münzen nach einem Jahr stattliche 67 Münzen nach 20 Jahren. Das Geld im Dorf wird immer mehr, die Dorfbewohner verschulden sich immer höher, das Münzvermögen des Bankiers wächst exponentiell.

Was passiert nun in dem Dorf? Es entstehen Reichtum und Armut zugleich. Warum? Es entsteht ein Mangel an Geld, weil stets weniger Münzen als Schulden da sind. So entsteht Knappheit des Geldes und später, je mehr Güter nur für Geld erhältlich sind und ehemals besitzerlose Dinge zu Eigentum werden, Knappheit an Lebensnotwendigem. Weil die Dörfler um diese begrenzte Ressource kämpfen, entstehen Wettbewerb und Konkurrenz. Dazu kommt langsam eine gesellschaftliche Polarisierung, weil Vermögen zu denen fließt, die welches haben und die es verleihen können, während Schulden und Zinsen von denen bezahlt werden, die keines haben und es leihen müssen. Schließlich führt diese Geldordnung zu einem Geldwachstum, weil sich die Geldmenge durch Zins und Zinseszins exponentiell auftürmt, wenn Schulden durch neue verzinste Kredite refinanziert werden. Und dazu kommen, ebenso exponentiell wachsend, neue Güter und Dienstleistungen, eine stetig wachsende Produktion, Wirtschaftswachstum und Kommerzialisierung.

Nun ist die Frage: Sind die Dörfler machtlos diesem Treiben ausgeliefert oder besitzen sie Handlungsmöglichkeiten? Oh ja, diese haben sie. Mekiffer skizziert diese – interessanterweise wieder vier Optionen:

1. Weitermachen: Ein gefährlicher Weg – mit steigender Polarisierung wird das Geld für die Dörfler immer knapper werden und für die Gläubigerseite immer mehr. Sie können auf den Kollaps warten und einfach sehen, was passiert. Wenn die Gläubiger allen Reichtum einverleibt haben und das System kollabiert, bleibt den Dörflern nichts mehr.

2. Geldvernichtung: Der Bankier und alle weiteren Gläubiger könnten entmachtet, ihr Geld könnte verteilt und die Schulden erlassen werden. So liefen alle großen Aufstände der Geschichte. Schulden erlassen und Land neu verteilen. Es gäbe dann weniger Geld, das Profite sucht und für Polarisierung sorgt, und weniger Schulden, welche die Menschen in der Tretmühle des Arbeitens halten. Falls jedoch ab dann wieder Geld durch verzinste Kredite entsteht, würde das Geld sich wieder sammeln und das Spiel von vorne beginnen, mit schlussendlicher Polarisierung in arm und reich.

3. Geldlos leben: Dies würde eine Rückkehr zur Selbstversorgung und Schenkungswirtschaft bedeuten. Wenn man das Vorurteil beiseiteschiebt, dass die bereits erwähnten Stammeskulturen vor der Erfindung des Geldes primitiv gewesen sein sollen – was diese in sehr vieler Hinsicht *nicht* waren; sie lebten in Harmonie mit der Natur und hatten gemeinhin sehr menschenwürdig und wohltuend anmutende Zusammenlebensformen entwickelt, bei denen die Gemeinschaft über alles ging –, könnte dies ein Weg sein. Er wäre bezüglich unseres heutigen Standes der Gesellschaft mutmaßlich radikal und fundamental, wird aber tatsächlich von einer wachsenden Gruppe von Menschen seit einigen Jahren praktiziert. So reiste zum Beispiel Heidemarie Schwermer[3] jahrelang viel herum und tauschte ihre Hilfe bei Beruf oder Haushalt gegen Kost und Logis. Sie berichtete von vielen schönen Beziehungen, die entstanden sind. Ralph Fellmer[4] organisiert die kostenlose Ausgabe von Lebensmitteln, die von Supermärkten als unverkäuflich aussortiert werden. Alle berichten einvernehmlich, den geldlosen Austausch, die entstandenen Beziehungen und den weggefallenen Druck des Geldverdienens zu genießen – sie leben angstfreier und zufriedener als zuvor. Auf individueller Ebene scheint das geldlose Leben so radikal wie befreiend zu sein. Gleichwohl hat Geld nicht nur negative Auswirkungen. Seine Eigenschaft als Wertmaßstab, der jedweden bepreisten Austausch und damit auch Arbeitsteilung in sehr hohem Maße ermöglicht,

hat unser Dasein selbstverständlich auch bereichert. Auch leben die genannten Personen, ohne deren Initiative und Absicht zu schmälern, in Austausch mit dem bestehenden, von ihnen – zu Recht, wie ich finde – kritisierten System. Würde man die Zukunft der Welt ausschließlich in einem geldlosen Austausch sehen, würde damit auch die Kulturgeschichte der letzten 5000 Jahre infrage gestellt, so Mekiffer. Er schlägt vor, dass man die Entwicklungen (ich würde eher sagen: die Funktionen) des Geldes vielmehr einem guten Zwecke dienen lassen könnte.

4. Zinsloses Wirtschaften: Falls die Dorfbewohner annehmen, dass das Wachstumsproblem vom Geldsystem herrühre, aus der Kombination von Kredit und Zins, und das Hauptübel vom Zins, wie wäre es, ein zinsloses System aufzusetzen?

Zins entsteht dadurch, dass wenige Geld haben (und es horten können) und viele es brauchen. Dadurch wird Geld knapp. Der Zins bedingt, dass mehr zurückgezahlt werden muss, als geliehen wurde. Dadurch muss mehr Umsatz gemacht werden. Falls die Umsatzsteigerung nicht reicht, muss zusätzlich Kredit aufgenommen werden. Im Moment bewirkt der Zins, dass Geld exponentiell wachsen muss. Jede verzinste Schuld bedingt eine neuere, größere Schuld. Das Geld wird immer mehr und verschwindet nur durch Blasen, Krisen oder Vertrauensverluste. Wenn die Zahl der Güter nicht mithält, entsteht eine Inflation.

Und da stehen wir heute. Die Verschuldung vieler Staaten ist in den letzten Jahren exponentiell gewachsen. Die EZB druckt Geld, als ob es kein Morgen gäbe – derzeit pro Woche ca. 150 Millarden Euro laut Markus Krall.[5]

Ein zinsbasiertes System muss sich zwangsläufig totlaufen, es ist wie mit einem heroinsüchtigen Patienten, dem als Medikament noch mehr Heroin gegeben wird. Es ist wirklich Zeit für einen Umbruch. Und das hoffentlich – als einzig befürwortbare Variante – friedlich. Und nun schleunigst zur Beschreibung der Änderungsmöglichkeiten.

Die Gemeinwohl-Ökonomie – Verfassungskonformes Wirtschaften

Bei einer Sitzung am 6. Oktober 2010 fiel der Startschuss der Gemeinwohl-Ökonomie-Bewegung, welche sich seitdem rasant entwickelt und verbreitet hat. Die Gemeinwohl-Ökonomie (GWÖ) ist inzwischen ein beeindruckend umfassender Ansatz, den man durchaus als neues Gesellschaftsmodell erachten kann, da diese nicht nur ein wirtschaftstheoretisches Konzept repräsentiert, sondern auch das Politische als unabdingbaren Bestandteil des Gelingens einer gemeinwohlorientierten Gesellschaft sieht, in dem der Bürger zu dem ermächtigt werden soll, was er bisher leider nur im Wortlaut ist: zum Souverän.

Die GWÖ knüpft ihr Gelingen unabdingbar an eine Weiterentwicklung der Demokratie, die die Rolle des Einzelnen stärkt, was gleichzeitig bedeutet, dass der Einzelne auch mitmachen, Einsatz zeigen „muss". Das kann praktisch dadurch gelingen, dass der Einzelne deutlich weniger Zeit mit Erwerbsarbeit verbringen soll, sodass sich aus der frei werdenden Zeit ein großzügiges Reservoir für den demokratischen Beteiligungsprozess ergibt. Ziel des Ganzen: ein besseres Leben für alle.

Zielsystem

Die GWÖ sieht im Geld als Maß aller Dinge *den* methodischen Grundfehler schlechthin. Geld sollte immer nur Mittel zum Zweck sein, es sollte als Mittel zur Zielerreichung dienen, nicht als Selbstzweck.

Vielmehr sollten wir uns fragen, was wir als Gesellschaft wollen, welche Ziele uns wichtig sind. Diese sollen definiert und angestrebt werden. Als unumstößlich scheint dem geistigen Vater dieser Gedanken zu sein, dass gesellschaftlich wertvolle Ziele alle dem Gemeinwohl dienen. Was einen besonderen Kontrast zur herrschenden kapitalistischen Doktrin darstellt, die das Nutzenmaximierungsstreben des Einzelnen an oberster Stelle sieht, denn wenn alle nach ihrem individuellen Glück streben, sollte sich doch hoffentlich das beste Ergebnis für die Gemeinschaft ergeben. Dieser Gedanke stammt vom ökonomischen Vordenker Adam Smith, dessen Satz von der „unsichtbaren Hand, die die Geschicke in einem freien Markt zum Besten lenkt, wenn jeder nach seinem eigenen Vorteil strebe" das Kondensat des Neoliberalismus darstellt. Gleichwohl: Es fehlt jeglicher Beweis dafür – sowohl die empirische Forschung als auch die Realität lehren uns, dass dies ein frommer Wunsch zu sein scheint, der offensichtlich gescheitert ist.

Somit ist es sehr Hoffnung erweckend, das Gemeinwohl in den Mittelpunkt zu stellen, wie auch bei den bereits erwähnten vormodernen Stammeskulturen das Gemeinwohl letztlich die zentrale Rolle spielt. Technische Errungenschaften waren bei diesen nach unseren heutigen Maßstäben selbstredend begrenzt, aber die menschliche Dimension, von der das Wirtschaften ein Teil ist, erscheint mir nahezu durchgehend weiser zu sein als unsere sich immer schneller wandelnde, durchgeschüttelte Lebens-„Philosophie" der Moderne ...

Aber nicht nur bei jenen findet sich das Gemeinwohl als höchstes Ziel des Handelns. Interessanterweise legen auch einige Länder- oder Landesverfassungen, wie zum Beispiel die bayerische in Art. 151, das Gemeinwohl als Ziel des Wirtschaftens fest:

„(1) Die gesamte wirtschaftliche Tätigkeit dient dem Gemeinwohl, insbesondere der Gewährleistung eines menschenwürdigen Daseins für alle und der allmählichen Erhöhung der Lebenshaltung aller Volksschichten."[6]

Mit Blick auf diese Formulierung: Ist das tatsächlich beobachtbare wirtschaftliche Handeln dann noch verfassungskonform?

Konzept

Christian Felber hält von der oben genannten „unsichtbaren Hand" von Adam Smith wenig, da es weder eine wissenschaftliche Methode noch eine wirksame Politikmaßnahme darstellt. Er bevorzugt das Bild der „sichtbaren Hand" welche Unternehmen – und ich würde es erweitern wollen auf alle gesellschaftlichen Akteure – dazu anreizt, sich so zu verhalten, wie es sich die Gesellschaft wünscht.

In diesem Sinne muss zunächst das Ziel des Wirtschaftens festgelegt werden. Wie bereits erwähnt, formulieren laut Felber alle demokratischen Verfassungen das Gemeinwohl als Ziel beziehungsweise als Rahmen des Wirtschaftens. Keine Verfassung formuliert Kapitalmehrung oder auch Geldgewinn als Ziel.

Die GWÖ schlägt nichts weiter vor, als das verfassungsmäßig vorhandene Ziel des Gemeinwohls in der realen Wirtschaftsordnung umzusetzen, sodass die Ziele der Wirtschaft mit denen der Gesellschaft in Übereinstimmung gebracht werden.

Hat diese ethische Umsteuerung stattgefunden und ist diese demokratisch erfolgt, müsste damit automatisch das Messsystem von wirtschaftlichem Erfolg das neue, ethische, gemeinwohlorientierte Zielsystem repräsentieren.

Bisher ist immer Geld die Messgröße von Erfolg, egal ob auf volkswirtschaftlich nationaler Ebene (=Bruttoinlandsprodukt, BIP), auf der Ebene einzelner Unternehmen (Umsatz und Gewinn) oder auf Einzelinvestitionsebene (=Return of Investment, ROI). Geld ist aber nur – wenn auch ein wertvolles – Mittel zum Zweck des Wirtschaftens. In der GWÖ werden die Zwecke gemessen. Wie das funktionieren könnte, soll nun beispielhaft für Unternehmen dargestellt werden.

Gemeinwohl-Bilanz

Verfassungsgemäße Zielgrößen

Ein Unternehmen erstellt eine Gemeinwohl-Bilanz, die in einer sogenannten Gemeinwohl-Matrix abgebildet wird. Diese Matrix liegt derzeit in der Version 5.0 vor. Sie wird in einem partizipativen, demokratischen Prozess permanent weiterentwickelt. Die Matrix misst alle Gemeinwohl-Werte, die auch als zentrale Verfassungswerte verankert sind. In demokratischen Staaten sind die am häufigsten vorkommenden Verfassungswerte die folgenden fünf:

1. Menschenwürde
2. Solidarität
3. Gerechtigkeit
4. ökologische Nachhaltigkeit und
5. demokratische Mitbestimmung

Dementsprechend sind diese Werte in der Gemeinwohl-Matrix abgebildet. Das Entwicklungsteam der Gemeinwohl-Matrix hat 20 Themen definiert und zu jedem Thema 39 Aspekte (und 19 Negativaspekte) identifiziert. Alle Positiv- und Negativaspekte werden mit einem Punktesystem bewertet. Zu jedem der 20 Themen können maximal 50 Punkte erreicht werden, sodass die Maximalpunktzahl 1.000 Punkte beträgt.

Nun wird gemessen, wie die verschiedenen Personengruppen in einem Unternehmen diese Werte leben. Man nennt die Personengruppen „Berührungsgruppen". Diese sind zum Beispiel Mitarbeiterinnen, Kundinnen, Zulieferer, Geldgeber, aber auch Standortgemeinden oder zukünftige Generationen, die Umwelt und das Weltklima. Jede Berührungsgruppe wird in ihrem Handeln bezüglich der Verfassungswerte befragt und trägt ihre Antworten in die Gemeinwohl-Matrix ein.

Beispiel:
Das Unternehmen steht in Berührung mit seinen Kundinnen (= Berührungsgruppe Kundinnen). Bezüglich der Kundinnen wird zum Beispiel gefragt: „Wie sinnvoll sind die Produkte?" oder „Wie ethisch wird verkauft?"

Die Messbarkeit der Antworten fußt auf umfangreichen Vorarbeiten, die verstärkt in den letzten 20 Jahren erstellt wurden, da seit dieser Zeit neben monetären Messgrößen die Erfassung ethischer Unternehmensleistungen vorangetrieben wird. Diese konvergieren in Richtung folgender Oberthemen:
- soziale Verantwortung
- ökologische Produktion & ökologischer Vertrieb
- gerechte Verteilung
- Qualität der Arbeitsplätze
- Mitbestimmung
- politische Verantwortung.

Die komplett ausgefüllte Matrix ist der Gemeinwohl-Bericht des Unternehmens, welcher unabhängig auditiert wird. Das Unternehmen erhält einen unabhängigen Prüfbericht, um Qualität und Vergleichbarkeit sicherzustellen. Die Gemeinwohl-Bilanz setzt sich aus dem selbst erstellten Gemeinwohl-Bericht sowie dem unabhängig erstellten Prüfbericht zusammen.

Die Vision dabei ist, dass aus dem Audit eine Rechtsverbindlichkeit folgt, so dass auf Basis der Bilanz dem Unternehmen automatisch eine bestimmte Körperschaftssteuerstufe, Zolltarifstufe oder Kreditkonditionenklasse zugeordnet wird.[7]

Wichtig ist, hier zu erwähnen, dass die Auditierung nicht vom Staat durchgeführt werden soll, sodass hier staatliche Einflussnahme ausgeschlossen ist. Korruption durch die Auditoren ist systemisch schwierig, da die Bilanzen öffentlich, für alle einsehbar und auch für alle verständlich sind. Mit den Worten des Autors: „Der Staat macht – nichts. Außer beim öffentlichen Einkauf und bei Ausschreibungen: Dort wirft er erst einen Blick auf die Gemeinwohl-Bilanz und dann erst auf den Preis."[8] Und weiter: „Die Gemeinwohl-Bilanz steuert das Verhalten von Unternehmen, ohne eine zusätzliche Regulierungsorgie auszulösen: Sie ist das Herzstück einer intelligenten ethischen Wirtschaftsordnung."[9] Mit der Gemeinwohl-Matrix als Unternehmenserfolgsmessung würde der Finanzgewinn als Erfolgsmessgröße abgelöst werden. Wachstumszwang, welcher mit Gewinnstreben und Konkurrenz systemimmanent einhergeht, wäre obsolet. Aber trotzdem dürften Unternehmen wachsen, um ihre optimale Größe zu erreichen. Auch in der Natur ist Wachstum ein Mittel zum Erreichen der optimalen Größe. Die optimale Größe würde sich in der GWÖ im Erreichen einer höchstmöglichen Punktzahl in der Gemeinwohl-Matrix ausdrücken.

Kooperation
In der Natur entsteht alles, was lebenstüchtig ist, durch Kooperation.[10] Auch die GWÖ belohnt Kooperation. Kooperative Unternehmen erzielen eine bessere Punktzahl als nicht kooperative. Beispiele für Kooperation wären: Wissen nach dem Open-Source-Prinzip zu teilen, sich gegenseitig Arbeitskräfte zu überlassen, Aufträge weiterzugeben oder regionale Unternehmen zu bevorzugen. Gleichwohl wird Konkurrenz nicht völlig abgeschafft. Die GWÖ ist eine Form von Marktwirtschaft und beruht auf einigen ihrer Grundbausteine: private Unternehmen (=Markt) und Geld als Zahlungsmittel.

Geld als öffentliches Gut

„Die Gemeinwohl-Ökonomie bedarf eines demokratischen und ethischen Geld- und Finanzsystems. […] Geld soll zu einem öffentlichen Gut und die Finanzmärkte in Teilbereichen geschlossen werden."[11]

Die Tragweite, dass Geld ein öffentliches Gut werden soll, kann nicht dramatisch genug eingeschätzt werden. Heute befindet sich die

Geldschöpfung weitestgehend in privater Hand: Die sich mehrheitlich in privater Hand befindenden Zentralbanken schöpfen das Bargeld und die Geschäftsbanken das Kreditgeld. Mayer Amschel Rothschild (1744-1812) sagte einst: „Gebt mir die Kontrolle über die Währung einer Nation, dann ist es für mich gleichgültig, wer die Gesetze macht."

Zentralbanken

Die Zentralbanken haben das Recht zum Gelddrucken. Sie sind nicht demokratisch legitimiert. Sie verfolgen selbst gesetzte Ziele. Und sie vermehren die Geldmenge nach Gutdünken. Jede Geldmengenvermehrung, die die reale Wirtschaftsleistung übersteigt, entwertet das Geld und führt zu Inflation. Diese Inflation ist in den letzten Jahren in Deutschland nur in Teilbereichen erfolgt, die besitzenden Menschen und Investoren vorbehalten sind, nämlich Aktienmärkten und Immobilien. Frisch gedrucktes Geld kommt immer zuerst bei den Investoren an. Sie haben somit einen entscheidenden Zeitvorteil: Sie können zu dem Preis investieren, der zu Beginn der Geldmengenvermehrung vorliegt. Die Geldmengenvermehrung erhöht die Preise und damit den Wert im Verhältnis zu Gütern, bei denen der Preis langsamer steigt. Der Rest der Bevölkerung kommt erst zu dem Zeitpunkt in den Genuss des ausgeschütteten Geldes, wenn die Preise bereits gestiegen sind.[12] Somit nutzen Zentralbanken zurzeit nur den Besitzenden und mehren in Krisen exponentiell die Geldmenge, da das bestehende System sich ohnehin auf dem Weg zum Kollaps befindet, weil endloses Wachstum in der realen Welt nicht möglich ist.

Das ist das Ergebnis davon, wenn sich das Geldsystem in den Händen weniger Privatpersonen befindet. Die mächtigste aller Zentralbanken dürfte die 1913 gegründete Federal Reserve Bank (FED) sein. Sie wurde von den damals sieben reichsten Männern der Welt mit dem Ziel eines Kartells gegründet, die damit das Monopol auf die Geldschöpfung des Dollars erlangten, der Währung, in der heute noch ca. 75 Prozent des Welthandels abgewickelt werden. Die Vormachtstellung wurde bisher mit Zähnen und Klauen verteidigt; jedes Land oder jeder Wirtschaftsraum oder jede Person, die diese Macht brechen wollte, wurde gelinde gesagt „in die Schranken gewiesen". Weitgehend unbekannt ist, dass John F. Kennedy mittels Präsidentenerlass 11110 vom 4. Juni 1963 die Macht des FED-Dollars mit einem durch die Silberreserven des US-Schatzamtes gedeckten Dollar brechen wollte. Vier Milliarden dieses zins- und schuldenfreien Silberdollars wurden in Umlauf gebracht. Am 22. November 1963 wurde Kennedy ermordet.[13]

Somit ist die Frage der Geldschöpfung, also wer darf wie viel Geld schöpfen und in Umlauf bringen, wahrscheinlich die entscheidende Frage bezüglich eines Geldsystems und damit auch – laut Rothschild – entscheidend für die Machtverteilung in einem Land. Interessanterweise ist der Mehrheit der Spitzenpolitiker nicht bekannt, wer das Recht zur Geldschöpfung besitzt, beziehungsweise dass das Recht der Geldschöpfung sich inzwischen komplett in privater Hand befindet.[14]

In der GWÖ soll sich die Zentralbank in öffentlichem, nicht in privatem Eigentum befinden und: Sie soll das alleinige Recht zur Geldschöpfung und Inumlaufbringung besitzen. Somit gäbe es nur noch eine Sorte von Geld, das sogenannte Vollgeld.[15] Die Zentralbank würde die Geldmenge steuern; der daraus entstehende Gewinn könnte zur Schuldentilgung eingesetzt werden. 50 Prozent der bestehenden Schulden könnten eliminiert werden. Das ist die Geldmenge, die derzeit private Banken an die Staaten verleihen. Diese würde durch zinslose Kredite an den Staat durch die Zentralbank ersetzt.

In den Organen der öffentlichen Zentralbank sollen alle gesellschaftlichen „Gruppierungen" vertreten sein und der Souverän, das Volk, gibt die Ziele vor. Hat zum Beispiel die Europäische Zentralbank derzeit das selbst gewählte Ziel der Preisstabilität, so sollten zukünftige Ziele Verteilungsgerechtigkeit, Vollbeschäftigung, Finanzstabilität sein.

Geschäftsbanken

Da das Geldsystem ein öffentliches Gut sein sollte, wären auch Geschäftsbanken Teil dieses Systems. Gewinnorientierung wäre hier jedoch fehl am Platz, hat diese doch immer wieder zu Exzessen geführt.

Deshalb sollten dies gemeinwohlorientierte Banken mit beispielhaft folgenden Zielen sein:
- nur *nicht* gewinnorientierte Rechtsformen wie Genossenschaftsbanken sind erlaubt
- keine Gewinnausschüttung
- keine verzinsten Kredite
- Gemeinwohl-Prüfung für alle Investitionsvorhaben; Erstellung einer Gemeinwohl-Bilanz
- Transparenz gegenüber Kundinnen und Mitarbeiterinnen

Insbesondere sollen regionale Wirtschaftskreisläufe und nachhaltige[16] Investitionen gefördert werden.

Kredite

„Kredite finanzieren Investitionen und entscheiden signifikant darüber mit, in welche Richtung sich eine Volkswirtschaft und eine Kultur entwickeln."[17] Die heutige Kreditprüfung (Basel III) beschränkt sich auf den sogenannten ROI (Return of Investment), was nichts über die Gemeinwohlwirkung aussagt. Zukünftig sollen zunächst gesellschaftlich relevante Kriterien geprüft werden, und nur wenn diese Prüfung positiv ausfällt, würde eine Risikobetrachtung erfolgen. Falls beide Prüfungen bestanden sein sollten, wird abhängig vom Ergebnis der Kredit vergeben – je gemeinwohlorientierter, desto besser die Konditionen.[18]

Börsen und Aktien

Es könnten regionale Gemeinwohl-Börsen entstehen, an denen Unternehmen nicht mehr gehandelt, sondern entsprechend Gemeinwohl-Bilanz finanziert werden. Sie erhalten kostenloses Eigenkapital, falls ihre Kredite Gemeinwohl stiften. Aktien würden nicht mehr handelbar sein. Regionale Gemeinwohl-Börsen würden Eigenkapital von Unternehmen „vermitteln". Die Unternehmensgröße würde sich an der Gemeinwohl-Bilanz orientieren – so lange wie die Gemeinwohl-Bilanz wächst, darf ein Unternehmen wachsen.

Kasino schließen

Das Geldsystem weist die Grundfunktionen Bank, Börse, Zahlungsverkehr und Währungsaustausch auf. Auf diese ist das Geldsystem zu beschränken und im Einklang mit demokratischen Grundwerten zu halten. So bliebe das Geldsystem unter anderem einfach verstehbar. Alles, was darüber hinausgeht, kann als Kasino bezeichnet werden, schwer durchschaubar und riskant.

Staatsanleihen
Durch Staatsanleihen werden Staaten erpressbar. Ratingagenturen entscheiden über die Kosten für Kredite. Dies könnte beendet werden, indem man Staatsanleihen schlicht überflüssig macht und, wie bereits erwähnt, die ZB den Staat bis zu 50 Prozent zinsfrei finanziert. Die anderen 50 Prozent würden durch eine zu vollziehende Vollgeldreform zurückgezahlt werden.

Immobilien
Wohnen ist ein Menschenrecht, sodass Immobilien keine Ware wie jede andere sind. Deshalb sollte es nur noch gemeinwohlorientierte Betreibergesellschaften geben, die Wohnungen zu gesetzlich gesteuerten Preisen vermieten. Wohnungsbesitz ist erlaubt, aber neben der selbst bewohnten Wohnung auf eine weitere zu begrenzen. Dabei müsste sich die zweite Wohnung an den staatlich festgesetzten Preis- und Leistungsanforderungen eng orientieren. Somit wären Immobilien keine Handels- und Spekulationsobjekte mehr.

Derivate
Derivate wären abzuschaffen, da sie den Grundfunktionen eines Geldsystems nicht dienen. Finanzprodukte, die über die Grundfunktionen hinausgehen, bedürfen einer Zulassung hinsichtlich Gemeinwohlorientierung, der Systemstabilität und müssten der Tatsache von Geld als öffentlichem Gut eindeutig verpflichtet sein.

Ratingagenturen
Da Ratingagenturen nur für Produkte des Spielkasinos relevant sind, wären sie schlicht überflüssig.

Terminbörsen/Rohstoffmärkte

Rohstoffpreise sind menschenrechtlich sensibel, die demokratisch nach Gesichtspunkten der Nachhaltigkeit und Verteilungsgerechtigkeit festzulegen sind, um ein menschenwürdiges Einkommen sowie ein Grundrecht auf Ernährung zu sichern.

Devisenmärkte

Devisenmärkte wären überflüssig, da ein im Folgenden beschriebenes kooperatives Währungssystem mit stabilen Wechselkursen errichtet werden soll.

Kooperatives Währungssystem

Viele Ansätze für Geld- und Währungssysteme sind nicht neu. Die Idee des kooperativen Währungssystems geht auf John Manyard Keynes zurück, welcher dieses 1944 auf der Konferenz von Bretton Woods vorschlug, was aber abgelehnt wurde. Stattdessen setzte sich der Dollar als Weltleitwährung durch mit der Folge, dass ein Großteil des Welthandels in Dollar abgerechnet wird, davon der Rohstoffmarkt und Schulden zu quasi 100 Prozent. Das heißt, eine Währung dominiert den Welthandel – bitte denken Sie an dieser Stelle nochmals über den Satz von Rothschild nach ...

Keynes Vorschlag basiert darauf, dass nationale Währungen bestehen bleiben sollen, aber dass es für internationalen Handel eine neutrale Welthandelswährung geben sollte. Die Wechselkurse nationaler Währungen zur globalen Währung würden in einem Ausschuss der Zentralbanken festgelegt und gegen Spekulation verteidigt werden. Bei Veränderung der wirtschaftlichen Fundamentaldaten eines Landes können Anpassungen vorgenommen werden (die Tragödie Griechenlands hätte durch Abwertung der dann wiedereinzuführenden Drachme vermieden werden können). Der internationale Zahlungsverkehr soll über öffentliche Clearingstellen laufen; auf diese Weise kann Steuerflucht vermieden werden.

Bereits in der Finanzkrise 2008 wuchs die Beachtung von Keynes Vorschlag neuerlich. Und da seit 2008 das Finanzsystem auf die gleiche Weise wie davor, aber mit erhöhter Intensität fortgesetzt wird – die Geldmenge hat sich danach und vor allem während der Coronakrise ins nahezu Unermessliche erhöht – wäre ein Vorschlag, der die aktuellen Zustände wie Währungsinstabilität, spekulative Währungsattacken, unnötig hohe Devisenreserven armer Länder und aus dem Lot geratene Handelsbilanzen potenziell eliminieren könnte, aktueller denn je. Mir gefällt an dem Ansatz, dass nationale Währungen erhalten bleiben und keine Welteinheitswährung propagiert wird, die Nationen endgültig entmachtet, und dass das System Transparenz einfordert.

Demokratische Bank und Gemeinwohl-Bank

Zusätzlich zu Geschäftsbanken soll es Demokratische und Gemeinwohl-Banken geben, deren Rolle auf die Geldvermittlung zwischen Sparerinnen und Kreditnehmerinnen zu beschränken ist. Sie entsprächen dem traditionellen Verständnis einer Sparkasse oder Kreditgenossenschaft und hätten Folgendes zu leisten:

- Spareinlagen garantieren
- jedem Bürger ein erschwingliches Girokonto einrichten
- kostengünstige Kredite im Falle ausreichender Bonität und bei Schaffung von ökologischem und sozialem Mehrwert, wobei die Kredite grundsätzlich veröffentlicht werden
- ein kundennahes flächendeckendes Netz bereitstellen
- subsidiäre und vorrangig regionale Vergabe der Mehrheit aller Kredite
- öffentlich tagende Gremien der Banken

Es gibt keine Kasinogeschäfte wie oben beschrieben und Vorstände haben im Falle von Gesetzesbruch persönlich zu haften.

Zinsen und Inflation

Banken beziehen ihr Einkommen im Wesentlichen aus Zinsen. Überraschend mag klingen, dass ein System mit negativen Zinsen den Banken sowohl ihre Einnahmen sichern könnte als auch eine Umverteilung von reich zu arm bedeuten könnte. Warum wäre das so?

Der Löwenanteil der Zinseinnahmen einer Bank stammt von Unternehmenskrediten. Die Unternehmen müssen ihren Schuldendienst, der aus den Krediten entsteht, auf die Produktpreise draufschlagen. Der Konsument bezahlt bei Produktkauf den Schuldendienst der Unternehmen mit. Der Konsument ist auch Sparer und erhält Sparzins.

Dies wirkt sich bei armen und reichen Menschen unterschiedlich aus. Je ärmer jemand ist, desto größer ist sein Konsumbudgetanteil und desto mehr bezahlt er die Kreditzinsen von Unternehmen mit. Oder umgekehrt: Je kleiner sein Sparbudgetanteil, desto weniger profitiert er von Sparzinsen. Je reicher jemand ist, desto kleiner ist sein Konsumbudget im Verhältnis zum Sparbudget, sodass er im Verhältnis weniger die Unternehmenskredite mitbezahlt, dafür aber umso mehr von Sparzinsen auf sein großes Bankvermögen profitiert.

In diesem System sind die 10 Prozent der Reichsten Netto-Zinsgewinner, 10 Prozent gehen auf null raus und ca. 80 Prozent sind Netto-Zinsverlierer. Demokratische Gemeinwohl-Banken werden diesen, den allermeisten Menschen unbekannten Zusammenhang transparent machen – je mehr Menschen diesen Zusammenhang verstehen, desto schneller dürfte sich eine Verfassungsmehrheit von Zinsgegnerinnen formieren.

Negativzins

In einem Negativzinssystem kehrt sich der Verteilungseffekt um. Beispiel: Im Falle von drei Prozent Negativzins schrumpfen Ersparnisse von hundert Euro in einem Jahr auf 97 Euro. Wenn aber beim Konsum statt 100 Euro vier, fünf oder gar sechs Euro gespart würden, weil in den Produkten kein Schuldendienst der Unternehmerkredite mehr beaufschlagt werden muss, habe ich unterm Strich gewonnen; die Verteilung ist gerechter. Vielleicht hatte auch deshalb Silvio Gsell vor ca. 100 Jahren sein Schwundgeldsystem mit Negativzins, welches in Wörgl in Tirol zu einem wahren Wirtschaftswunder geführt hatte, Freigeld genannt.[19]

In diesem System könnten Unternehmenskredite – falls das Unternehmen eine ausreichend gute Gemeinwohl-Bilanz ausweisen könnte – zinslos ausgegeben werden und somit würden Unternehmen vom Wachstumszwang durch verzinste Kredite befreit.

Regionalwährung

Regionalwährungen wären anzustreben, da sie ihre Werthaltigkeit aus der Region beziehen und deshalb gegen überregionale Krisen robust sind und die Menschen der Region das öffentliche Gut Geld selbst kontrollieren, was den sozialen Zusammenhalt stärkt; dies wiederum motiviert die Menschen, die Region zu stärken und so könnte dies ein selbstverstärkender Effekt sein. Allerdings sollte der Schritt vollzogen werden, dass Regionalwährungen eine Gültigkeit vergleichbar gesetzlichen Zahlungsmitteln erhalten. Dann könnten Demokratische Banken Regionalgeld ausgeben – sie wären dann quasi Zentralbanken von Regiogeld.

Weiterentwicklung der Demokratie – die Souveräne Demokratie

Was ist Demokratie? Laut Prof. Mausfeld – und ich teile seine Meinung – ist der Kern der Demokratie folgender: „Partizipation und Austausch in einem Debattenraum sind das Wesen von Demokratie."[20] An anderer Stelle betont Prof. Mausfeld noch, dass die Debatte öffentlich sein muss.

Die allgemeine Bevölkerung sollte seit der Aufklärung und den bürgerlichen Revolutionen der Souverän sein. Doch der theoretische Anspruch findet sich in der Realität nicht wieder, so Felber.

Tatsächlich wurden zum Beispiel in Deutschland in den letzten Jahrzehnten viele Gesetze erlassen und politische Entscheidungen getroffen, die man als einzelner Mensch mit großer Wahrscheinlichkeit niemals gutheißen würde. Dabei handelt es sich sowohl um Themen wie Kriegseinsätze, deren Unterstützung ich unter keinen Umständen als Einzelentscheidung zustimmen würde, da mir unmittelbar klar ist, wie unmenschlich solche Entscheidungen sind, aber auch Gesetze, deren fatale Wirkung für unsere Existenz erst bei genauerem Hinsehen, dann aber umso drastischer klar wird, wie zum Beispiel die weitere Legitimierung von Glyphosat durch den ehemaligen Landwirtschaftsminister Schmidt, der 2017 in einem mit der Regierung unabgestimmten Alleingang für die Fortsetzung der Zulassung um weitere fünf Jahre auf Europäischer Ebene sorgte.[21]

Dass solche Entscheidungen erschreckend regelmäßig getroffen werden, legt den Verdacht nahe, dass das parlamentarische System einfach manipulier- und korrumpierbar und die Rolle des Souveräns marginal ist. Und diesem System sind wir – Stand heute – ausgeliefert. Das Parlament entscheidet über Krieg und Frieden, Steuern, Patentrecht,

Gesetze bis hin zur Verfassungsänderung, die seit 1949 ca. 250 mal angepasst wurde (haben Sie davon in unseren Medien erfahren?), ja sogar über die Dauer der Legislaturperioden und selbstverständlich über die Höhe des eigenen Einkommens. Das Volk als Souverän ist offenbar nicht mehr als ein Lippenbekenntnis.

Wessen es bedürfte

Eine echte Souveränität würde mindestens folgende kollektiven Grund- und Souveränitätsrechte bedeuten:
- das Recht, die Verfassung zu ändern und auch eine neue Verfassung in einem demokratischen Prozess auszuarbeiten (Umsetzung des § 146 GG)
- das Recht auf ein Rahmenmandat für internationale Verhandlungen (das Volk bestimmt selbst, wie mit wem international zusammengearbeitet wird)
- ein Vetorecht bei Gesetzesvorhaben des Parlaments sowie selbst Gesetze einbringen und verabschieden zu können
- eine Regierung wählen *und* in triftigen Fällen – wie zum Beispiel im Fall einer Kriegserklärung – abwählen zu können
- Grundversorgung unter souveräne Hoheit zu stellen, zum Beispiel Wasser oder Energie
- das Geldsystem und das Zollsystem zu entscheiden .

Offenbar wurde bei den Nachkriegsdemokratien wie in Deutschland oder Österreich das Hauptaugenmerk auf die – unabdingbar notwendigen – Grund- und Menschenrechte gelenkt. Die praktisch gesehen wohl genauso notwendigen, weil im täglichen politischen Prozess die Erhaltung der Grundrechte sichernden, soeben genannten kollektiven Grund- und Souveränitätsrechte wurden – nur scheinbar? – „aus den Augen verloren". Dies scheint mir ein Grundfehler zu sein, der bei mir zwei leider nur sehr besorgniserregende Folgerungen zulässt, wobei ich Fahrlässigkeit der Grundgesetz-„Schöpfer" (Laut Originalton von Carlo Schmid wurde in Deutschland explizit *keine* Verfassung, sondern ein Grundgesetz verabschiedet – ein bedeutsamer Unterschied![22]) ausschließen möchte. Diese Entscheidung wurde bewusst getroffen, entweder weil sie

- Eliten – Finanz- und Wirtschaftselite – durch Lobbyismus oder auch Bestechung (siehe Cum-Ex) quasi die totale Kontrolle von Demokratien erlaubt oder
- weil die Annahme besteht, dass wir, die Bürger, der Souverän, desinteressiert sind und weitere Macht- und Entscheidungsbefugnisse gar aus Trägheit oder Desinteresse (Fußball, Skifahren, Grillen ist ja viel schöner ...) gar nicht wahrnehmen wollen.

Da Zweites in dieser Absolutheit nicht der Fall zu sein scheint – global gesehen haben basisdemokratische Aktivitäten in den letzten Jahren stark zugenommen –[23], ist eher Erstes anzunehmen.

In positive Richtung nicht auszudenken, wie unsere Welt aussehen würde, wenn wir bereits nach dem zweiten Weltkrieg eine partizipative Demokratie unter Ausübung kollektiver Grund- und Souveränitätsrechte installiert und gelebt hätten – ich denke, sie wäre friedlicher, menschlicher, tierlicher[24], schöner.

Die souveräne Demokratie soll die Möglichkeit einer echten Teilhabe des Souveräns schaffen, ohne bestehende Elemente deswegen zwangsläufig komplett zu ignorieren. Sie bestünde aus drei Säulen: Der repräsentativen, der direkten und der partizipativen Demokratiesäule.

1) **Repräsentative Demokratie-Säule**: Sie bestünde aus Parteien, Parlament und Regierung. Sie wäre die Hauptbühne des demokratischen Prozesses; sie repräsentiert unter anderem bisher existenten Elemente und Organe.

2) **Direkte Demokratie**: Sie ermächtigt den Souverän mittels Konvente, Volksabstimmungen sowie Abwahlrechten der Regierung.[25,26,27]

3) **Partizipative Demokratie**: Ihre Kernelemente bestehen aus demokratischen Allmenden (zum Beispiel Wasserinfrastruktur) sowie einem Beteiligungsbudget.[28]

Konvente als urdemokratischer Raum

Konvente dienen dazu, der Bevölkerung Mitsprache und Gestaltungraum bei wichtigen gesellschaftlichen Themen zu geben. Dabei soll zu einem Thema in bester demokratischer Tradition unterschiedlichsten Meinungen eine Bühne geboten werden. Als Abstimmungsverfahren für die Konvent-Entscheidungen wird der Ansatz des systemischen

Konsensierens[29] vorgeschlagen, der auf der Messung von Widerständen gegen Vorschläge basiert. Es gewinnt der Vorschlag, der in einer Gruppe den geringsten Gesamtwiderstand, also bildlich gesprochen den geringsten „Summenschmerz" auslöst.

Ein schönes Beispiel der Anwendung des systemischen Konsensierens ist das Thema Gleichheit. In den Eliten und ihrer aufgrund ihres unermesslichen Reichtums entstandenen Macht sieht Felber eine der Kerngefahren bis hin zur Gefährdung der Lebensgrundlagen der Allgemeinheit. Wenn eine Firma oder eine Person Millionen von Hektar Land kaufen kann, gefährdet dies sehr wahrscheinlich die Lebensgrundlagen vieler anderer Menschen. In vielen seiner Vorträge hat Felber die Teilnehmer unter anderem auch zur Gehaltsspreizung in Unternehmen systemisch konsensieren lassen. Interessanterweise kam selten eine größere Spreizung als Faktor 10 dabei heraus. Felber legt nichts fest; die GWÖ erlaubt es, mittels einer vorgeschlagenen Prozesses Kenngrößen zu ermitteln, die der Allgemeinhit mittels systemischen Konsensierens den geringsten „Summenschmerz" verursacht.

Ein Konvent setzt sich aus Vertretern des Souveräns paritätisch in jeder Hinsicht zusammen. Folgende Konvente werden vorgeschlagen:

1) Verfassungskonvent: Dieses Konvent erstellt die Verfassung von Ländern und der EU. Es sollen Verfassungen vom Volk für das Volk sein, und das Volk stimmt über die Annahme der jeweiligen Verfassung ab. Klingt utopisch? Nicht unbedingt. Ecuador hat sich 2008 und der Kanton Zürich 2005 auf diesem Wege mit breiter Mehrheit eine neue Verfassung gegeben.[30]

2) Des Weiteren wären ein Bildungskonvent (um zum Beispiel die Bildungshoheit von Regierungen infrage zu stellen und gedankliche Vielfalt zu ermöglichen), ein Daseinsvorsorgekonvent (um zum Beispiel Existenzangst zu mildern), ein Medienkonvent (um zum Beispiel die dominierende Rolle der Medien in der Meinungsbildung vor undemokratischem Missbrauch zu schützen) sowie ein Demokratiekonvent vorgeschlagen. Der Letztere soll die Regeln für die Demokratie neu schreiben. Ein Gedanke wäre, die Parteiendemokratie, die eher Unterschiede betont und um der Konkurrenz willen des Öfteren gute Ideen vereitelt, durch einen kooperativen Ansatz abzulösen.

Durch die Konvente soll bei den Bürgern das Bewusstsein geschaffen werden, dass Wirtschaft und Gesellschaft keinen starren Regeln folgen müssen, sondern gestaltbar sind. Es ist ein Prozess von unten nach oben.

Auch Volksabstimmungen sind ein Prozess von unten nach oben, genau wie Abwahlrechte einer Regierung. Heute steht unzweifelhaft fest, dass die rot-grüne Bundesregierung 1999 das Völkerrecht wissentlich gebrochen hatte, als sie ihre Zustimmung zum Angriff auf die Republik Jugoslawien gab, was Altkanzler Schröder am 9. März 2014 öffentlich eingestanden hat.[31] Wenn wir als Souverän wollen, dass Verbindlichkeit von Rechtssystemen wie das des Völkerrechts, unumstößlich gelten sollen, dann wäre ein Abwahlrecht der Regierung ein notwendiges Sanktionsmittel eines friedliebenden, souveränen Volkes.

Volksabstimmungen waren bisher nicht immer von Erfolg gekrönt. Die Basis dafür, nämlich vollumfassende Information des Volkes, hängt wesentlich von der Gesamtstruktur einer Demokratie und der Rolle der Medien ab. Die angestrebten Strukturen ermöglichen dem Volk Beteiligung und Wissensaufbau und sollen es vor Manipulation und Desinformation schützen.

Allgemeingüter — die Grundlage demokratischer Partizipation

In den vergangenen Jahrzehnten haben die öffentlichen Körperschaften vermehrt ihr Tafelsilber „verscherbelt", sprich: Öffentliche Infrastruktur privatisiert, um sie dann entweder teuer mieten oder noch teurer wieder zurückkaufen zu müssen. Dies betraf vorwiegend die Infrastruktur von Wasser, Energie, Kommunikation, Verkehr oder auch Wohnen. Insbesondere die Privatisierung von Wasserversorgung öffnet die Tür zur Kommerzialisierung der gesamten Natur. Um solchen unheilvollen Entwicklungen vorzubeugen, schlägt die GWÖ sogenannte demokratische Allmenden vor. Die genannten Infrastrukturen sollen in einer Abkehr von der Privatisierung keine Rückkehr zur Verstaatlichung sein, sondern in den Besitz des Souveräns übergehen.

Utopisch? Ganz und gar nicht. In der kalifornischen Hauptstadt Sacramento ist der Energieversorger von ca. 1,5 Millionen Menschen, SMUD, seit den 80er-Jahren in Bürgerhand, funktioniert vorbildlich und erfüllt regelmäßig höchste Umweltstandards.

Wie enorm wichtig das Element der demokratischen Allmenden ist, zeigt die sehr aktuelle, besorgniserregende Veröffentlichung der neuen Anlagenklasse Natural Asset Company (NAC) an der New Yorker Wall Street, mit der letztlich die komplette Natur in Privatbesitz übergehen könnte. So schreibt Norbert Häring, ein renommierter Finanzmarkt-Journalist: „Die Mächtigen der Finanzwelt haben die Voraussetzungen dafür geschaffen, dass die großen Kapitalsammelstellen wie Blackrock und die Megareichen wie Jeff Bezos und Bill Gates in den nächsten Jahren und Jahrzehnten die Rechte an allen natürlichen Ressourcen aufkaufen, die sich irgendwie zu Geld machen lassen. Das würde ihre Macht auf eine neue Stufe heben."[32]

Eine Idee des Beteiligungsbudgets wurde erfolgreich in Porto Alegre umgesetzt. Die Kommune erstellt gemeinsam mit der Bevölkerung das kommunale Budget, und die Trinkwasserversorgung ist höchst erfolgreich in der Gemeinwohlvariante von PPP, einer Public Popular Partnership, organisiert. 99 Prozent der Bevölkerung sind an das Trinkwassernetz angeschlossen, durch progressive Tarife für Wohlhabende wie Golfplatzbetreiber können die Armen günstig Trinkwasser beziehen und das Ganze kommt gänzlich ohne Steuergeld aus.

Mitwirkung

Das Fundament des Ganzen ist der Souverän, oder nochmals klar benannt: jeder und jede Einzelne, der oder die mittels dieses Konzeptes die Möglichkeit hat, sich zu engagieren und Verantwortung zu übernehmen. Aber es erscheint mir auch zwingend notwendig, dass der Souverän dann seine Möglichkeiten nutzt – ohne Mitwirkung bleibt dieser Ansatz eine leere Hülle und überlässt einer durch Eliten einfach korrumpierbaren Politik die Kontrolle wie bisher; es wäre eine selbst gewählte Fremdbestimmung.

Ich fasse zusammen: Die Gemeinwohl-Ökonomie ist ein sehr umfassender Ansatz, den ich in seinen Grundzügen versucht habe darzustellen. Der Ansatz umfasst noch mehr Themen wie Motivation und Sinn, weitere Aussagen zu Eigentumsfragen, einen wahren Quell weiterführender Ideen, die in großer Klarheit vermittelt werden. Diese Klarheit spricht für die Gedankenwelt der Gemeinwohl-Ökonomie, ermöglicht uns zu verstehen, was wir wofür tun. Und das ist für mich Ermächtigung, ein hoffnungsvoller Weg in eine demokratischere, menschlichere Zukunft.

Inzwischen ist die Gemeinwohlökonomie breit etabliert; sie existiert auf vier Kontinenten in 25 Ländern und wächst stetig. Sie bietet seit mehreren Jahren Möglichkeiten zur Mitgestaltung in Regionalgruppen, Akteur*innen-Kreisen oder Vereinen; Ihrer Mitwirkung, liebe Leserin, lieber Leser, stehen die Türen offen.

Postwachstumsökonomie – plünderungsfreies Glück?

Plünderungsfreies Glück[33] – auf diese Formel könnte man die Postwachstumsökonomie (PWÖ) von Prof. Nico Paech, Inhaber des Lehrstuhls „Produktion und Umwelt" an der Carl von Ossietzky Universität Oldenburg, verkürzen. Plündern wir den Planeten? Offenbar. Umweltschäden durch Raubbau, Übernutzung sind allfällig, münden durch unseren Lebensstil im Fluch der Moderne – dem Überfluss. 10.000 Gegenstände scheint jeder Bundesbürger laut Bundesministerium für Umwelt im Schnitt zu besitzen – dass dies nicht zwangsläufig in Freiheit und Glück mündet, drängt sich gedanklich unheilvoll auf.

Als Lösungsvorschlag aus diesem Dilemma hat Prof. Nico Paech die Postwachstumsökonomie entwickelt. Sie zielt auf einen Rückbau des Wohlstandsmodells, einhergehend mit einem Bewusstseinswandel hin zu Reduktion und Selbstbegrenzung. Eine Abkehr vom Überfluss wird letztlich als Befreiung erachtet.

Die Postwachstumsökonomie trägt die Abkehr von der bisherigen Wachstumsdoktrin bereits in ihrem Namen. Sie skizziert das Bild einer Wirtschaft, die auf Wachstum verzichtet – verzichten *muss*. Hintergrund ist das Bewusstsein zunehmender Umweltzerstörung und begrenzter Ressourcen, welche beide eine Abkehr von einem unentwegten Wachstum erzwingen. Insofern stellt sich Paech auch gegen den von der Partei der Grünen propagierten Ansatz des grünen Wachstums, da Wachstum als solches – egal welcher Couleur – als nicht mehr verantwortbar erachtet wird. Hier kommt auch der Gedanke der globalen Gerechtigkeit aufs Tablett: Die entwickelten Länder

verbrauchen schlichtweg zu viel, nehmen zu viel vom globalen Ressourcenkuchen und benachteiligen somit ärmere Länder. Eine drastische Verbrauchsreduzierung ist angemahnt – für Deutschland zum Beispiel um furchterregende 8,3 Tonnen CO_2 Äquivalente von 11 auf 2,7 Tonnen pro Kopf und Jahr.[34] Das klingt utopisch. Wie diese – scheinbare – Utopie praktisch umgesetzt werden könnte, das ist die gedankliche Leistung, die die Postwachstumsökonomie darstellt. Warum dieser Prozess als dringend notwendig erscheint begründet Paech folgendermaßen:
Unser Wohlstand basiert auf *nicht* stabilisierbarem Wachstum, welches Natur plündert. Wir Menschen leben entgrenzt – wir eignen uns Dinge an, die in keinem Verhältnis zu unserer körperlichen und geistigen Leistungsfähigkeit und Zeitverfügbarkeit stehen und die unabhängig von lokal vorhandenen Ressourcen sind. Das für diesen Überfluss erforderliche Dauerwachstum kann nicht durch technische Innovationen gelöst werden; es gibt sogar Umstände, unter denen Innovationen die Situation noch verschlimmern, indem sie Dinge für eine breite Masse erschwinglich machen und uns die Sackgasse in den Überfluss nur noch schneller beschreiten lassen.

Die PWÖ würde zwar eine deutliche Reduktion der industriellen Produktion bedingen, gleichzeitig aber die Versorgungsstabilität (Resilienz) stärken, und – so erstaunlich es klingen mag – keinen Verzicht darstellen und gar die Aussicht auf mehr Glück eröffnen, indem sie uns von nur scheinbar realen Handlungsmöglichkeiten befreit, die uns zeitlich gesehen gar nicht möglich sind. Deshalb strebt die PWÖ die Befreiung von Wohlstandsschrott an. Souverän ist nicht, wer viel hat, sondern wer wenig braucht. Wenig brauchen bildet sich dabei nicht nur in einer Form von Genügsamkeit ab, sondern auch darin, durch Selbstversorgung weniger Gekauftes zu brauchen – das schafft Unabhängigkeit und Sinn. Wenn ich mich selbst versorge, beantwortet sich die Sinnfrage wie von selbst. Doch wie umsetzen?

Zunächst wären strukturelle und kulturelle Wachstumstreiber auszuschalten. Umstrukturierung durch Regionalisierung – wie auch in der GWÖ spielt diese unter dem Stichwort „Ökonomie der Nähe" eine bedeutende Rolle. Regional-, Lokal- und Selbstversorgung sollen so viel wie möglich wiederbelebt werden. Auch regionale Produktion soll gestärkt werden. Dadurch sinkt die Anzahl und Bedeutung überregionaler Produktionsketten und dadurch die Ausbeutung räumlich ferner Ressourcen.

In der Regionalisierung liegt der große Schlüssel – wenn alle Akteure in der gleichen Region leben, besteht bei allen ein hohes Interesse am Florieren; Kapitalgeber und Kapitalnehmer kennen sich, Projekte werden besser einschätzbar, das Kreditrisiko sinkt. Auch eine potenzielle Ausbeutung von Kapitalnehmern durch den Kapitalgeber würde auf dessen eigene Lebensverhältnisse zurückfallen und ihn allein deshalb im Sinne des Gemeinwohls handeln lassen. Regionales Wirtschaften erzeugt Identifikation mit der Region und unmittelbare Beziehungen, wodurch ein menschlich bedeutsames Gefühl gefördert wird: Einfühlungsvermögen. Einfühlungsvermögen und Vertrauen, das sind die wahren „Währungen" guten Zusammenlebens.

Neues Geldsystem

Aber auch monetäre Währungen sind Teil des Konzepts: Ebenso wie die GWÖ propagiert die PWÖ Regionalwährungen: Das Geld zirkuliert nur regional aufgrund regional begrenzter Gültigkeit, sollte aber nichtsdestotrotz in überregionale Währung umtauschbar sein. Durch eine Rücktauschgebühr in überregionale Währung könnte man den Anreiz schaffen, das Geld so lange wie möglich in Regionalwährung zu halten. Analog zur GWÖ erwähnt Paech die Notwendigkeit einer zinslosen Umlaufsicherung – oder besser noch: negativ verzinstes Geld, um Hortung und Spekulation unrentabel zu machen und nicht zuletzt zu vermeiden, dass durch den zinsbedingten Zwang eine Überschussproduktion in das Geldsystem eingepflanzt ist. Die Regionalwährung müsste sowohl von Arbeitgebern, Arbeitnehmern und der regionalen Administration als Zahlungsmittel akzeptiert werden.

Auch bei der überregionalen Währung finden wir Ähnlichkeiten zur GWÖ: Es wird ebenso der Vollgeldansatz von Huber und Robertson (2008)[35] propagiert,[36] der insbesondere die Wiederherstellung des staatlichen Vorrechts auf Geldschöpfung, die schuldenfrei Inumlaufbringung neu geschöpften Geldes durch öffentliche Ausgabe und damit jegliche Beendigung der Bankengeldschöpfung vorsieht. Dieser Ansatz stoppt Verschuldung des Staates bei privaten Instituten und erlaubt es, die Geldmenge eng an realwirtschaftliche Werte anzukoppeln und so für eine Wertdeckung des Geldes zu sorgen. Im Gegensatz dazu können Zentralbanken bis heute nach Gutdünken Geld drucken.

Bei Banken und Unternehmen sollten Gesellschaftsformen gewählt werden, die Wachstumsdruck nehmen. Transparente Genossenschaftsbanken mit demokratischer Mitbestimmung sollten Projekte mit nachhaltigen Werten mit Krediten zu günstigen Konditionen versorgen.

Unternehmen sollten Organisationsformen vorwiegend in Genossenschaften, Stiftungen oder Non-Profit beziehungsweise Ansätze des solidarischen Wirtschaftens präferieren. Die Option der GWÖ, Aktiengesellschaften im gemeinwohlorientierten Sinne zuzulassen, sieht die PWÖ nicht vor.

Subsistenz

Das neue Versorgungssystem wäre durch kreative Subsistenz (also Selbstversorgung) ein gutes Stück entmonetarisiert und in Sachen Währung weitgehend regional aufgestellt; der Rest verbliebe in globaler Arbeitsteilung mit einer auf einem Vollgeldsystem basierenden Bezahlung. Kreative Subsistenz hieße, Dinge gemeinsam und länger – und damit intensiver – zu nutzen oder auch Lebensmittel selbst anzubauen.

Die Zusammenlebensformen müssten angepasst werden. Wunderbar funktionierende Konzepte sind Transition Towns, welche regionales Wirtschaften gepaart mit Subsistenz und gemeinschaftlichen Lebensformen praktizieren, welche beispielhaft Tauschringe oder einfach Nachbarschaftshilfe betreiben. Gemeinsame Nutzung sollte tatsächlich lokal organsiert werden und nicht durch wieder Abhängigkeiten steigernde, eine kommerzielle Fremdversorgung wie Car-Sharing-Systeme erfolgen. „Selbst machen" wäre ein zentrales Motto, sodass Wachstumszwang durch Eigen- oder Fremdkapital vermieden wird. Einfach vorstellbare Eigenleistungen sind zum Beispiel Vorträge, Schulungen, Beratungen, kulturelle Darbietungen oder Pflege. All dies hätte den Effekt, weniger Geld zu benötigen. Die Kunst der Umsetzung läge darin, dass der Aufbau von Subsistenz und der Rückbau der Industrie gleichgewichtig verliefen.

Kultureller Umbau

Zu solch einem Umbau gehört auch eine passende Geisteshaltung, eine Art kultureller Umbau. Paech formuliert hierzu die Notwendigkeit, zur Sesshaftigkeit und zum sogenannten „menschlichen Maß" zurückzukehren, welches wir durch Entgrenzung von körperlichen Fähigkeiten mithilfe ganzer Heerscharen von Energiesklaven, von Ressourcen in unmittelbarer Reichweite und von den Möglichkeiten der Gegenwart – durch Verschuldung – hinter uns gelassen haben. Wiedereinhegung dieser Entgrenzung könnte eine globale Gerechtigkeit ermöglichen, wenn man sich auf einen CO_2-Verbauch von ca. 2,7 Tonnen pro Kopf einigen würde – in Deutschland stehen wir, wie bereits erwähnt, bei 11 Tonnen pro Kopf und Jahr. Aus dieser Reduktion folgt unmittelbar eine sesshafte Lebensweise. Paech kommt zu dem zwingenden Ergebnis, dass Lebensstile die unabdingbare Basis für Nachhaltigkeit seien. Technologien können nicht wirklich nachhaltig sein; es kommt darauf an, wie viel wir konsumieren, die schiere Menge unseres Verbrauchs ist entscheidend.

In diesem Sinne stehen zwei Maßeinheiten zur Verfügung, um unseren Verbrauch zu messen: Die CO_2-Bilanz oder die Öko-Bilanz. Während Öko-Bilanzierung durchaus aufwendig und von Privatpersonen nicht durchführbar ist, existieren für CO_2-Bilanzierung für jeden handhabbare Möglichkeiten wie Online-CO_2-Rechner oder gar eine kleine Fibel namens „Pendos-CO_2-Zähler". Ob der CO_2-Verbrauch tatsächlich die Klimawirkung hat, wie sie im Mainstream kolportiert wird, sei dahingestellt – bei näherer Betrachtung tun sich hier ernsthaft zu prüfende Zweifel auf, die hier jedoch nicht näher diskutiert werden sollen, aber als Maß für unseren Konsum, der letztlich immer energiebasiert ist, scheint der CO_2-Verbauch ein valides Maß zu sein.

Paech betont, dass ohne Ehrlichkeit, ohne ein Sicheingestehen, dass unsere Lebensstile über unsere Verbräuche entscheiden und nicht die eingesetzte Technologie, wir keine Veränderung erzielen werden. Ehrlichkeit sei der Schlüssel und nicht die Einrichtung einer Weltregierung oder einer Ökodiktatur.[37] Meine Interpretation davon ist, dass Paech diktatorische Maßnahmen oder gar eine neue Weltordnung, die von

Politikern vermehrt in ihren Reden erwähnt wird,[38] ablehnt und basierend auf der bisherigen Weltordnung mit – zumindest in der westlichen Welt – demokratischen Nationalstaaten die Umsetzung von Lebensstilen, die der Idee des menschlichen Maßes folgen, anstrebt.

Unternehmen

Unternehmen spielen in der PWÖ eine wichtige Rolle. Produktdesigns müssten dahingehend geändert werden, dass Instandhaltbarkeit und Steigerung der Lebensdauer neben der eigentlichen Funktion wichtige Entwicklungsziele werden. Genauso müssten Wertschöpfungsketten verkürzt werden, indem regionale Unternehmen und Rohstoffe Vorrang erhalten. Die Vermarktung sollte direkt und regional orientiert und Regionalwährungen müssten akzeptiert werden, sodass Unternehmen sich praktisch und identitätsbezogen stark regional verankern. Die Rolle von Unternehmen würde sich also vom reinen Produzenten hin zum Instandhalter, Reparaturdienstleister, Renovierer und Umgestalter ändern.

Sehr schön vorstellbar ist für mich, diese Neuorientierung von Unternehmen mit dem Gedanken der Gemeinwohl-Bilanz der GWÖ zu verknüpfen – je besser die genannte Unternehmensumorientierung gelingt, desto höher könnte die erzielte Punktzahl in der Gemeinwohl-Bilanz sein. Natürlich ist diese Gemeinwohl-Matrix bereits definiert; gleichwohl ist sie ein lebendes Dokument, welches sich durch permanente Verbesserung weiterentwickeln soll.

Wichtig wären neue Arbeitszeitmodelle, die die kreative Subsistenz ermöglichen. Als Zielwert wäre eine Wochenarbeitszeit von 20 Stunden anzustreben; dadurch wäre die Arbeit einfach auf viele Schultern verteilbar, was Arbeitslosigkeit vorbeugt und auch die notwendige Schrumpfung der Wirtschaft zumindest teilweise auffangen könnte. Unternehmen sollten das „Prosumenten"-Prinzip fördern – waren wir bisher nur Konsumenten, könnten wir in Wartungs- und Instandhaltungsfähigkeiten geschult werden und so auch produktiv werden, uns eben zum Prosumenten weiterentwickeln.

Passend dazu sollte sich Bildung weg von der ausschließlich abstrakten hin sowohl zur handwerklichen Befähigung als auch zur Sesshaftigkeit umorientieren. „Kinder und Jugendliche benötigen das Rüstzeug dafür, ein verantwortliches Leben innerhalb ökologischer Grenzen zu gestalten".[39]

Die Rolle der Politik

Die Rolle der Politik wäre vielfältig. Zunächst wäre eine Finanzmarktreform durchzuführen, um systemimmanente Wachstumszwänge zu mildern oder zu eliminieren.

Eine Finanztransaktionssteuer wäre ein Umverteilungsmechanismus; diese Steuer würde jede finanzielle Transaktion besteuern. Die Summe könnte dem Gemeinwohl zur Verfügung gestellt werden. Des Weiteren wäre das oben erwähnte Vollgeld einzuführen, um die Geldschöpfung aus privater in staatliche Hand zu überführen, und zwar mittels einer Zentralbank im Staatsbesitz. Hierbei möchte ich auf die GWÖ verweisen, die von der demokratischen Zentralbank spricht, die für Bürger transparent sein soll. Es muss unbedingt sichergestellt sein, dass die Funktionen von Zentralbanken im Sinne des Volkes genutzt werden; je größer die Abhängigkeit von uns Bürgern von einer einzigen Geldschöpfungsinstitution, desto größer ihre Kontroll- und Missbrauchsmöglichkeiten und desto wichtiger ist Transparenz als Schutz vor Missbrauch.

Des Weiteren wäre eine Bodenreform erforderlich. Boden ist eine endliche Ressource, die allen Menschen zur Verfügung stehen und nicht als Spekulations- und Machtmittel missbraucht werden sollte. In den USA ist Bill Gates inzwischen der größte Landbesitzer – seine Involvierung in gentechnische Lebensmittelproduktion gibt ihm damit eine große Macht nicht nur über die Ernährungsgrundlage der USA; aus Sicht von uns Bürgern keine vertrauenserweckende Perspektive.

Subventionen sollten entrümpelt werden; freiwerdende Mittel könnten in Soziales, Gesundheit und Bildung investiert werden. Dies würde auch den Übergang einer Wachstums- in eine Postwachstumsökonomie erleichtern; die Politik sollte keine Vollbremsung hinlegen, sondern einfach nur langsam vom Gas gehen – weniger Subventionen könnten ein erster Einstieg sein.

Insgesamt sollten für Ressourcenverbrauch, Pro-Kopf-Verbrauch und -Einkommen Obergrenzen eingeführt werden.[40] Und weiterhin, so Paech, „kann es für die Sozialpolitik erforderlich werden, eine geeignete Form eines Bürgergeldes oder Grundeinkommens zu entwickeln. Dieses wäre jedoch an gemeinnützige Tätigkeiten und Bedürftigkeit geknüpft."

Bezüglich der Umsetzbarkeit der PWÖ in Demokratien – von Paech „Konsumdemokratien" genannt – zeigt sich dieser skeptisch, da diese durch einen Überbietungswettbewerb von Freiheits- und Wohlstandsversprechungen gekennzeichnet seien. Und genau diese Versprechungen hätten uns dahin geführt, wo wir heute stehen. Da Technologien als Teil dieser Versprechen auch nicht weitergeholfen haben, verblieben schlichtweg Reduktionsstrategien. Und diese tasten, wie bereits erwähnt, unweigerlich unsere Lebensstile an. Somit müsse Gesellschaftskritik Lebensstile zuvorderst thematisieren. Schlussendlich seien von Politik abhängige wachstumskritische Entwürfe reine Zeitverschwendung, da demokratisch gewählte Regierungen risikoscheu agieren und immer dem Wandel hinterhereilen würden. Deshalb müsse der Wille zum Wandel – für Politiker sichtbar – aus dem Volk kommen.

Paechs Ausführungen zeugen meines Erachtens von der inhärenten Nüchternheit eines Wissenschaftlers. Die Erkenntnis, dass wir insgesamt einen wahrscheinlich zu energieintensiven Lebensstil führen, teile ich als richtige Erkenntnis. Der Verdienst des PWÖ-Ansatzes liegt grundsätzlich darin, Wege aufzuzeigen, die Reduktion im Sinne des beschriebenen menschlichen Maßes bedeuten. Verbrauchsobergrenzen erscheinen letztlich logisch, auch dass ein Wandel von Lebensstilen zwingend daraus folgt. Regionales Wirtschaften, regionale Währungen, 20-Stunden-Woche, um Freiraum für Subsistenz und Kreativität zu schaffen, klingen für mich erstrebenswert.

Bei der Art und Weise, wie Paech die Enttäuschung über demokratische Systeme äußert, fehlt mir eine klare Abgrenzung zu undemokratischen Regierungsformen. Obergrenzen, drastischer Lebensstilwandel – all das kann der Nährboden für undemokratische, freiheitsberaubende Staatsformen sein und erinnert unheilvoll an das in China bereits eingeführte Sozialpunktesystem. Zunehmende Digitalisierung in allen

Lebensbereichen ist bereits und wäre auch weiterhin der technische Erfüllungsgehilfe. Ich mahne nochmals an, dass auch die deutsche Politik das chinesische System in jüngsten Studien konkret durchdenkt und damit würdigt.[41]

Hier erscheint mir die Denkweise der GWÖ die konsequent freiheitlichere: Der angestrebte gesellschaftliche Umbau soll auf einer konsequenten Weiterentwicklung der Demokratie erfolgen, der souveränen Demokratie, die Mitwirkung auf allen Ebenen, statt nur im Vierjahresrhythmus sein Kreuz zu machen, ermöglicht – und einfordert. Dass unsere jetzige parlamentarische Demokratie aufgrund einfacher Manipulierbarkeit (manchmal genügt die „Umstimmung" einer einzigen Person, um für uns Menschen nachteilige, aber für bestimmte Industrien vorteilhafte Entscheidungen herbeizuführen)[42] dem Souverän in erschreckend vielen Punkten nicht mehr dienlich ist, ja, das ist leider von Jahr zu Jahr offensichtlicher geworden.

Auch bezüglich der Formulierung des Grundeinkommens bleibt Paech zwar im Positiven, aber auch Ungefähren – und das ist heikel. Ich wiederhole, weil eminent wichtig: Ein rein digitales Grundeinkommen, welches von nur einer Instanz ausgegeben wird, trägt das Potenzial der totalen Kontrolle in sich. Wenn man vom Grundeinkommen spricht, dann bitte in der Exaktheit, dass uns dieses durch explizit formulierte Bedingungslosigkeit auch wirklich mehr Freiheit garantiert, statt als trojanisches Pferd zu totaler Kontrolle jedes unserer finanziellen Schritte zu dienen.

Mit dieser Warnung möchte ich – beinahe – schließen. Beinahe deshalb, weil ich Sie zu Folgendem aufrufen möchte.

Engagieren Sie sich in der Gemeinwohl-Ökonomie. Sie hat das verfassungsgemäße Gemeinwohl im Blick und gleichzeitig demokratische Prozesse als Grundbedingung jeglichen Umbaus formuliert. Oder engagieren Sie sich auch im Sinne der Postwachstumsökonomie.

Es existieren noch viele weiter vielversprechende Ansätze wie Doughnut Economics (Kate Raworth), Gemeingüter-Ökonomie (Elinor Ostrom), Geschenk-Ökonomie (Genvieve Vaughan) oder Care-Ökonomie (Mascha Madörin), Gradido[43] etc. Schauen Sie sich um!

Und seien Sie wachsam! Haben Sie immer im Blick, dass sich alles, was Sie denken und praktisch angehen, freiheitlich vollzieht. Mit wachem Blick ist unschwer erkennbar, dass nicht demokratisch legitimierte, mächtige Kreise wie zum Beispiel das World Economic Forum Umgestaltungspläne schmieden und auch veröffentlichen, deren Ziele und Umsetzung in Sachen unserer Freiheit und Menschenwürde zumindest fragwürdig erscheinen.

Je engagierter wir Bürger sind, desto souveräner sind wir und haben das Heft des Handelns in unserer Hand. In diesem Sinne: Legen Sie los.

[1] https://www.vorausschau.de/SharedDocs/Downloads/vorausschau/de/BMBF_Foresight_Wertestudie_Langfassung.pdf?__blob=publicationFile&v=1; Szenario 5.5 ab S.122
[2] Stefan Mekiffer: Warum eigentlich genug Geld für alle da ist. München: Carl Hanser 2016, S. 98ff.
[3] https://heidemarieschwermer.com/neueseite/ (zuletzt abgerufen am 21.11.2021)
[4] Raphael Fellmer: Glücklich ohne Geld. München: Redline Verlag 2013
[5] Dr. Markus Krall, CEO Degussa Goldhandel: Wohin steuert Deutschland? https://youtu.be/HGgJyllgpAk?t=1842 (zuletzt abgerufen am 19.11.2021)
[6] https://www.gesetze-bayern.de/Content/Document/BayVerf-151 (zuletzt abgerufen am 19.11.2021)
[7] Christian Felber: Gemeinwohl-Ökonomie. München: Piper 2018, S. 44.
[8] Ebd.
[9] Gemeinwohl-Ökonomie 2018, S. 45
[10] Joachim Bauer: Prinzip Menschlichkeit. Warum wir von Natur aus kooperieren. Hamburg: Hoffmann und Campe 2006
[11] Gemeinwohl-Ökonomie 2018, S. 70
[12] Thorsten Polleit: Ludwig von Mises für jedermann. Der kompromisslose Liberale. Frankfurt/Main: Frankfurter Allgemeine Buch 2018, S. 53-54
[13] Michael Morris: Was Sie nicht wissen sollen. Fichtenau: Amadeus 2011, S.114
[14] Gemeinwohl-Ökonomie 2018, S. 71
[15] Nach Josef Huber: Vollgeld – Beschäftigung, Grundsicherung und weniger Staatsquote durch eine modernisierte Geldordnung. Berlin: Duncker & Humblot, S. 71
[16] Nachhaltigkeit heißt immer ökonomische, ökologische sowie soziale Nachhaltigkeit
[17] Ebd., S. 73.
[18] Ebenda, S. 73 unten
[19] Gemeinwohl-Ökonomie 2018, S. 86
[20] Rainer Mausfeld: Rainer Mausfeld über Anarchismus, Wikileaks, Prinzipien der Demokratie & die Rolle der Wirtschaft. Interview auf dem Youtube-Kanal acTVism Munich vom 13.05.2019, https://www.youtube.com/watch?v=9t40guoRABU?t=1567, (zuletzt abgerufen am 20.11.2021)
[21] Z.B. https://www.wir-essen-gesund.de/glyphosat-minister-schmidt-glyphosat-verbraucher/ (zuletzt abgerufen am 21.11.2021)
[22] Carlo Schmid: Rede zum Grundgesetz. Bonn: Parlamentarischer Rat 1948, http://artikel20gg.de/Texte/Carlo-Schmid-Grundsatzrede-zum-Grundgesetz.htm (zuletzt abgerufen am 21.11.2021)
[23] Felber, Christian (2018): „Gemeinwohlökonomie", Piper-Verlag GmbH, München, S. 151 oben
[24] Bitte achten Sie auf diese Begrifflichkeit im Beitrag von Vera Zingsem im Zusammenhang mit sprachlichem Umgang und der Wertigkeit tierlichen Lebens.

[25] https://wiki.bewegung.jetzt/index.php?title=Systemisches_Konsensieren_(SK); Zugriff am 21.11.21
[26] Felber, Christian (2018): „Gemeinwohlökonomie", Piper-Verlag GmbH, München, S. 143.
[27] https://www.friedenskooperative.de/friedensforum/artikel/offene-rechtsbrueche-der-bundeswehr, Zugriff am 21.11.21
[28] https://norberthaering.de/die-regenten-der-welt/nac-natural-asset-companies/ , Zugriff am 21.11.21
[29] https://wiki.bewegung.jetzt/index.php?title=Systemisches_Konsensieren_(SK) (zuletzt abgerufen am 21.11.2021
[30] Gemeinwohlökonomie 2018, S. 143
[31] https://www.friedenskooperative.de/friedensforum/artikel/offene-rechtsbrueche-der-bundeswehr (zuletzt abgerufen am 21.11.2021)
[32] https://norberthaering.de/die-regenten-der-welt/nac-natural-asset-companies (zuletzt abgerufen am 21.11.2021)
[33] Paech, Niko: Befreiung vom Überfluss. Auf dem Weg in die Postwachstumsökonomie. München: oekom 2012, München, S. 148
[34] Ebd., S. 58
[35] Paech, Niko (2012): „Befreiung vom Überfluss; Auf dem Weg in die Postwachstumsökonomie", oekom verlag, München, S. 135
[36] Ebd., S. 135
[37] Befreiung vom Überfluss 2012, S. 101
[38] Am Ende verharmlosender, aber doch aufschlussreicher Podcast über die Erwähnung einer neuen Weltordnung durch Gorbatschow und George Bush – und mit Blick auf die heutigen Äußerungen des WEF zur NWO meines Erachtens mehr als ernstzunehmend: https://www.br.de/mediathek/podcast/das-kalenderblatt/george-bush-senior-haelt-rede-ueber-neue-weltordnung/49219, zuletzt abgerufen am 29.12.2021.
[39] Befreiung vom Überfluss 2012, S. 138
[40] Ebd., S. 137
[41] https://www.vorausschau.de/SharedDocs/Downloads/vorausschau/de/BMBF_Foresight_Wertestudie_Langfassung.pdf?__blob=publicationFile&v=1; Szenario 5.5 ab S.122
[42] Vgl. den Eklat im November 2017 um die Verlängerung der Glyphosatzulassung in der EU dank Christian Schmidt (CSU)
[43] https://gradido.net/de/ (zuletzt abegrufen am 21.11.2021)

Marianne Grimmenstein

Gestörte Demokratie

Marianne Grimmenstein

Geboren 1946, Musiklehrerin und Bürgerwissenschaftlerin, die sich dem Schutz des Gemeinwohls und der Demokratie verschrieben hat. 2008 hat sie die Ergebnisse ihres Studienprojekts „Die machbare Zukunft", an dem sich zahlreiche Wissenschaftler und Wissenschaftlerinnen beteiligten, unter dem Titel „Quo vadis Deutschland? Was sich ändern muss" veröffentlicht. Als sie erkannte, dass die modernen Handelsabkommen Vereinbarungen beinhalten, die Konzerne ermächtigen, unsere Demokratie auszuhöhlen und dem Gemeinwohl enorm zu schaden, initiierte sie Klagen gegen die Freihandelsabkommen CETA und JEFTA vor dem Bundesverfassungsgericht. Es gelang ihr, für die CETA-Klage fast 70.000 und für die JEFTA-Klage über 9.000 Mitkläger und Mitklägerinnen zu motivieren. Für ihre Petitionen bei change.org hat sie etwa eine halbe Million unterstützende Menschen gewonnen. Gemeinsam mit anderen gründete Marianne Grimmenstein im November 2019 die Bürgerinitiative GemeinWohlLobby.

GESTÖRTE DEMOKRATIE

Wege in eine faktische Gewaltentrennung

Das Vertrauen in die Demokratie nimmt kontinuierlich ab. Erstmals in einem ARD-Deutschlandtrend in November 2006 gab die Mehrheit der Befragten (51 Prozent) an, dass sie nicht damit zufrieden ist, wie die Demokratie in Deutschland funktioniert. 66 Prozent der Bundesbürger bezeichneten die Situation im Land als ungerecht. Was das Vertrauen in die Problemlösungsfähigkeit der Politik betrifft, waren die Ergebnisse noch viel besorgniserregender. Die große europaweite Studie „European Trusted Brands 2007" von Reader's Digest, in der es unter anderem auch um das Vertrauen in verschiedene Berufe ging, macht dies deutlich. An der Studie haben sich 25.000 Reader's-Digest-Leser in 15 Ländern beteiligt, davon allein 7400 in Deutschland. Eindrucksvolle Gemeinsamkeiten kamen ans europäische Licht bei der Frage, welches Vertrauen Berufsgruppen genießen. In den befragten Ländern erhielten die Feuerwehrleute durchschnittlich 95 Prozent der Stimmen („sehr hohes" bzw. „ziemlich hohes" Vertrauen). Schlusslicht sind die Politiker. Sie sind die einzigen, die nur einen einstelligen Prozentsatz erreichten (Europa 7, Deutschland 6 Prozent). Inzwischen ist die Lage sicher nicht besser geworden.

Mit dem Studienprojekt „Für ein besseres Morgen" zwischen 2018 und 2020 hat die Friedrich-Ebert-Stiftung Umfragen bezüglich Demokratie und Zufriedenheit der Bürgerinnen und Bürger mit der Politik durchgeführt. Die Ergebnisse sind alarmierend. Inzwischen ist weniger als die Hälfte der Menschen in Deutschland zufrieden damit, wie die Demokratie in unserem Land funktioniert. Ein deutlicher Zusammenhang besteht zwischen dem sinkenden Vertrauen der Bürgerinnen und

Bürger und der wachsenden sozialen Ungleichheit. Die Kritik an den Ergebnissen der Politik ist mitverantwortlich für die verbreitete Unzufriedenheit. Die Mehrheit erwartet von der Politik, dass sie Ungleichheit abbaut und Zusammenhalt stärkt. Die fast einhellige Meinung der Befragten: „Egoismus zählt heute mehr als Solidarität." Die Menschen stellen den Politikerinnen und Politikern allgemein ein schlechtes Zeugnis aus. Die Mehrheit wünscht sich mehr Möglichkeiten, die Politik selbst aktiv mitzugestalten.[1]

Die gegenseitige Diffamierung in unserer Gesellschaft läuft zurzeit auf Hochtouren: Schwarz, Rot, Grün, Gelb, Rechte, Linke, Geimpfte, Nichtgeimpfte, Verschwörungstheoretiker, Querdenker usw. – sie sind alle Aussätzige. Unser Hauptproblem: Die Zivilgesellschaft ist nicht fähig zusammenzuarbeiten. Das Ergebnis der zehnjährigen Forschungsarbeit „Deutsche Zustände" unter der Führung Prof. Wilhelm Heitmeyers von der Universität Bielefeld war schon 2011, dass die Gesellschaft immer weiter auseinanderfällt. 90 Prozent fürchten sozialen Abstieg und Armut. Wir haben inzwischen Zustände, die kein Gemeinwesen auf Dauer aushält.

Die Säulen einer gesunden Gesellschaft

Diese Tatsachen belegen ganz klar, dass die Deutschen kein Vertrauen mehr in ihr eigenes System haben. In der Nichtlösung der verschiedenen gravierenden Sachprobleme wie im Bildungs- und Sozialwesen, bei Umweltthemen oder in der Energiewirtschaft zeigt sich die Problematik der repräsentativen Demokratie besonders krass. Das Parteiensystem ist absolut unfähig, den Herausforderungen der Zeit gerecht zu werden. Selbst die besten offiziellen Lösungsvorschläge kommen in die Mühlen der Parteistrategien. Das nächste große Problem entstammt unserem Steinzeitcharakter: Angst vor Veränderungen. Das verschlimmert die Lage noch mehr, denn wir wagen kaum, an den bestehenden Strukturen zu rütteln. Das macht sich auch bei den Beiträgen verschiedener Umfragen deutlich bemerkbar. Schließlich haben sich gesellschaftliche Ordnungen von höherer Komplexität ziemlich spät in der Geschichte der Menschheit entwickelt. Das bedeutet, dass wir in der

Sache „Gesellschaftliche Ordnung" immer noch nicht genügend Erfahrungen sammeln konnten.

Noch im Jahr 1500 n. Chr. gehörten weniger als 20 Prozent der Landfläche unseres Planeten zu solchen Staatswesen, die feste Grenzen, Verwaltungsapparate und Rechtsordnungen hatten. Dagegen ist heute alles Land zwischen Staaten aufgeteilt. Eine Ausnahme bildet nur die Antarktis. Die Menschen lebten sehr lange in Jäger-Sammler-Gruppen und Stämmen. Bei diesen Formen des Zusammenlebens handelte es sich um sogenannte egalitäre Gesellschaftssysteme, die weder Bürokratie noch Polizei oder Steuern kannten. Die Ökonomie dieser Systeme basierte auf dem Güteraustausch und nicht auf der Umverteilung von Tributen, die an eine Zentralgewalt entrichtet werden.

Es ist interessant, der Frage nachzugehen, wie die größeren und komplexeren Staatswesen entstanden sind. Historiker und Archäologen dokumentieren vielfältig, wie sich der Zusammenschluss kleinerer zu größeren Einheiten vollzog. Diese Vereinigungen ereigneten sich niemals so, dass sich kleinere Gesellschaften ohne äußere Bedrohung, also freiwillig und nur im Interesse der Wohlfahrt und Zufriedenheit ihrer Bürger dazu entschlossen. Diese Vereinigungen vollzogen sich grundsätzlich auf zwei Arten: unter dem Druck äußerer Gefahren oder durch Eroberung. Für beide Varianten lassen sich zahlreiche Fälle nachweisen.

Die Hochkulturen, die im Laufe der Jahrtausende aus zivilisierten Gesellschaften hervorgingen, setzten zwei Bedingungen voraus: einerseits ein annehmbares Maß an Ressourcen und technisches Wissen, um diese zu nutzen und damit einen materiellen Mehrwert zu erreichen, sowie andererseits eine Gesamtheit erklärter Ziele, die es den Mitgliedern der Gesellschaft ermöglichten, alle für das Leben unausweichlichen Hindernisse und Katastrophen zu überwinden.

Unweigerlich stellt sich die Frage, was dann passiert, wenn diese Voraussetzungen fehlen. Das Leben verkommt zur einer egoistischen Strampeltour, wenn nur eine der beiden Voraussetzungen fehlt. Wenn beide fehlen, dann wird das Leben für den Menschen vollkommen hoffnungslos. Doch der Mensch kann grundsätzlich ohne Hoffnung nicht leben.

Zu jeder Phase der gesellschaftlichen Entwicklung kam eine spezifische Klasse von Individuen mit dem Versprechen, die materiellen Lebensbedingungen zu verbessern, um die Lebensenergie der Menschen in die entsprechenden Bahnen zu lenken. Heute sind es die Naturwissenschaftler sowie die Männer und Frauen, die auf dem Geschäfts- und Unternehmenssektor engagiert sind, denen es an erster Stelle zukommt, die materiellen und geistigen Bedürfnisse der Gesellschaft zu befriedigen. Die Naturwissenschaftler verbreiten die Hoffnung auf ein längeres und gesünderes Leben oder auf die Beherrschung der belebten als auch der unbelebten Materie. Die unternehmerische Führungsschicht verspricht, dass unser Leben durch Produktion und Verbrauch komfortabler und aufregender wird. Die Nachteile dieser materiellen Segnungen treten inzwischen klar in Erscheinung: unaufhaltsames Schwinden begrenzter Ressourcen, gehetzte Lebensweise und zunehmende politische und gesellschaftliche Spannungen.

Wir können zwar einräumen, dass die naturwissenschaftliche und die unternehmerische Führungsschicht ihr Versprechen einer gehobenen materiellen Existenz eingelöst hat. Die Nachteile wurden vorhin schon erwähnt. Aber was ist mit der ganzheitlichen Hoffnung, die sie den Menschen ebenfalls vermitteln sollten? Auf diesem Feld sind die Ergebnisse ziemlich schlecht. In den Industrieländern sind Drogensucht, Gewalttätigkeit und Depressionen weit verbreitet. Die Arbeitsbedingungen sind zu den führenden Erkrankungsursachen geworden, weil sie die seelisch-geistigen Bedürfnisse der Menschen durch die übermäßige Gewinnjagd nicht berücksichtigen.

Die meisten Manager und Naturwissenschaftler würden auf diese Schilderung der gesellschaftlichen Lage erwidern, dass sie eigentlich nicht zuständig seien, für die seelisch-geistigen Bedürfnisse der Gesellschaft zu sorgen. Für diese Aufgabe wären nach ihrer Ansicht die Kirchen und die Politiker zuständig. Die meisten Menschen vertreten aber die Meinung, dass es den traditionellen Religionsgemeinschaften und auch den politischen Parteien an Visionen, die überzeugend wären, fehlt. Sie sind ebenfalls nicht mehr in der Lage, die Führung in einem umfassenden Sinne leisten zu können. Wenn aber niemand wagt, in dieser Situation den Schritt nach vorn zu tun und die verantwortungsvolle und gleichzeitig visionäre Führungsrolle zu übernehmen, dann laufen wir Gefahr, irgendwelchen Scharlatanen und Demagogen ins Netz zu gehen. Dieses Schicksal hat leider schon viele mächtige und reiche Gesellschaften ereilt. Es empfiehlt sich unbedingt, aus den Fehlern unserer Vorfahren zu lernen und sie nicht zu wiederholen. Wenn die Geschichte auch immer wieder entmutigend war, ist die menschliche Natur grundsätzlich nicht allein auf Raffgier gegründet. Es hat Menschen in allen historischen Epochen gegeben, die ihre Erfüllung darin fanden, sich für die Mehrung des Allgemeinwohls einzusetzen. Heutzutage gibt es auch viele solche Menschen, wenngleich sie häufig nicht allgemein bekannt sind.

Fehlende Transparenz, Verantwortung und Gewaltentrennung

Bevor wir uns mit Lösungsansätzen für die heutigen Probleme befassen, sollten wir uns die wichtigsten Probleme unseres Gemeinwesens näher anschauen. Die meisten drängenden Probleme in unserem Land sind auf Lücken des Grundgesetzes zurückzuführen, so zum Beispiel die mangelnde Kontrolle der Politik durch die Bürger sowie weitergehende Mitwirkungsmöglichkeiten, was zu einem institutionalisierten Machtchaos geführt hat. Unser Grundgesetz hat nicht die geeigneten Regeln, um der zunehmenden Spaltung unserer Gesellschaft, der Bedrohung durch Umweltzerstörung und dem entstandenen Machtchaos genügend vorbeugend entgegenzusetzen. Dass das Grundgesetz ständig verändert wurde, beweist, dass es von vornherein nicht weit genug in die Zukunft schaute. Es wurde von 1951 bis 2017 zweihundertsiebenundzwanzigmal geändert. Die Verfassung der USA wurde in 210 Jahren nur 17mal geändert. Sehr viele Änderungen des Grundgesetzes bedienen Kapitalinteressen und vernachlässigen damit das Gemeinwohl.

Für die Bürgerinnen und Bürger in Deutschland ist es nach den Analysen von Hans Herbert von Armin[2], Professor an der Deutschen Universität für Verwaltungswissenschaften Speyer, in unserem vielfach geschichteten Gemeinwesen schon ziemlich schwer, überhaupt den Überblick zu behalten. Das deutsche Problem besteht also auch darin, dass die vielen staatlichen Ebenen untereinander vielfach verflochten sind. Das treibt die Unübersichtlichkeit auf die Spitze und macht dem Wähler die Orientierung praktisch unmöglich. Noch dazu bewirken diese Formen der Politikverflechtung, dass niemand mehr weiß, wer für welche Entscheidung überhaupt verantwortlich zu machen ist. Es herrscht dadurch eigentlich ein Zustand organisierter Unverantwortlichkeit. Rechtsstaatlichkeit bedeutet grundsätzlich Transparenz und Verantwortung, sie setzt eine offene Diskussion voraus. Die Hebel der Macht bedienen inzwischen nur die Parteien. Sie haben sich ihren eigenen Staat geschaffen. Sie bestimmen die Regeln der Macht und gestalten diese Regeln nach ihren Interessen. Sie besetzen systematisch alle Schlüsselstellen (beispielsweise erfolgt die Ernennung der Richter am Bundesverfassungsgericht nur durch die Parteien) und entmachten damit systematisch den Souverän. Die Parteien durchdringen überall die staatlichen Institutionen. Gewaltentrennung, Wettbewerb und Kontrolle unterlaufen sie trickreich mit der Tendenz zur Ausschaltung. Wir haben es nicht mehr mit leichten Funktionsstörungen der parlamentarischen Demokratie zu tun, sondern mit einem schweren Systemfehler oder sogar schon mit einem Systemversagen. Das bestehende System verlangt vom deutschen Abgeordneten nicht, die persönliche Verantwortung zu übernehmen. Durch den Fraktionszwang sind die Abgeordneten nur noch Weisungsempfänger der Parteien. Die demokratische und rechtsstaatliche Legitimation ist durch den exzessiven Parteienstaat tiefgehend erschüttert.

Durch den Parteistaat gibt es auch keine richtige Gewaltentrennung in Deutschland. In Deutschland gibt es nicht drei, sondern allenfalls zweieinhalb Gewalten. Die Regierungsmitglieder sitzen auch als Abgeordnete im Bundestag und dürfen auch mitabstimmen, obwohl der Bundestag die Regierungsmitglieder kontrollieren sollte. In der Gemeindeebene sieht es ähnlich aus. Auch ein Bürgermeister hat im Gemeinderat Stimmrecht. Noch dazu haften die Entscheidungsträger nicht für die Schäden, die sie verursachen.

Die Judikative, die rechtsprechende Gewalt, hat es in Deutschland nie geschafft, sich voll zu entfalten. Nach Jens Ginsa, der bis Ende 2019 der erste Vorsitzende des Deutschen Richterbundes war, ist „Deutschland da ein rückständiger Sonderling unter den anderen westlichen Gesellschaften. An der Spitze unserer Rechtsprechung steht der Justizminister – also ein Politiker mit seinem Ministerium, ein Mitglied der Exekutive. Trotzdem ist er weisungsbefugt, wenn es um die Verwaltung der Justiz geht. Bei der Gerichtsorganisation regiert also die Exekutive bis zum Boden der Judikative durch. Das hat Konsequenzen. Internationaler Standard wäre eine selbstverwaltete Justiz."[3] Die Staatsanwälte sind sogar weisungsgebunden. Sie müssen die Weisungen vom Behördenleiter, Oberstaatsanwalt, Generalstaatsanwalt und zum Schluss auch noch vom Justizminister entgegennehmen. Der Generalbundesanwalt zählt zur Exekutive und ist kein Teil der rechtsprechenden Gewalt. Er kann jederzeit, ohne Angabe von Gründen, entlassen werden.

Die stets wachsende Staatsquote ist ebenfalls ein wichtiges strukturelles Problem. Die Staatsquote in Deutschland ist von 32,9 Prozent im Jahre 1960 auf mittlerweile 53,5 Prozent gestiegen.[4] Das bedeutet: Die Hälfte unserer jährlichen Wirtschaftskraft fließt durch die Hände von Bürokraten. Bevor der Staat das Geld für Investitionen ausgibt oder an Subventionsempfänger aller Art weiterreicht, behält er einen wachsenden Teil ein, um seine Existenz zu finanzieren. Nach Gabor Steingart: „Das Betriebssystem des deutschen Staates ist derart veraltet, in Teilen regelrecht verrostet, dass sich jener Apparat, der fälschlicherweise oft als „Dienstleister" tituliert wird, in zuweilen aggressiver Weise gegen seine Bürger und ihre Wirtschaftsunternehmen richtet."[5]

Handelsgesetze versus gesellschaftliche Rechte

Weitere Ursachen für unsere Probleme sind die erfolgten Zustimmungen zu den Freihandelsabkommen JEFTA, CETA, EUSFTA usw. durch die gewählten Politikerinnen und Politiker. Damit wurde sogar die Schutzfunktion des Grundgesetzes aufgegeben. Der Staat sollte eine organisierte Gesellschaft sein, der sich dadurch legitimiert, dass er die Gesetzgebung zum Schutze der Interessen des Volkes übernimmt. Diese Verträge sind jedoch politische Verträge. Sie sind eine Abwendung vom Rechtsstaat, weg von der staatlichen Gerichtsbarkeit, an der die Welt seit 200 Jahren arbeitet. Jens Ginsa hat schon 2017 in jeder Hinsicht Alarm geschlagen: „Wir haben das Recht zur zentralen Grundlage unserer Gesellschaft gemacht. Und indem wir das taten, haben wir auch die Basis unserer Demokratie geformt. Wenn wir zulassen, dass der Rechtsstaat beschädigt oder gar zerstört wird, werden wir das verlieren, was uns so viel wert und selbstverständlich ist: die Möglichkeit, in Frieden und Freiheit zu leben. Das darf nicht geschehen!"[6]

Das Freihandelsabkommen zwischen der EU und Japan (JEFTA) ist ein Meilenstein unter den Freihandelsabkommen zum Abbau der Rechtsstaatlichkeit. JEFTA gehört zu den Freihandelsabkommen neuer Generation der EU. Durch JEFTA werden Rechte und Interessen der Bürgerinnen und Bürger und des Gemeinwohls wie das Recht auf Arbeitsschutz, auf Naturschutz, auf Umweltschutz, auf Klimaschutz, auf soziale Absicherung, auf Mindestlohn, auf gerechten Lohn, auf Teilhabe am gesellschaftlich erarbeiteten Reichtum, auf bezahlbaren Wohnraum, auf Gesundheitsvorsorge, auf Bildung, auf Kultur, auf Rechtsschutz, auf ein unabhängig arbeitendes Parlament, auf die Einbettung in einen sozialen Rechtsstaat und auf den Fortbestand der sozialen Marktwirtschaft etc. als „Handelshemmnisse" bewertet.

Das durch JEFTA etablierte Ausschusswesen begründet eine neue, eigenständige, nicht demokratisch legitimierte „internationale Organisation", deren Haupttätigkeit darin besteht, im Anwendungsbereich des Abkommens nahezu alle gesetzlichen und verwaltungsrechtlichen

Regelungen abzuschaffen sowie nahezu alle Gesetzes- und Lebensbereiche neu zu regeln.

JEFTA setzt die neoliberale Agenda durch: die weitestgehende und nachhaltige Entmachtung der Nationalstaaten und der nationalen Parlamente durch die Installation eines Ausschusswesens, das sich jeder demokratischen Kontrolle entzieht. Die „Auslegungen" des Gemischten Ausschusses bei JEFTA binden die Vertragsparteien selbst unmittelbar. Auch die Bundesrepublik Deutschland ist verpflichtet, sich an diese nicht demokratisch legitimierten „Auslegungen" zu halten.

Die Kompetenzen des Gemischten JEFTA-Ausschusses sind unabsehbar weitreichend. Es ist nicht nur möglich, sondern sogar wahrscheinlich, dass der Gemischte Ausschuss ohne jegliche demokratische Kontrolle Vertragsänderungen oder Vertragserweiterungen beschließt und durchsetzt, denn JEFTA ist ein „lebendes Abkommen". JEFTA ist ein Meilenstein im Abbau der Demokratie. Mit den Freihandelsabkommen JEFTA und nachfolgend EUSFTA, einem ähnlichen Abkommen zwischen der EU und Singapur, hat ein Identitätswechsel stattgefunden, denn die Entscheidungsgewalt wurde auf demokratisch nicht legitimierte sogenannte Handelsausschüsse übertragen. Ihre Entscheidungen sind verbindlich und man kann nirgends gegen diese Beschlüsse klagen. Diese Handelsausschüsse werden zu 50 Prozent durch Japan beziehungsweise Singapur und zu 50 Prozent durch die EU vertreten. Wer in diesen Ausschüssen sitzt, das wissen wir nicht. Damit ist das deutsche Wahlrecht vollkommen außer Kraft gesetzt. Die Wählerinnen und Wähler haben überhaupt nichts mehr zu sagen. Es ist vollkommen egal, wie man wählt, weil die Entscheidungsgewalt schon ausgelagert wurde. Diesem Identitätswechsel hätte die deutsche Regierung ohne die Zustimmung des Wahlvolkes niemals zustimmen dürfen.

Mit JEFTA wurde das Grundgesetz ausgehebelt. Es hat ein Identitätswechsel stattgefunden. Doch für die Ablösung des Grundgesetzes wäre eine Volksabstimmung notwendig gewesen. Das steht in dem Lissabon-Urteil des Bundesverfassungsgerichts von 2009 ganz klar drin. Deshalb ist eine Verfassungsbeschwerde der drei NGOs Mehr Demokratie e. V., Campact und FoodWatch mit Prof. Weiß von der Universität Speyer bei dem Bundesverfassungsgericht gegen EUSFTA anhängig, da dieses Freihandelsabkommen die gleichen Bestimmungen beinhaltet wie JEFTA.

Es wurde nicht nur das deutsche Grundgesetz mit JEFTA und schließlich mit EUSFTA ausgehebelt, sondern auch die Verfassung von allen Mitgliedsstaaten der EU. Nach der jetzigen Rechtslage dürfte Deutschland nur so lange an der Verwirklichung eines vereinten Europas mitwirken, bis ein demokratischer Ablauf gesichert ist, der Bundestag seine Entscheidungsfreiheit stets behält und das Wahlrecht der Bürgerinnen und Bürger nicht beeinträchtigt wird. Das ist aber jetzt schon nicht mehr der Fall. Die Entscheidungsfreiheit des Bundestages ist enorm eingeschränkt und das Wahlvolk kann die Entscheidungen durch die Wahlen nicht mehr beeinflussen. Mit den sogenannten Freihandelsabkommen wurde uns ein System aufgebürdet, das politischen Entscheidungsträgern die Hände bindet, während sie eigentlich ein Maximum an Flexibilität bräuchten, um die dringend notwendigen Reformen zur Lösung der rasant wachsenden sozialen und ökologischen Probleme realisieren zu können.

Ein neuer GesellschaftsFAIRtrag

Das durch die Konzerne praktizierte Gewinnmaximierungsprinzip hat bei uns und in anderen Ländern dazu geführt, dass unsere Welt in einen bedrohlichen Zustand geraten ist: Sozialabbau, zunehmender Verlust des Gemeinwohls, enorme Umweltzerstörung. Wir stehen in vielen Bereichen vor dem Kollaps. Trotz dieser Tatsache haben Profitinteressen faktisch weiterhin absoluten Vorrang vor dem Wohlergehen unserer Gesellschaft. Die kurzfristige Rendite ist eindeutig wichtiger als die Bewahrung unserer sozialen und ökologischen Grundlagen.

Unsere Lebensgrundlagen vernichten wir im Eiltempo. Wir brauchen jedoch gesunde Nahrung, reine Luft und sauberes Wasser, um überhaupt leben zu können. Gegen die Bundesrepublik laufen 76 EU-Vertragsverletzungsverfahren, insbesondere im Bereich Energie und Umwelt. Trotz dieser Tatsache ermahnen deutsche Politiker gern andere Länder, sich an europäisches Recht zu halten. Die Qualität des Grundwassers in Deutschland gehört zu den schlechtesten in Europa. In unserem Land sind bereits über 30.000 km² Boden degradiert, dies sind mehr als neun Prozent der Gesamtfläche. Die Wälder werden durch falsche Bewirtschaftung förmlich vernichtet. Bis heute wurde das verfassungsgerichtliche Urteil von 1990 bezüglich des Waldschutzes nicht umgesetzt. Die staatlichen Subventionen werden zu 90 Prozent umweltschädlich eingesetzt.[7]

Auch im sozialen Bereich haben wir große Defizite. Drei Millionen Kinder leben in Deutschland in Armut, etwa 678.000 Menschen sind obdachlos. Die Spaltung der Gesellschaft wird von Tag zu Tag größer. Wir vernachlässigen Alte, Kinder, Jugendliche, Obdachlose, sozial Schwache, Bildungsferne. Wir haben die höchste Rentner- und Kinderarmut in der EU und die höchste Anzahl von Tafeln und Obdachlosen – in einem der reichsten Länder der Welt! Wir lassen Schulen, Universitäten, Straßen, Brücken und Kitas verrotten, kurz die Infrastruktur, schließen öffentliche Bäder, Theater und Jugendtreffs – angeblich aus Geldmangel.

Unsere Welt ist in einen bedrohlichen Zustand geraten. Die Regierungen sind spürbar nicht mehr in der Lage, diese Entwicklungen wirksam zu stoppen. Die Maßnahmen, die sie ergreifen, reichen nicht aus, um unsere Lebensgrundlagen und Lebensinteressen zu schützen. Angesichts des sich beschleunigenden Artensterbens, der rasanten Naturzerstörung, des ungebremsten Raubbaus an unseren Ressourcen, der immer skandalöseren Spaltung zwischen Arm und Reich und seit 2020 auch der Bewältigung der Folgen der Corona-Krise befindet sich unsere Gesellschaft in einer noch nie dagewesenen, existenziellen Notlage. Auch die Menschheit gehört schon zu den bedrohten Arten.

In dieser Notlage findet der größte Raubzug der Weltgeschichte ganz unbemerkt statt. Die Milliardäre konnten laut einer Studie von "Institute for Policy Studies" ihr Vermögen in der Pandemie 2020/2021 um mehr als 50 Prozent steigern. Damit besitzen sie jetzt die unvorstellbare Summe von 12,39 Billionen Dollar.[8] Und nun haben sie vor wirklich alles zu privatisieren (den ganzen Planeten, unsere sämtlichen Lebensbereiche, alle Lebensformen etc.) und als Gewinnquelle zu benutzen.

Im September 2021 haben die Rockefeller Foundation und die korrupte New Yorker Börse eine neue Anlageklasse unter dem Namen Natural Asset Company (NAC) geschaffen, die nicht nur die Natur, sondern auch die Prozesse, die allem Leben zugrunde liegen, unter dem Deckmantel der Förderung der „Nachhaltigkeit" und des „Umweltschutzes" zum Verkauf feilbietet. D. h. es werden förmlich unsere sämtlichen Lebensgrundlagen (Seen, Flüsse, Trinkwasserquellen, Wälder, Berge, Felder etc.) als handelbare Ware für Investoren privatisiert und angeboten.[9]

Das als Natural Asset Company (NAC) bezeichnete Instrumentarium ermöglicht die Gründung spezialisierter Unternehmen, „die die Rechte an den Leistungen der Ökosysteme halten, die auf einem bestimmten Stück Land erbracht werden, Leistungen wie Kohlenstoffbindung oder sauberes Wasser". Das ultimative Ziel der NACs ist nicht Nachhaltigkeit oder Naturschutz – es ist die Kommerzialisierung der Natur, d. h. die Verwandlung der Natur in eine Ware.

Mit den NACs werden Ökosysteme nicht nur zu finanziellen Vermögenswerten, sondern auch zu Rechten an „Leistungen von Ökosystemen", d. h. an den Vorteilen, die Menschen aus der Natur ziehen. Dazu gehören die Nahrungsmittelproduktion, der Tourismus, sauberes Wasser, die biologische Vielfalt, die Blütenbestäubung, die Kohlenstoffbindung und vieles mehr. Damit ist der Weg zur Privatisierung unserer sämtlichen Lebensgrundlagen geöffnet.

Die großen Kapitalsammelstellen wie Blackrock und die Megareichen wie Jeff Bezos und Bill Gates, die im Grunde genommen bereits einen Großteil der Welt besitzen, können zu Eigentümern der bald zu Geld zu machenden natürlichen Prozesse, der natürlichen Ressourcen und der Grundlagen des natürlichen Lebens werden. Alle Ressourcen aus den kulturellen und natürlichen Abläufen wie Luft, Wasser und einer bewohnbaren Erde, was früher als Teil des Gemeinguts betrachtet wurde, werden damit faktisch zur Privatisierung freigegeben.

Gleichzeitig verlieren viele Menschen ihre Existenzgrundlage. Die soziale Spaltung nimmt rasant zu und die Hungersnot explodiert. Wir müssen jetzt verhindern, dass die Erde für unsere Nachkommen unwirtlich und unbewohnbar wird. Es geht darum, die Grundlagen für eine lebenswerte Zukunft zu erhalten. Umwelt- und Sozialpolitik können den Anforderungen der heutigen Zeit unter den bestehenden Rahmenbedingungen nicht gerecht werden. Wir brauchen neue Rahmenbedingungen, damit die besten Lösungskonzepte verwirklicht werden können. Dies wurde auch durch den Sachverständigenrat der Bundesregierung in einem Sondergutachten im Juli 2019 festgestellt und gefordert.[10]

Wir sind gezwungen, uns neue Rahmenbedingungen zu schaffen, wenn wir die zerstörende Entwicklung stoppen wollen. Eine umfassende Veränderung in Wirtschaft und Gesellschaft ist dringend notwendig. Dazu sind Innovationen im Rechtswesen unerlässlich, denn die Konzerne kapern neben unseren gesamten Lebensgrundlagen auch das Rechtssystem. Die einzige Möglichkeit zur Machtbegrenzung der Konzerne ist ein neuer Gesellschaftsvertrag. Durch die Handlungsunfähigkeit der politischen Akteure ist ein neuer Gesellschaftsvertrag, eine neue Verfassung, inzwischen für unsere Gesellschaft von überlebenswichtiger Bedeutung.

Fakt ist: ohne einen neuen Gesellschaftsvertrag werden wir in der Sklaverei landen.

Zu dieser Entwicklung wurden die Weichen schon vor einigen Jahrzehnten gestellt.[11]

Wenn wir nicht rasch handeln, kann es uns passieren, dass wir auch noch die Luft kaufen müssen, um atmen zu können.

Wenn wir uns eine lebenswerte Zukunft schaffen wollen, müssen die Unübersichtlichkeit der Bürokratie und der erwähnte Kompetenzwirrwarr schnellstens beseitigt werden. Die Bürgerinnen und Bürger müssen in die Problemlösungsprozesse viel mehr eingebunden sein. Auch ihre Verantwortung für das Gemeinwohl muss stärker gefördert werden, da die existenziellen Probleme einer Gesellschaft ohne das aktive Mitwirken ihrer Bürger nicht zu lösen sind.

Die sogenannte moderne Demokratie ist menschheitsgeschichtlich gesehen sehr jung. Sie kann nicht als etwas Fertiges gelten. Da die bestehenden politischen Strukturen die gesellschaftlichen Probleme nicht mehr lösen können, wie die stets wachsenden sozialen und ökologischen Probleme eindeutig beweisen, müssen wir nach besseren

Ideen suchen, die den heutigen Bedürfnissen der Gesellschaft gerecht werden, und die Strukturen ändern. Wir brauchen grundlegende Änderungen, wenn wir für uns alle eine lebenswerte Zukunft schaffen wollen. Und wir haben dazu wenig Zeit. Da die Probleme ganz neu sind, können wir auf alte Rezepte nicht mehr zurückgreifen. Wenn die tragenden Elemente immer brüchiger werden, ist es mit der Stabilität des ganzen Bauwerkes irgendwann auch vorbei. Das schwächt aber auch zunehmend die Problemlösungsfähigkeit. Wache Zeitgenossen dürfen und sollen nicht in die Rolle von Trittbrettfahrern fallen und erwarten, dass die anderen handeln oder sich die Probleme von allein lösen werden. Eine neue Welt wird nicht auf wunderbare Weise von selbst geschaffen sein. Nur wenn die Grundrechte der Menschen gesichert sind und der Schutz unserer natürlichen Lebensgrundlagen gewährleistet ist, kann Gemeinwohl gelingen! Unser Handeln ist gefragt.

Dem übergroßen Einfluss der Konzerne und seinen Folgen kann und muss mit der Vergrößerung des Einflusses von Bürgerinnen und Bürgern begegnet werden. Diese Verlagerung des Einflusses kann jedoch nach derzeitigem Recht nur Wirklichkeit werden, wenn er von denen beschlossen wird, die dadurch Macht und Einfluss abgeben müssen. Das ist im erforderlichen Umfang nicht zu erwarten, denn die Verursacher einer Misere können niemals gleichzeitig als Heiler fungieren.

Ein neuer GesellschaftsFAIRtrag – wie wir ihn bezeichnen – soll durch die Menschen für die Menschen entstehen. Die Menschen sollen selbst gestalten, wie sie miteinander leben möchten. Nur auf diesem Weg besteht eine Aussicht, einen substanziellen Machtzuwachs zugunsten der Bürgerinnen und Bürger zu bewirken, der dringend notwendig ist, um den zerstörerischen Tendenzen entgegenzuwirken. Nach den ökologischen Fakten hat die nachkommende Generation keine Chance mehr auf eine lebenswerte Zukunft, wenn unsere Generation jetzt nicht rasch handelt. Deshalb wurde 2019 die Bürgerinitiative GemeinWohl-Lobby[12] als Koordinationsorgan für diesen Selbstfindungsprozess der Gesellschaft gegründet. GemeinWohlLobby sammelt gleichzeitig Ideen, die für unsere Gesellschaft eine lebenswerte Zukunft ermöglichen. Aus den zahlreichen konstruktiven Ideen soll dieser GesellschaftsFAIRtrag entstehen.

Nur ein vom Volk geschaffener Gesellschaftsvertrag kann die notwendigen neuen Rahmenbedingungen schaffen und damit den Weg zur Lösung drängender Probleme öffnen. Allein schon durch die Debatten werden unsere Sinne für demokratische Prozesse geschärft und die Menschen sind bereit, mehr Verantwortung zu übernehmen. Für unsere Probleme existieren machbare Lösungen und das Land ist voll von zukunftsweisenden, innovativen Ideen. Wir brauchen eine breite Bewusstseinsänderung. Verantwortungsbewusstsein darf sich nicht nur auf aktuelle Taten, sondern auch auf absehbare Folgen unseres Handels beziehen und es muss sich durch breite Kooperationsbereitschaft auszeichnen. Die Zukunft hängt generell von unserer Kooperationsbereitschaft ab. Wir brauchen ein neues kollektives Bewusstsein.

Verfassungsfragen sind Lebensfragen, Alltagsfragen. Sie gehen uns alle an, denn die Verfassung definiert den Rahmen, in dem wir leben und unser Zusammenleben gestalten. Wir brauchen in unserer Gesellschaft dringend eine breite Diskussion über die Einstellung zum Mitmenschen, zur Umwelt und zu den ethischen Fragen des täglichen Lebens. Wir brauchen eine Entscheidung darüber, ob es weiterhin möglich sein soll, dass die Kapitalinteressen einen größeren Einfluss auf den Umgang mit unserer Welt und auf unsere Lebensbedingungen haben als die Interessen der Menschen im Lande. Ein Volk, das sich eine Verfassung gegeben hat, ist über sich selbst aufgeklärter, denn Verfassungen sind Formen der Selbstwahrnehmung und Selbstorganisation. Die Verfassung gibt zwar keine abschließenden Antworten auf alle unsere Probleme, aber sie institutionalisiert die gesellschaftliche Fähigkeit, um den Herausforderungen der Zeit gerecht zu werden. Unser Land ist voll von Ideen. Schon die Verfassungsgebung fördert die gesellschaftliche Zusammenarbeit, denn die Bürgerinnen und Bürger werden durch die Teilnahme an der Suche nach gemeinsamen Lösungen für die gemeinsamen Probleme miteinander verbunden. Und das brauchen wir!

In dem Entwurf des GesellschaftsFAIRtrags sind unter anderem folgende Punkte vorgesehen:

- Amtszeitbegrenzung, Qualitätskontrolle für Entscheidungsträger mit möglicher Amtsenthebung
- Unterbindung von Lobbyismus
- Ein Parlament in vier Kammern mit unterschiedlichen Kompetenzen
- Mitwirkung von Bürger- und Jugendräten an den Entscheidungsprozessen
- Volkinitiative und Volksabstimmungen auf allen Ebenen.

Die wesentliche Neuheit des GesellschaftsFAIRtrags ist, dass die Verfassung von den Bürgerinnen und Bürgern selbstbestimmt erarbeitet wird. Diese Verfassung soll auch in freier Entscheidung von freien Menschen für freie Menschen in freier Verabredung beschlossen werden. Folgende Bedürfnisse der Bevölkerung sollen erfüllt werden:

1. Im Mittelpunkt aller Entscheidungen soll das Gemeinwohl stehen, das durch jährliche Umfragen kontrolliert wird.
2. Die Bürgerinnen und Bürger sollen durch Umfragen, Volksinitiativen und Volksabstimmungen, Bürgerräte und Jugendräte stets mitbestimmen können.
3. Die Bürgerinnen und Bürger sollen zu jeder Zeit unfähige oder gemeinwohlschädigende Politiker entlassen können.
4. Es findet eine absolute Gewaltentrennung statt. Dadurch wird der Lobbyismus unterbunden.
5. In einem Parlament mit vier Kammern und unterschiedlichen Kompetenzen sollen fundierte Entscheidungen besser und schneller getroffen werden können.

Die Bürgerinitiative GemeinWohlLobby bemüht sich, mit ihrer Arbeit den notwendigen gesellschaftlichen Dialog zu fördern und begleiten. Es sollen damit positive Impulse für die Gesellschaft gegeben werden, die neue Perspektiven für unsere Zukunft eröffnen können. Wenn wir fähig sind, uns für unser Zusammenleben neue Regeln selbst zu geben, kann sich ein neues kollektives Bewusstsein entwickeln, wodurch wir fähig sind, gemeinsam für unsere Mit- und Umwelt die Verantwortung zu übernehmen und miteinander respektvoll umzugehen.

Es ist wissenschaftlich längst erwiesen, dass wir unter anderen Rahmenbedingungen nicht nur eine Verdoppelung des verteilbaren Wohlstandes bei halbiertem Naturverbrauch, sondern auch einen deutlich spürbaren Zuwachs an Lebensqualität für alle erzielen können. Ein Volk, das wirksam in die Entscheidungsprozesse einbezogen wird, kann für politische Entscheidungen im Sinne des Gemeinwohls sorgen. Es bietet die wenigsten Angriffsflächen für totalitäre und undemokratische Anschauungen.

Wir Bürgerinnen und Bürger können selbstbewusst unseren Einfluss auf demokratische Prozesse durchsetzen und damit das Gemeinwohl zur Richtschnur des politischen Handelns machen.

Literatur

Hans Hebert von Arnim: Fetter Bauch regiert nicht gern. München: Kindler 1997
Hans Herbert von Arnim: Die Hebel der Macht und wer sie bedient – Parteienherrschaft statt Volkssouveränität. München: Heyne 2017
Hans Herbert von Arnim: Staat ohne Diener. München: Kindler 1993
Mihály Csikszentmihályi: Flow im Beruf. Stuttgart: Klett-Cotta 2004
Jared Diamond: Arm und Reich. Frankfurt/Main: Fischer 2006
Marianne Grimmenstein (Hrsg.): Quo vadis Deutschland? Was sich ändern muss. München: STENO 2008
Johannes Heinrichs: Demokratiemanifest. München: STENO 2005
Christian Kreiß und Heinz Siebenbrock: Blenden, Wuchern, Lamentieren. Berlin: Europaverlag 2019
Milorad Kristic: Verkaufte Demokratie – Weg frei in die Sklaverei? Zeinigen: Nebelhorn 2014
Frederic Vester: Phänomen Stress. München: dtv 1978

---

[1] Frank Decker et al.: Vertrauen in Demokratie. Wie zufrieden sind die Menschen in Deutschland mit Regierung, Staat und Politik? Bonn: Friedrich Ebert-Stiftung 2019. Siehe auch https://www.fes.de/studie-vertrauen-in-demokratie (zuletzt abgerufen 10.11.2021)
[2] Hans Herbert von Arnim: Die Hebel der Macht und wer sie bedient – Parteienherrschaft statt Volkssouveränität. München Heyne 2017)
[3] Jens Gnisa: Das Ende der Gerechtigkeit. Freiburg/Breisgau: Herder 2017
[4] https://www.bundesfinanzministerium.de/Datenportal/Daten/offene-daten/haushalt-oeffentliche-finanzen/s12-entwicklung-der-staatsquote/s12-entwicklung-der-staatsquote.html und https://de.statihttps://de.statista.com/statistik/daten/studie/369647/umfrage/prognose-zu-den-staatsquoten-in-den-eu-laendern/
[5] https://www.focus.de/politik/deutschland/gastbeitrag-von-gabor-steingart-die-mutter-aller-reformen-deutschlands-betriebssystem-braucht-dringend-ein-update_id_24405107.html
[6] Ebd.
[7] Siehe Studie des Umweltbundesamts

[8] https://www.handelsblatt.com/politik/international/vermoegensverteilung-superreiche-steigern-ihr-vermoegen-in-der-krise-um-mehr-als-50-prozent-iwf-fordert-staerkere-besteuerung/27072284.html?ticket=ST-9570187-3HnQoBQwSFwvvr0bbatt-cas01.example.org).

[9] (s. https://norberthaering.de/die-regenten-der-welt/nac-natural-asset-companies/).

[10] https://www.sachverstaendigenrat-wirtschaft.de/sondergutachten-2019.html)

[11] Vortrag von Marianne Grimmenstein an der Hochschule Bochum am 6. November 2010: Schurkenwirtschaft&Gangsterwirtschaft https://www.bitchute.com/video/cPFJmVkhHKCv/ .

[12] Siehe https://www.gemeinwohl-lobby.de (zuletzt abegerufen 10.11.2021)

Website: www.gemeinwohl-lobby.de

Michael Meyen

Mit zwei Euro in die Freiheit

Foto: Dirk Wächter

Michael Meyen

Prof. Dr. Michael Meyen, 1988 bis 1992 Journalistikstudium in Leipzig. 1991 bis 1997 Journalist (Leipziger Volkszeitung, Sächsische Zeitung, MDR info, Freie Presse, Chemnitz). 1995 Promotion, 2001 Habilitation in Leipzig. Seit 2002 Professor für Allgemeine und Systematische Kommunikationswissenschaft an der Universität München.

Aktuelle Veröffentlichungen:
Die Propaganda-Matrix. Der Kampf für freie Medien entscheidet über unsere Zukunft. München: Rubikon 2021
Das Elend der Medien. Schlechte Nachrichten für den Journalismus. Köln: Herbert von Halem 2021 (mit Alexis von Mirbach)
Das Erbe sind wir. Warum die DDR-Journalistik zu früh beerdigt wurde. Meine Geschichte. Köln: Herbert von Halem 2020

MIT ZWEI EURO IN DIE FREIHEIT

Wie wir den Journalismus besser machen können

Eine Vision hat sich Frank Lustig gewünscht, als er mich gebeten hat, etwas beizusteuern für dieses Buch. Wie könnte der Journalismus in Zukunft aussehen? Wie müssten wir die Medien organisieren, damit die Menschen wieder vertrauen können auf das, was da geschrieben und gesendet wird? Was ist zu tun, damit die großen Versprechen Wirklichkeit werden, die mit der Demokratie verbunden sind, Machtkontrolle vor allem und die Beteiligung aller?

Meine Einwände hat er nicht gelten lassen. Bodenhaftung, Realismus, Machbarkeit. Was man so vorbringen kann, wenn man um die Robustheit von Strukturen weiß. Die Festungen, die sich die Rundfunkanstalten gebaut haben, sind da nur das eine. Es ist kein Zufall, dass der ORF in Wien und das ZDF in Mainz jeweils hoch über der Stadt thronen, uneinnehmbar irgendwie. Küniglberg, Lerchenberg. Weit weg vom Leben. Das andere spielt sich in unseren Köpfen ab. Der Mensch ist ein Gewohnheitstier. Der Rundfunkbeitrag, TV-Nachrichten und Talkshows als Spielwiese der Politik, selbst die Monopolzeitung, die jeden Streik verteufelt und jede Lohnerhöhung, weil es den Besitzern um den Gewinn geht und nicht um das Gemeinwohl: Wir kennen es nicht anders. Was schon immer so war, wird vermutlich ewig so bleiben.

Muss es nicht, hat Frank Lustig gesagt. Wenn die Menschen dieses Buch in die Hand nehmen, dann sollen sie träumen können. Ohne eine solche Vision, so lässt sich das vielleicht zusammenfassen, kann sich schon deshalb nichts ändern, weil wir sonst gar nicht wissen, wofür es sich zu kämpfen lohnt. Über den Aufbau dieses Beitrags waren wir uns dann schnell einig. Eine Bestandsaufnahme am Anfang, der Ist-Zustand, wenn man so will, aber nicht zu lang, damit Platz bleibt für das, was eines Tages sein soll. Beim Schreiben habe ich gemerkt, dass es einen Anfang vor dem Anfang geben muss. Warum sollen wir uns überhaupt kümmern um das, was der Journalismus macht? Warum können wir Fernsehapparat, Radio, Smartphone nicht einfach ausschalten oder ignorieren? In Kurzform: Warum hängt unser Leben von den Medien ab? Wer das schon weiß und auch all das gelesen hat, was in Sachen Medienkritik erschienen ist, der springe einfach gleich in Abschnitt 4 und fange an zu träumen.

Die Definitionsmacht der Leitmedien

Wenn ich über „Journalismus" und „Medien" schreibe, dann meine ich die Leitmedien – die Plattformen, die große Gruppen erreichen und die vor allem (das ist wichtiger) dort registriert werden, wo es darauf ankommt. Im Rathaus und in der Staatskanzlei, in der Chefetage, in der Hochschulleitung, in der Vereinsspitze. Die Wucht der Leitmedien entspringt einer doppelten Projektion. Wir unterstellen erstens, dass alle anderen das Gleiche gesehen, gelesen, gehört haben. Und wir nehmen zweitens an, dass die Inhalte wirken – nicht bei uns, wir sind schließlich aufgeklärt, aber bei den anderen. Ob das stimmt, spielt keine Rolle. Es spielt auch keine Rolle, was die Wissenschaft zu diesem Thema weiß. Entscheidend ist, dass wir an solche Wirkungen glauben. Wir selbst machen aus den Leitmedien eine Realität erster Ordnung.

„If men define situations as real,
they are real in their consequences."
William I. Thomas & Dorothy S. Thomas[1]

Diese doppelte Projektion funktioniert nur hier. Jeder kann das selbst testen. Außerhalb sehr spezieller Kreise erwartet niemand von uns, dass wir über YouTube-Hitlisten sprechen können oder über die Trends auf Twitter, wie heiß die Maschine dort auch immer gelaufen sein mag. Für den Soziologen Niklas Luhmann sind die Leitmedien das „Gedächtnis" der Gesellschaft. Man kann das noch zuspitzen. Bei ihm gibt es die Leitmedien nur, weil wir so etwas wie ein „Gedächtnis für alle" brauchen. Gemeinsamkeiten, auf die wir selbst dann zurückgreifen können, wenn wir unser Gegenüber noch nie gesehen haben. Luhmann spricht von einer „zweiten Realität", die zwar „nicht konsenspflichtig" sei (es ist egal, was wir von den Nachrichten halten), die wir aber kennen müssen, wenn uns an der Achtung der Mitmenschen liegt.[2] Auch das kann jeder selbst testen. Man frage einfach beim nächsten Small Talk, wer denn dieser Orbán sei, der gerade Budapest unsicher mache, oder, fast noch besser, wo es Tipps für superschnelle Autos und den besten Grillplatz gebe. Wenn die Leitmedien sagen, dass Orbán ein Antidemokrat ist und dass Individualverkehr oder Fleischessen das Überleben der Menschheit bedrohen, dann werden alle schnell zu Außenseitern, die das Gegenteil behaupten oder noch nie darüber nachgedacht haben.

Natürlich ist die Tagesschau so ein Leitmedium. In den letzten Vor-Corona-Jahren verzeichnete sie im Durchschnitt jeden Abend 10 Millionen Zuschauer und 2020 noch einmal gut 2 Millionen mehr. Das sind nicht „alle", aber darauf kommt es nicht an. Es genügt, dass diese Sendung in jeder Redaktion registriert und dort zum Anker für die eigene Arbeit wird. Das gilt so auch für Die Zeit, für BILD, für die Süddeutsche Zeitung. Leitmedien gibt es nicht nur auf der nationalen Ebene, sondern auch in der Region oder in Gruppen, die sich für ein ganz bestimmtes Thema interessieren. BR24, die Lokalausgabe der Ostsee-Zeitung auf meiner Heimatinsel Rügen, der Podcast Abteilung Basketball. Hier wie dort muss man wenigstens so tun, als ob man die Inhalte kennt, um als Rüganer durchzugehen oder als echter Fan. „Sagen, was ist" – das Motto von Spiegel-Gründer Rudolf Augstein bekommt in diesem Licht einen Dreh, der nichts mit journalistischer Qualität zu tun hat. Leitmedien definieren, was ist und was sein darf. Was irgendwo im Internet steht, wird erst dann zu einer Realität, die niemand ignorieren kann, wenn es in die Leitmedien springt. Das Video „Die Zerstörung der CDU" von Rezo hat dafür 2019 etliche Millionen Klicks gebraucht.

Das heißt: Wir können die Leitmedien nicht ausblenden, weil wir davon ausgehen müssen, dass sich die allermeisten anderen an der „Wirklichkeit" orientieren, die dort präsentiert wird. Was also tun? Tagesschau und Tagesthemen, Süddeutsche Zeitung und Spiegel auf Fehler und Auslassungen hinweisen, in Artikeln oder in Briefen an die Redaktionen? „Pure Zeitverschwendung", sagt Ulrich Teusch, der vor ein paar Jahren das Schlagwort „Lückenpresse" populär gemacht hat.

Inzwischen ist sich Teusch sicher, dass die Leitmedien „nicht reformierbar sind". Seine Schlussfolgerung: Lasst das „politische Schmierentheater" ohne uns weiterspielen und hört auf, „jeder neuen propagandistischen Umdrehung, jeder neuen Tatarenmeldung, jedem neuen Täuschungsmanöver gewissenhaft" nachzuspüren. Lasst uns selbst „die Agenda" bestimmen – über möglichst viele „antisystemische Medien".[3] Ulrich Teusch hat mit Paul Schreyer und Stefan Korinth Multipolar gegründet, ein Online-Magazin, das schon im Namen die Dominanz der USA in der Ordnung der Gegenwart infrage stellt und in seinen Beiträgen und Empfehlungen das umzusetzen versucht, was Teusch als „Standard" für den Journalismus insgesamt vorschwebt: „absoluter Respekt vor Tatsachenwahrheiten", „diskursiv", „multiperspektivisch".[4] Den Begriff Tatsachenwahrheiten übernimmt er von Hannah Arendt. „Meinungsfreiheit ist eine Farce, wenn die Information über die Tatsachen nicht garantiert ist", heißt es bei der großen Philosophin. Und: Wahrheit ist „das, was der Mensch nicht ändern kann".[5] Für das Ideal von Ulrich Teusch bedeutet dies: Erst die Information über die Tatsachen, aus möglichst vielen Blickwinkeln, versteht sich, und dann, vielleicht, auch Meinungen.

Ein solcher Journalismus ist ein Synonym für Freiheit. Es gibt kein Leben ohne Abhängigkeiten und Zwänge – ohne andere Menschen, die etwas anderes wollen oder das Gleiche und uns damit in die Quere kommen, bewusst oder unbewusst. Was es aber geben kann: ein Leben, in dem wir solche Abhängigkeiten und Zwänge entweder schon kennen oder uns zumindest problemlos darüber informieren können. Ich kann mich hier auf zwei Klassiker der Sozialwissenschaften berufen, auf Walter Lippmann und Charles Wright Mills. Bei Lippmann ist Freiheit kurz nach dem Ersten Weltkrieg alles, was „den Wahrheitsgehalt der Informationen" schützt und steigert, „die unser Handeln bestimmen".[6] Mills sah das nach dem nächsten Weltkrieg ganz ähnlich: „Freiheit ist nicht nur die Möglichkeit zu tun, was man will; auch nicht bloß die Gelegenheit, zwischen Alternativen zu wählen. Freiheit ist vor allem die Möglichkeit, die verfügbaren Alternativen zu formulieren und über sie zu streiten – und dann eine Wahl zu treffen."[7]

Der Status quo

Egal ob man sich an Ulrich Teusch orientiert („absoluter Respekt vor Tatsachenwahrheiten", „diskursiv", „multiperspektivisch") oder an den US-Amerikanern Lippmann und Mills, die alles so unverfälscht wie möglich auf dem Tisch sehen wollten, bevor wir uns entscheiden müssen: Der Zustand des Journalismus ist in jeder Hinsicht erbärmlich. Regierung, Behörden und Großunternehmen haben diejenigen fest im Griff, die zu ihrer Kontrolle berufen sind. Ihnen spielt dabei in die Hände, dass die Leitmedien entweder auf Gewinn ausgerichtet sind (Tageszeitungen und Onlineangebote der Verlage genau wie digitale Plattformen) oder sich ohnehin in der Hand der Politik befinden (der öffentlich-rechtliche Rundfunk sowie die Landesmedienanstalten, die die Privatsender kontrollieren und mit dem Medienstaatsvertrag von 2020 auch alternative Angebote im Internet).

Der Imperativ der Aufmerksamkeit, der in einem kommerziellen Mediensystem auch für Angebote gilt, die über Pflichtbeiträge finanziert werden und sich eigentlich nicht um ihre Reichweite scheren müssten, hat Folgen für Medieninhalte und Definitionsmachtverhältnisse. Selbst da, wo Nachrichten draufsteht oder Qualitätszeitung, ist längst etwas anderes drin. Auf ein paar Schlagworte verdichtet, was dem Publikum Tag für Tag zugemutet wird:[8] Skandale, Promis, Experten, Konflikte – angenehm verpackt, versteht sich. Emotionen und Psychologie, leichte Sprache, viele Bilder. Netflix macht vor, wie „das politisch relevante gesellschaftliche Leben in Deutschland und die Hunderttausende von Mitarbeitern umfassende Staatsverwaltung" am besten zu uns ins Wohnzimmer oder auf das Display für unterwegs gebracht werden können – als Ränkespiel von einem Dutzend Spitzenpolitikern, die sich von Staffel zu Staffel hangeln, mal mit der und dann wieder mit dem, um irgendwann den Serientod zu sterben.[9]

Das Personal dieser Seifenoper wird gecastet und geschult, mit Formeln gefüttert, die sich ganze Stäbe von PR-Leuten ausgedacht haben, und bei Ereignissen präsentiert, die es nur gibt, damit Journalisten darüber berichten. Ich nenne das Medialisierung. Dieser Begriff steht für alles, was Menschen tun, damit sie selbst oder das, was ihnen wichtig ist (Ideen, Organisationen), in der Öffentlichkeit in einem guten Licht erscheinen. Medialisierung: Das beginnt bei Ministerien und Ämtern, denen eine „gute Presse" wichtiger ist als Geist und Buchstaben von Gesetzen, und endet nicht bei dem PR-Bewusstsein, das ganzen Belegschaften eingetrichtert wird und sie verinnerlichen lässt, dass die Leitmedien nur Gutes über ihre Firma, ihre Behörde, ihr Geschäft berichten dürfen. Medialisierung sorgt dafür, dass chronisch unterbesetzte Redaktionen das geschenkt bekommen, wonach sie ohnehin suchen. Nie gesehene Bilder, Superlative und tolle Geschichten. Eine Welt, die originell ist, einfach und übersichtlich, eine Welt, die es so noch nicht gab und in der es vor Prominenten nur so wimmelt. Medialisierung verhindert einen Journalismus, der seine Kritik- und Kontrollfunktion erfüllt, Orientierung liefert und möglicherweise sogar investigativ arbeitet.

Im Kampf um öffentliche Aufmerksamkeit und öffentliche Legitimation entscheiden dabei die Ressourcen. Geld, das direkt oder indirekt an die Medienhäuser geht, Geld, das in eigene Plattformen investiert wird, Geld, das hilft, Suchmaschinen zu manipulieren, Geld, mit dem man Studien in Auftrag geben kann, die zu Nachrichten werden, Geld, mit dem man Menschen zu sich lockt, die Know-how und Kontakte aus den Redaktionen mitbringen. Auf eine Formel verdichtet geht es darum, die Ressourcen so umzuschichten, dass Rückenwind in den Leitmedien wahrscheinlicher wird und man im Zweifel in der Lage ist, kritische Stimmen zu unterdrücken oder wenigstens zu delegitimieren. Auch das ist Medialisierung. Wer die meisten Ressourcen hat, kann bestimmen, was zu Medienrealität wird und damit zum Gedächtnis der Gesellschaft – zu einer Wirklichkeit, die unser Leben bestimmt. Wer die meisten Ressourcen hat, ändert die Ordnung der Dinge – zu seinen Gunsten, versteht sich.

Die Aufrüstung der PR-Apparate und medientaugliches Spitzenpersonal treffen auf ein journalistisches Feld, das an vielen Fronten unter Druck steht. Herausforderer aus dem Internet haben die wirtschaftliche Basis untergraben und damit im Journalismus Zukunftsängste ausgelöst. Weitgehend unbemerkt von der Öffentlichkeit sind Verlagsriesen entstanden, die weit über einzelne Regionen hinausreichen, neben Tageszeitungen auch Radios, Anzeigenblätter und Webportale betreiben und eher an der Rendite und damit den Wünschen der Werbetreibenden interessiert sind als am öffentlichen Auftrag.[10]

In den Redaktionen schrumpft auch deshalb der Stellenpool, und nicht wenige „Freie" (Menschen ohne Arbeitsvertrag) hängen von den Launen des Augenblicks ab. Zwei Zahlen aus dem letzten Quartal 2020: 43 Prozent von denen, die vom Journalismus leben müssen, schätzen ihre Arbeitssituation als „prekär" ein und 58 Prozent als „eher unsicher".[11] Journalismus muss man sich heute leisten können und wollen. Das führt fast zwangsläufig zu Homogenität und zu einem Selbstverständnis, das wegführt von Hanns Joachim Friedrichs' „Distanz halten, sich nicht gemein machen mit einer Sache, auch nicht mit einer guten"[12]. Die neuen Götter heißen konstruktiver, subjektiver oder transformativer Journalismus. Christian Hoffmann, Professor an der Universität Leipzig, glaubt, dass der Aktivismus bald „Oberwasser" bekommen und dabei auch die überlieferte Berufsideologie (Neutralität, Objektivität, Ausgewogenheit) fortspülen könnte. Hoffmann begründet die „starke Verschiebung hin zu den Grünen" auch mit der „ökonomischen Krise" des Systems: „Für Konservative und Liberale sind materielle Motive bei der Berufswahl wichtiger als für Linke."[13] Im Klartext: Diese Leute gehen woanders hin, wenn sie im Journalismus nicht genug verdienen können, und überlassen die Leitmedien so denen, die eine bestimmte Mission verfolgen und dafür auch bereit sind, materielle Opfer zu bringen.

Schon heute sind die Redaktionen weiß, akademisch gebildet, urban, sehr deutsch und zumindest an der Spitze männlich und in gewisser Weise auch wohlhabend. Vor allem aber sind diese Redaktionen nicht viel anders als diejenigen, über die sie berichten. Töchter und Söhne von Angestellten, Beamten, Selbstständigen.[14] Man war auf den gleichen Universitäten, man lebt in den gleichen Vierteln, man mag die gleichen Cafés – und kann die Welt folglich gar nicht so viel anders sehen als die Entscheider in Politik, Kultur, Justiz, Wirtschaft.[15] Aus dieser Ähnlichkeit von sozialer Position und Habitus wird im Alltag nicht selten echte Nähe. „Die Eliten suchen sich ihre Journalisten aus."[16] Der Medienforscher Uwe Krüger hat mit Blick auf Reizthemen wie Pegida, den Ukrainekrieg, die Klima- oder die Flüchtlingskrise von einer „Verantwortungsverschwörung" gesprochen: Der Journalist weiß, was gut ist und was schlecht (so ziemlich das Gleiche, was die Herrschenden gut oder schlecht finden), und er glaubt, dass er Einfluss auf die Menschen hat. Also nichts gegen Fremde, zum Beispiel.[17] Dieser Gleichklang von politischen, wirtschaftlichen und medialen Eliten hat zu einem Glaubwürdigkeitsproblem geführt. Die entsprechenden Umfragen behaupten zwar, dass weite Teile der Bevölkerung den Leitmedien nach wie vor vertrauen und die Zustimmung mit Corona sogar gewachsen sei, aber erstens ist diese Forschung mehr als fragwürdig und zweitens zeigt allein der Boom, den die Glaubwürdigkeitsforschung seit 2015 erlebt, dass es ein Problem gibt.[18]

Zusammengefasst: Der Weg in die Freiheit führt nur über eine gesellschaftliche Debatte, die auf die Strukturen von Leitmedien und Journalismus zielt. Wie kann es sein, dass wir die „Informationen, die unser Handeln bestimmen" (Walter Lippmann), von Unternehmen herstellen lassen, die zuallererst ihren Gewinn maximieren wollen und müssen? Warum erlauben wir, dass der öffentlich-rechtliche Rundfunk von der Politik kontrolliert wird? Müsste es nicht eher umgekehrt sein? Sagt der Journalismus nicht selbst, dass er gerne eine „vierte Gewalt" sein möchte? Warum bezahlen wir für Leitmedien, die behaupten, neutral und unabhängig zu sein, aber permanent PR für das kreative urbane Milieu machen und alles demontieren, was diesem Milieu in die Quere kommt? Und sollte der Rundfunk nicht denen gehören, die ihn finanzieren (müssen)?

Konturen einer Medienrevolution

Ich kann diese Debatte hier nicht vorwegnehmen. Aber ich kann, ganz im Sinne von Frank Lustig, träumen. Wenn ich die Augen schließe, höre ich Walter Lippmann – den jungen Walter Lippmann, der auf den Schlachtfeldern Europas unterwegs war und dann bei den Verhandlungen in den Pariser Vororten erlebt hat, was ein Journalismus aus der Wirklichkeit macht, aus dem, was ohne unser Wollen da ist. Der von Gewinninteressen getrieben wird oder vom Machtstreben der Politik. Diesen beiden Übeln an die Wurzel gehen: Das ist das, was uns der junge Lippmann mit auf den Weg gibt.

Was Walter Lippmann 1920 aus den Versprechen Demokratie und Frieden für den Journalismus ableitet, wirkt immer noch revolutionär.

Das „Verlagsgeschäft unter größere gesellschaftliche Kontrolle" bringen oder „einen großen unabhängigen Journalismus schaffen, der Maßstäbe für den kommerziellen Journalismus setzt". Diplome von Journalistenschulen „zu einer notwendigen Voraussetzung für die Praxis der Berichterstattung" machen. Neue Standards für Qualität etablieren, etwa „auf Teufel komm raus die Wahrheit" sagen oder Transparenz bei Quellen und Urhebern. Dieser junge Walter Lippmann weiß auch, worum es in den Medienakademien gehen müsste – um Reflexion vor allem. Wer instrumentalisiert mich wofür, welche Grenzen sind meiner eigenen Erkenntnis gesetzt und warum braucht es „eine unparteiische Berichterstattung"? Und es ginge um Sprache: „Eng verwandt mit einer Ausbildung zur Hinterfragung der Plausibilität von Sachverhalten ist eine strenge Disziplin in der Verwendung von Wörtern."[19]

In diesem Absatz steckt alles, was ein Träumer wie ich braucht. Was noch fehlt, ist eine existenzielle Katastrophe. Corona hat das Zeug dazu. Als Walter Lippmann die Eigentumsordnung zumindest im Bereich der Presse radikal infrage stellt, hat er einen Krieg in den Knochen, der für die Zeitgenossen wie aus dem Nichts kam und in Europa eine Epoche beendete, die für Sicherheit stand und ein besseres Leben für alle versprach. Die alte Ordnung zerfiel vor aller Augen, und wie die neue aussehen würde, stand in den Sternen. Aus dem Osten drohte sogar eine sozialistische Revolution – und von innen kurzzeitig auch. Vielleicht braucht es solche Katastrophen, um das zu denken, was vorher undenkbar war. Fast zur gleichen Zeit wie Walter Lippmann schlägt Karl Bücher, Nestor der akademischen Journalistenausbildung in Deutschland, vor, den Verlegern die Anzeigen zu entziehen und die Lokalpresse zu kommunalisieren. Bücher gießt das 1919 sogar in einen Gesetzentwurf für die bayerische Räteregierung. Sein Ziel: weg von einer „öffentlichen Meinung", die vom „Kapital" geprägt wird sowie von der „privilegierten großen Bourgeoisie", hin zu einer „freien Tagespresse", die „schwebende politische Fragen" erörtert.[20]

Karl Marx, natürlich: „Die erste Freiheit der Presse besteht darin, kein Gewerbe zu sein."[21] Das Grundgesetz ist da eher Ermunterung als Hindernis. Artikel 14 und 15 erlauben zumindest theoretisch Enteignungen (mit Entschädigung), wenn es um das „Wohl der Allgemeinheit" geht. In der alten Bundesrepublik stand dieser Wunsch schon einmal auf der Tagesordnung, nach 1968, nach dem Tod von Rudi Dutschke und den Protesten gegen Axel Springer („BILD hat mitgeschossen").[22] Mehr Gemeinwohl als das, was Walter Lippmann unter Freiheit versteht, geht eigentlich nicht. Den „Wahrheitsgehalt der Informationen, die unser Handeln bestimmen", schützen und steigern. Ohne Medienimperien in Privathand würden sich die Kräfteverhältnisse sofort verschieben. Weg von der kommerziellen Medienlogik und prekären Arbeitsbedingungen in den Redaktionen, hin zum Auftrag Öffentlichkeit, hin zu einem Beruf, der tatsächlich für alle Schichten und Milieus offen ist. Vielleicht sogar Arbeitsverträge mit Kündigungsschutz und Redaktionsstatute, die „innere Pressefreiheit" garantieren.[23] Auf jeden Fall weniger Einfallstore für das, was ich Medialisierung nenne und was letztlich darauf zielt, die Öffentlichkeit für ressourcenstarke Interessen zu gewinnen. Eine solche Medienrevolution könnte auch die Suche nach einem neuen Narrativ beleben, nach einer großen Erzählung, die der Gesellschaft den Spiegel vorhält und ihr zeigt, „dass sie anders, besser sein könnte, als sie ist".[24]

Medienqualität für zwei Euro

Der Vorschlag, den ich hier entwickle, nimmt die Anregungen von Walter Lippmann und Karl Bücher auf und zielt auf vier Punkte: auf die Berufsideologie des Journalismus, auf den Zugang zum Beruf, auf die Ausbildung und auf den öffentlich-rechtlichen Rundfunk – auf den Medienbereich, der uns allen gehört, von uns allen bezahlt wird und deshalb ganz nach Lippmann prädestiniert dafür ist, „einen großen unabhängigen Journalismus" zu schaffen, „der Maßstäbe für den kommerziellen Journalismus setzt". Anders als Karl Bücher 1919 setzt dieser Vorschlag nicht darauf, Zeitungsverlegern die Existenzgrundlage zu entziehen und das journalistische Feld auf diese Weise letztlich mit einem Graben zu trennen: auf der einen Seite mehr schlecht als recht redigierte Mitteilungsblätter für das Volk, die die kommunalen Kassen füttern, und auf der anderen Organe, die sich nur Eliten leisten können und wo man dann gewissermaßen unter seinesgleichen darüber streiten kann, wie man die große Herde führt und die Pfründe verteilt. Karl Bücher kannte die Idee des öffentlich-rechtlichen Rundfunks noch nicht, und im Grunde war ihm auch ein Journalismus fremd, der sich als Dienstleister für alle versteht und nicht nur für die, die gerade das Sagen haben.

Mein Vorschlag stützt sich auf drei Thesen. Wir wissen heute erstens, dass der Journalismus den „gesellschaftlichen Auftrag" hat, Öffentlichkeit herzustellen. Horst Pöttker, ein Medienforscher aus der alten Garde, Jahrgang 1944, spricht von einer „professionellen Grundpflicht zum Publizieren" und sieht den Journalismus als „Gegengewicht zur funktionalen Parzellierung" der Gesellschaft – offen für alle, auch für alle Themen, weil „Geschlossenheit und Isoliertheit der gegebene Zustand" in der Moderne seien.[25] Wichtig sind hier die Worte „alle" und „Publizieren". Als Bürger, als Wähler, als Menschen möchten wir erfahren, was in der Welt so läuft, und uns selbst einen Reim darauf machen. Wenn das dann unbedingt noch kommentiert werden muss: okay. Aber eigentlich kann uns egal sein, wie Journalisten die Welt sehen, wenn sie uns vorher über alle Perspektiven informiert haben, die es in der Gesellschaft gibt.

Zweitens gibt es bereits einen hervorragenden Maßstab, mit dem wir die Arbeit der Redaktionen bewerten können. Der Pressekodex nennt „ethische Standards für den Journalismus", die den „gesellschaftlichen Auftrag" Öffentlichkeit ausbuchstabieren. In den 16 Ziffern dieses Regelwerks werden zum Beispiel „Exklusivverträge" mit „Informanten" und einseitige Berichterstattung genauso ausgeschlossen wie jeder Einfluss von „wirtschaftlichen Interessen" auf „redaktionelle Veröffentlichungen". An den „publizistischen Grundsätzen", die dort formuliert werden, ist nichts auszusetzen.[26] Das gilt in gewisser Weise auch für die „Allgemeinen Grundsätze", die „Sorgfaltspflichten" und den „Auftrag" des öffentlich-rechtlichen Rundfunks, die im Medienstaatsvertrag von 2020 formuliert werden, wobei schon bei einem Blick auf den Umfang der genannten Paragrafen auffällt, dass dem Gesetzgeber andere Themen wichtiger sind.

Das sagt nichts gegen das Prinzip öffentlich-rechtlicher Rundfunk – wohl aber etwas gegen den Preis. Nach 1945 gab es drei Argumente für die Entscheidung, die Sender weder dem Staat noch der Werbewirtschaft auszuliefern, sondern sie der Gesellschaft zu übergeben: die Erfahrungen im Dritten Reich, die damalige Frequenzknappheit und das Fehlen von Unternehmen, die in der Lage waren, Radio- oder TV-Zeit zu kaufen. Die Punkte zwei und drei haben sich überholt. Punkt eins allerdings ist von der Politik nie wirklich akzeptiert worden. Das hat einen einfachen Grund: Jede Regierung hat ein existenzielles Interesse, das zu kontrollieren, was über sie in der Öffentlichkeit gesagt wird.[27] Das erklärt, warum der Parteienstaat Aufsichtsgremien und Personalentscheidungen de facto monopolisiert hat und warum er ein kaum noch überschaubares Wirrwarr an Angeboten für alle möglichen Zielgruppen und Kanäle duldet. Meine dritte These lautet: Der öffentlich-rechtliche Rundfunk kann deutlich billiger werden und trotzdem sehr viel besser.

Um gleich dabei zu bleiben: Ich schlage einen monatlichen Beitrag von zwei Euro pro Haushalt vor. Das ist ein Preis, der alle Diskussionen um Befreiungen aus sozialen oder anderen Gründen, Ferienwohnungen oder leerstehende Häuser und Medienvermeider obsolet werden lässt. Die eine Hälfte dieses Geldes wird in einen nationalen Anbieter investiert und die andere in einen lokalen. Alle beitragsfremden Ausgaben werden gestrichen. Die Landesmedienanstalten etwa, die im Moment von jedem Beitragshaushalt jeden Monat 33 Cent bekommen, können problemlos von den kommerziellen Einrichtungen finanziert werden, für die sie zuständig sind. Das würde auch dort automatisch zu Verschlankung und Entschlackung führen.

Bei rund 40 Millionen Haushalten (es gibt in Deutschland etwas mehr, allerdings zahlen nicht alle den Rundfunkbeitrag) ergibt sich für den nationalen Anbieter ein Jahresbudget von 480 Millionen Euro. Das ist mehr, als die 24/7-TV-Nachrichtenanbieter BBC International, Al-Jazeera, RT, France24, CCTV News zur Verfügung haben, die den Weltmarkt beherrschen, und liegt auch über dem Haushalt der Deutschen Welle von knapp 400 Millionen Euro 2021, wobei der Staatszuschuss noch durch Projektmittel aus verschiedenen Bundesetats erhöht wird. Unabhängig von den Details bei der Finanzierung dieser Riesen und zu versteckten Geldquellen, die es dort in aller Regel gibt: Mit einem monatlichen Obolus von einem Euro pro Haushalt lässt sich ein Angebot auf die Beine stellen, das rund um die Uhr hochwertiges Informationsfernsehen produziert und eine Internetpräsenz unterhält, die nicht nur Zugriff auf alles erlaubt, was gesendet wurde, sondern auch Zusatzmaterial und aktuelle Informationen liefert.

Mit diesem Geld sind feste Arbeitsverträge verbunden, der Verzicht auf jede Werbung und die Verpflichtung, ausschließlich auf hausinterne Produktionen zu setzen, die von den Aufsichtsgremien kontrolliert und gegebenenfalls auch sanktioniert werden können. Ein Tarifvertrag sorgt dafür, dass die Korruptionsanfälligkeit in den Redaktionen gegen Null geht und dass die Gesichter des Programms nicht wesentlich besser bezahlt werden als die Produzenten der Inhalte. Wer mehr verdienen will, kann zu einem kommerziellen Programm wechseln.

Neben der Bundes- und der Weltpolitik gehört auch die Landespolitik zum Aufgabenfeld dieses neuen öffentlich-rechtlichen Anbieters. Das kann über Regionalfenster passieren oder über Mediatheken. Die Menschen in Bayern könnten dann zum Beispiel zwischen 18 und 19 Uhr wie gewohnt Rundschau und Abendschau sehen (die allerdings anders werden würden, dazu gleich mehr) und die Menschen in Mecklenburg-Vorpommern Nordmagazin und Nordreportage. Man kann das leicht weiterdenken: Das Best-of der Beiträge aus solchen Sendungen würde den Norddeutschen erlauben, einen Blick an die Alpen zu werfen und Lösungen zu sehen, die man dort für viele der Probleme gefunden hat, die es auch vor der eigenen Haustür gibt, und umgekehrt.

Bevor ich zu sehr ins Detail gehe, muss ich noch einmal grundsätzlich werden. Mein Vorschlag bedeutet: Der öffentlich-rechtliche Rundfunk konzentriert sich künftig auf Journalismus und den gesellschaftlichen Auftrag Öffentlichkeit. Unterhaltung, Sport, Serien, Spielfilme, Musik, Verkehrsfunk, Frühstücksradio, Special Interest: All das können werbefinanzierte Anbieter, Pay-TV-Sender und Streamingplattformen mindestens genauso gut. Für das Publikum hat die Entlastung beim Pflichtbeitrag den unschätzbaren Vorteil, künftig selbst entscheiden zu können, wo das Medienbudget des Haushalts investiert wird – bei Magenta Sport, DAZN und Sky, bei Netflix und Amazon Prime, als Spende für Plattformen wie reitschuster.de und Rubikon oder in der Gaststätte nebenan, wo viele der Bedürfnisse befriedigt werden können, die in Umfragen zur Mediennutzung genannt werden.

Es handelt sich folglich um eine Win-win-Situation, zumal der zweite Euro die Lücke bei den örtlichen Medien schließt, die die Konzentrationsprozesse im Bereich der Tagespresse, der enorme Auflagenrückgang und die damit verbundenen Kürzungen in den Lokalredaktionen gerissen haben. Basis dieser neuen öffentlich-rechtlichen Anbieter sind die Landkreise, weil sich die Menschen hier kennen und weil es nicht nur darum geht, wichtige Alltagsinformationen zu übermitteln, sondern auch um Kritik und Kontrolle, gerade bei lokal gewachsenen Verwaltungs- und Machtstrukturen. Selbst in den kleinsten Landkreisen mit 100.000 Einwohnern wird aus einem Euro pro Monat und Haushalt ein Jahresbudget von 600.000 Euro. Damit lassen sich neben Büroräumen, Sachmitteln (Auto, Telefon, Sekretariat) und technischer Infrastruktur (Webserver) mindestens fünf (wenn nicht mehr) Redaktionsstellen finanzieren, die neben eigenen Recherchen das bündeln und nutzen können, was der Graswurzeljournalismus in ihrer Region produziert. Nach dem Vorbild des US-Projekts Democracy Now! könnten die lokalen Anbieter besonders gelungene Stücke entweder zum gegenseitigen Austausch bereitstellen oder für die nationale Plattform.[28]

Damit sich dieser neue öffentlich-rechtliche Rundfunk von dem alten unterscheidet, müssen die Anbieter von den Menschen kontrolliert werden, denen sie gehören. Das sind wir. Rundfunkräte könnten entweder direkt gewählt werden – oder ausgelost. Für diesen Vorschlag sprechen zum Beispiel das Ideal der athenischen Demokratie („gleiche Verteilung politischer Chancen"[29]) und die Praxis dort („nicht gerade erfolglos"[30]) oder die Laiengerichtsbarkeit in den USA, bei der Geschworene per Los bestimmt werden. Durch die Brille des Historikers David van Reybrouck gibt es einen einfachen Grund, warum wir bei diesem Vorschlag instinktiv zurückzucken und Wahlen und Demokratie für Synonyme halten: „Die revolutionären Führer in Frankreich und in den USA hatten keine Lust auf das Losverfahren, weil sie keine Lust auf Demokratie hatten."[31]

Rundfunkräte (besser: Publikumsräte), in denen Menschen von nebenan sitzen, brauchen, da sind sich die Befürworter von Losverfahren oder aleatorischer Demokratie einig, Expertise und Beratung.[32] Zu meinem Modell des öffentlich-rechtlichen Rundfunks gehört deshalb eine wissenschaftliche Begleitforschung, die sich mit vergleichsweise bescheidenem finanziellen Aufwand etablieren lässt, die produzierten Programme und Inhalte regelmäßig im Lichte des gesellschaftlichen Auftrags Öffentlichkeit bewertet und die entsprechenden Befunde auf den Seiten der Anbieter publiziert. Außerdem wird eine Ombudsstelle eingerichtet, die Beschwerden aus dem Publikum annimmt, Reaktionen einholt und beides mit Einordnung und Bewertung öffentlich sichtbar macht. Finanziert werden diese beiden Säulen zur Qualitätssicherung aus dem Euro für den nationalen Anbieter. Wenn man dafür ein Prozent der Gesamtsumme ansetzt, kommt man auf 5 Millionen Euro im Jahr – mehr als genug.

Im Geist von Walter Lippmann gehe ich davon aus, dass solch ein wirklich unabhängiger und am Gemeinwohl orientierter Journalismus zugleich die Maßstäbe für kommerzielle Anbieter verschiebt. Das gilt sowohl für die Orientierung am Imperativ der Aufmerksamkeit als auch die Käuflichkeit für ressourcenstarke Interessen. Der Anspruch wird letztlich von einem Publikum ausgehen, das jeden Tag erleben kann, wozu autonome Redaktionen fähig sind, und das seine Medienkompetenz schon deshalb ausbauen muss, weil wir alle jederzeit selbst in ein Aufsichtsgremium gelost werden können.

Solche Ausstrahlungseffekte erwarte ich auch bei meinen anderen drei Punkten, der Berufsideologie, dem Zugang zum Beruf und der Ausbildung, sodass ich mich hier deutlich kürzer fassen kann. Die Normen Objektivität, Neutralität und Unparteilichkeit wurzeln nicht im Journalismus, sondern im Kapitalismus und sind nach 1945 von den US-Amerikanern nach Deutschland gebracht worden. Kommerzielle Medien streben nach Publikumsmaximierung. Da stört jedes offene Bekenntnis. Das Gerede von Objektivität und Neutralität umarmt nicht nur alle Weltanschauungen, sondern hat einen zweiten, viel größeren Vorteil: Das Publikum merkt nicht, wie es gelenkt wird. Es gibt keinen Bericht ohne die Menschen, die ihn verfassen, und folglich keine „wahren" Nachrichten. Heute verspricht der Journalismus genau diese Quadratur des Kreises und suggeriert uns so, dass genau das das Allerwichtigste ist, was er und seine Einflüsterer in Politik und Behörden auf die Titelseiten setzen oder an den

Anfang der Tagesschau. Wir sind doch „objektiv". Ging also gar nicht anders.[33]

Die Lösung ist ganz einfach. Qualität im Journalismus steht und fällt mit Transparenz.[34] Offenlegen, wie die Inhalte entstehen und wie sie verbreitet werden. Ins Netz stellen, wenn jemand versucht, die Berichterstattung zu beeinflussen. Und darüber reflektieren, wer hier schreibt oder sendet und wem das am Ende nutzen könnte. Fast genauso wichtig wie diese Form der Transparenz ist Vielfalt. Alle Themen, alle Perspektiven – und zwar da, wo sie alle sehen können, weil sie durch ihre zwei Euro gewissermaßen mit im Boot sind und weder Abogebühren noch Bezahlschranken fürchten müssen. Journalismus muss Öffentlichkeit herstellen. Von der Berufsideologie der Gegenwart wird dann nur noch der Wunsch nach Autonomie bleiben – garantiert durch die Aufsichtsgremien des neuen öffentlich-rechtlichen Rundfunks, durch Arbeitsverträge mit dem überall üblichen Kündigungsschutz und durch Redaktionsstatute, die auch kommerzielle Anbieter in einer Medienumgebung etablieren werden, in denen unabhängige Redaktionen Normen und Qualitätsstandards setzen.

Wer auf Transparenz und Vielfalt setzt anstatt auf Objektivität, Neutralität und Unparteilichkeit, muss den Zugang zu den Redaktionen öffnen und die Ausbildung verändern. Die traditionellen Wege in den Journalismus führen über ein Hochschulstudium, Journalistenschulen und Volontariate, denen oft genug schlecht oder gar nicht bezahlte Hospitanzen und Praktika vorausgehen müssen. Zum einen bleibt der Beruf damit für Milieus verschlossen, die sich keine langen Ausbildungszeiten für ihre Kinder leisten können oder wollen. Und zum anderen wird der Nachwuchs so in jeder Hinsicht kooptiert. Diejenigen, die es geschafft haben, suchen sich die nächste Generation zunächst aus und entscheiden dann auch nach dem Anpassungsgrad, wer bleiben und weitermachen darf. Auf diese Weise werden die Einflussversuche von außen, wie Politik, Behörden, Wirtschaft, Kultureinrichtungen oder Vereine, von den „Neuen" als „normal" erlebt und ganz nebenbei internalisiert.

Gebraucht werden stattdessen öffentlich-rechtliche Journalismusakademien, in denen das Handwerk ganz unabhängig von Produktionsroutinen und ohne Rücksicht auf irgendwelche Interessen jenseits des Gemeinwohls trainiert werden kann. In diesen Akademien werden Reporterinnen und Redakteure ausgebildet, die den gesellschaftlichen Auftrag Öffentlichkeit gewissermaßen mit der Muttermilch aufnehmen und dann im Beruf nie wieder vergessen werden. Zum Curriculum gehören selbstverständlich Diskussionen über die Aufgaben des Journalismus in einer Demokratie sowie Kurse zu gesellschaftlichen Problemlagen und zum Medienrecht.

Erfahrungen mit Schreibwerkstätten im „proletarischen Milieu", die auf „Selbstermächtigung" setzen, zeigen erstens, dass Journalismus zwar mit Talent zu tun haben mag, aber noch mehr ein Beruf wie jeder andere ist – eine Tätigkeit, die man lernen kann. Zweitens verändern Menschen, die sich ohne Abitur und Hochschulabschluss in der Öffentlichkeit äußern, nicht nur die Themen, über die dort verhandelt wird, sondern auch die Sprache. Peter Schaber, der das in Berlin-Kreuzberg versucht: „Viele Formulierungen werden den Leuten ja in der Schule aberzogen."[35] Schabers Bericht ermutigt mich, hier einen Mix anzuregen, der von Schnellkursen innerhalb einiger Wochen über berufsbegleitendes Ferntraining und eine Berufsausbildung zur Redaktionsfacharbeiterin bis zu klassischen Lehrgängen reicht und gerade bei längeren Ausbildungszeiten auch Vergütung und Unterkunft einschließen kann. Zu diesem Mix gehören unbedingt Fort- und Weiterbildung und damit Foren für den Erfahrungsaustausch. Die gesellschaftlichen Kosten für die entsprechenden Einrichtungen dürften in jedem Fall überschaubar bleiben. Das Budget der Deutschen Journalistenschule München (im Moment eine der Eliteschulen im Berufsfeld) liegt bei rund 1 Million Euro – bei 45 Abschlüssen pro Jahr.

Medienrevolution auf einen Blick

Anstelle einer langen Zusammenfassung versuche ich in diesem Schlussabschnitt, das Gesagte auf Stichworte zu verdichten. Vorab und sicher nicht unwichtig: Was wird aus den „alten" öffentlich-rechtlichen Rundfunkanstalten? Was wird aus den Menschen, die dort feste Arbeitsverträge oder irgendwelche Anrechte erworben haben, aus den Gebäuden und aus all dem, was aus rund acht Milliarden Euro Beitragsaufkommen sonst so angeschafft und bezahlt worden ist? Ich nenne die Summe hier, weil sie zwar riesig ist, die ARD und sogar das viel kleinere ZDF gehören zu den einhundert größten Medienkonzernen der Welt,[36] andererseits aber ist die Summe nichts im Vergleich mit dem, was seit Frühjahr 2020 investiert worden ist, um die Corona-Politik zu legitimieren und ihre Folgen lindern zu können. Will sagen: Das wird sich lösen lassen, wenn wir es denn wollen. Um die vielen Fest-Freien, die gerade in einer der öffentlich-rechtlichen Nischen überleben und da gute Arbeit im Sinne der hier geschilderten Kriterien leisten, müssen wir uns ohnehin keine Sorgen machen. Qualität wird Abnehmer finden, zumal wenn das Publikum jedes Jahr 200 Euro mehr für Medienangebote seiner Wahl zur Verfügung hat.

Neuer öffentlich-rechtlicher Rundfunk

- Haushaltsbeitrag: 2 Euro pro Monat
- Anbieter:
  - eine nationale Anstalt mit 24/7-Nachrichten-TV, Webplattform und Landesfenstern (Budget: 500 Millionen Euro)
  - lokale Anstalten auf Landkreisebene (Webplattform, Budget: ab 600.000 Euro)
  - Programmaustausch (lokal und national)
- Programm: Journalismus (keine Unterhaltung, kein Sport, keine Filme, keine Musik etc.)
- Werbefreiheit
- Redaktionelle Autonomie: feste Arbeitsverträge, Redaktionsstatute, kein Outsourcing
- Aufsicht und Kontrolle: Publikumsräte, Begleitforschung, Ombudsstelle

Journalismus der Zukunft

- Qualitätskriterien: Transparenz und Vielfalt
- Autonomie: zu sichern über Redaktionsstatute und gesellschaftliche Kontrolle
- Berufszugang: alle Milieus
- Ausbildung:
  - Inhalte: Funktionen und gesellschaftlicher Auftrag des Journalismus, Medienrecht, Machtstrukturen, Handwerk (recherchieren, produzieren, redigieren)
  - Form: öffentlich-rechtliche Journalismusakademien, Werkstätten, Schnell- und Fernkurse
- Weiterbildung: regelmäßiger Austausch zumindest der öffentlich-rechtlichen Redaktionen

Diese Stichwortliste ersetzt weder den gesetzlichen Rahmen, der für die neuen Rundfunkanstalten zu schaffen ist, noch Redaktionsstatute, Arbeitsverträge oder einen Lehrplan für die neuen Journalismusakademien. Die Liste kann und soll aber die gesellschaftlichen Debatten um die Reorganisation des Mediensystems befeuern, die sich allzu oft im Rundfunkbeitrag verbeißen und dabei vor lauter Bäumen den Wald aus dem Blick verlieren. Vor allem aber soll diese Liste zum Träumen anregen: Wir könnten einen anderen Journalismus haben – und er würde (fast) gar nichts kosten.

[1] William I. Thomas, Dorothy S. Thomas: The Child in America. Behavior Problems and Programs. New York: Alfred A. Knopf 1928, S. 572

[2] Niklas Luhmann: Die Realität der Massenmedien. 2. Auflage. Opladen: Westdeutscher Verlag 1996, S. 9, 43, 120–122

[3] Ulrich Teusch: Der Krieg vor dem Krieg. Frankfurt am Main: Westend 2019, S. 8, 194. – Vgl. Ulrich Teusch: Lückenpresse. Das Ende des Journalismus, wie wir ihn kannten. Frankfurt am Main: Westend 2016

[4] Teusch: Krieg, S. 180

[5] Hannah Arendt: Wahrheit und Lüge in der Politik. Zwei Essays. 3. Auflage. München: Piper 2016, S. 58, 92

[6] Walter Lippmann: Die Illusion von Wahrheit oder die Erfindung der Fake News. Frankfurt am Main: Edition Buchkomplizen 2021, S. 55

[7] Charles Wright Mills: Soziologische Phantasie. Wiesbaden: Springer VS 2016, S. 260

[8] Vgl. Michael Meyen: Breaking News: Die Welt im Ausnahmezustand. Wie uns die Medien regieren. Frankfurt am Main: Westend 2018

[9] Stefan Schulz: Redaktionsschluss. Die Zeit nach der Zeitung. München: Carl Hanser 2016, S. 230–235

[10] Vgl. Michael Meyen: Die Propaganda-Matrix. Der Kampf für freie Medien entscheidet über unsere Zukunft. München: Rubikon 2021, S. 92f.

[11] Thomas Hanitzsch, Jana Rieck: Prekarisierung im Journalismus. Erster Arbeitsbericht. LMU München: Institut für Kommunikationswissenschaft u. Medienforschung 2021, S. 2

[12] Der Spiegel, Nr. 13/1995, S. 112–119, hier 113f.

[13] Neue Zürcher Zeitung vom 17. Februar 2021

[14] Vgl. Siegfried Weischenberg, Maja Malik, Armin Scholl: Die Souffleure der Mediengesellschaft. Report über die Journalisten in Deutschland. Konstanz: UVK 2006, S. 69f.

[15] Marcus B. Klöckner: Sabotierte Wirklichkeit. Oder: Wenn Journalismus zur Glaubenslehre wird. Frankfurt/Main: Westend 2019

[16] Uwe Krüger: Mainstream. Warum wir den Medien nicht mehr trauen. München: C.H. Beck 2016, S. 84

[17] Ebd., S. 105

[18] Vgl. Michael Meyen: Die Erfindung der Glaubwürdigkeit. Umfragen zur Medienbewertung in Deutschland seit 1945. In: Astrid Blome, Tobias Eber-

wein, Stefanie Averbeck-Lietz (Hrsg.): Medienvertrauen. Berlin: Walter de Gruyter 2020, S. 59–75

[19] Lippmann: Illusion, S. 25, 58f., 62, 64, 66, 74

[20] Karl Bücher: Zur Frage der Pressreform. In: Gesammelte Schriften. Tübingen: H. Laupp'sche Buchhandlung 1926, S. 391–429, hier 396

[21] Karl Marx: Debatten über Preßfreiheit und Publikation der Landständischen Verhandlungen. Von einem Rheinländer. Sechster Artikel. In: Rheinische Zeitung vom 19. Mai 1842

[22] Vgl. Horst Pöttker: Zum demokratischen Niveau des Inhalts überregionaler westdeutscher Tageszeitungen: Wissenschaftstheorie und Methodologie – Normative Theorie der Demokratie – Quantitative Inhaltsanalyse. Hannover: SOAK 1980

[23] Vgl. Elisabeth Noelle-Neumann: Umfragen zur inneren Pressefreiheit. Das Verhältnis Verlag, Redaktion. Düsseldorf: Droste 1977

[24] Harald Welzer: Alles könnte anders sein. Eine Gesellschaftsutopie für freie Menschen. Frankfurt am Main: S. Fischer 2019, S. 16

[25] Horst Pöttker (Hrsg.): Öffentlichkeit als gesellschaftlicher Auftrag. Konstanz: UVK 2001, S. 20, 24, 26f.

[26] Deutscher Presserat: Publizistische Grundsätze (Pressekodex). Berlin 2021

[27] Vgl. Michael Meyen: Journalists' Autonomy around the Globe: A Typology of 46 Mass Media Systems. In: Global Media Journal, German Edition, 8. Jg. (2018), Nr. 1

[28] Vgl. Alexis von Mirbach, Michael Meyen: Das Elend der Medien. Schlechte Nachrichten für den Journalismus. Köln: Herbert von Halem 2021, S. 64f.

[29] David Van Reybrouck: Gegen Wahlen. Warum Abstimmen nicht demokratisch ist. 5. Auflage. Göttingen: Wallstein 2018, S. 94

[30] Timo Rieg: Demokratie für Deutschland. Von unwählbaren Parteien und einer echten Alternative. Berlin: Berliner Konsortium 2013, S. 131

[31] Van Reybrouck, Gegen Wahlen, S. 90

[32] Vgl. Timo Rieg: Ausgeloste Bürgerparlamente. Warum die Politikwissenschaft dringend empirische Forschung zur aleatorischen Demokratie braucht. In: ForDemocracy 2020, Working Paper Nr. 2

[33] Vgl. Horst Pöttker: Nachrichten und ihre kommunikative Qualität. In: Publizistik 48. Jg. (2003), S. 414–426

[34] Vgl. Mirbach/Meyen, Elend, S. 353

[35] Ebd., S. 205

[36] Vgl. Lutz Hachmeister

Ricardo Leppe

BILDUNG LEICHT GEMACHT

Ricardo Leppe

Jahrgang 1990, Bildungsexperte, Vortragsredner, Lerntrainer, Berufszauberer, setzt sich für ein kindgerechtes Bildungssystem ein, in dem es darum geht, die natürlich vorhandene Freude am Lernen zu stärken und neues wie altbewährtes Wissen dafür zu nutzen, dass die Kinder effektiv und mit Leichtigkeit lernen. Sein Traum ist es, den Kindern möglichst freien Raum für eigene Entscheidungen zu geben, damit sie – anstatt zu angepassten, gehorsamen Angestellten – zu glücklichen, mündigen Bürgern werden.

Bildung leicht gemacht

Die Schule der Zukunft in zwei Schritten

Schön, dass du hierher gefunden hast und dich für Bildung und Kinder interessierst. Ich bemühe mich, die folgenden Seiten lesefreundlich zu gestalten, und verzichte daher auf das „Gendern" und das „Sie". Nachdem die meiste Fachliteratur in meinen Augen sehr mühsam zu lesen ist, versuche ich, auf den „gehobenen Schreibstil" zu verzichten. Ich werde auch meine eigene Geschichte einfließen lassen und spätestens danach weißt du, warum ich „andere" Wege gehe als jene, die bisher als „Norm" gelten. Das Thema Bildung und Kinder ist sehr groß und ich kann daher hier nur auf ein paar wichtige Aspekte eingehen.

Sehen wir uns also an, wo unser Bildungssystem derzeit steht, was wir verbessern können und wie eine realistische Zukunft aussehen kann. Eins vorweg: Ich glaube, in naher Zukunft werden wir in einem ganz anderen und wunderbaren, natürlichen Bildungssystem leben dürfen, welches mit unserem jetzigen nichts mehr zu tun haben wird und in meinen Augen auch nicht mehr aufzuhalten ist. Jetzt aber erst einmal viel Spaß beim Lesen.

Kann der jetzige Weg richtig sein?

Ich habe viele junge Eltern gefragt, was sie sich für ihr Kind wünschen. Wie soll es aufwachsen, wie soll es leben, was soll anders laufen als bisher? Fast immer kamen folgende Antworten: „Unser Kind soll frei, gesund und wohlhabend sein und mit dem Beruf leben, den es liebt. Es soll das tun, was es möchte, und offen und glücklich durch das Leben gehen."

Das klingt doch wunderbar, oder? Wenn man diese Eltern dann aber fragt, wie viele Menschen sie kennen, die ihr Leben genau so führen, kommt das große Schweigen. Quasi niemand wächst so auf! Kann es also eine Lösung sein, die Kinder wieder genau in das gleiche System zu stecken, dass schon uns nicht frei, glücklich und gesund gemacht hat?

„Die Definition von Wahnsinn ist, immer wieder das Gleiche zu tun und ein anderes Ergebnis zu erwarten."
Albert Einstein

Meine Eltern gingen einen anderen Weg und wurden dafür angefeindet. Es hieß, sie werden unselbstständige, dumme, kranke Kinder bekommen. Nun ja ... die Kritiker lagen offensichtlich dezent daneben und fragen stattdessen meine Eltern jetzt, wie sie das genaue Gegenteil erzielt haben. Sollte dich dieses spezielle Thema näher interessieren, schau dir doch gerne meine Videos, auf unserem YouTube-Kanal „WissenSchafft Freiheit"[1] an!

Wer schreibt dir diese Zeilen überhaupt?

Grüß dich, ich bin Ricardo, derzeit 31 Jahre alt, Berufszauberer und Lerntrainer. So viel zu dem, was man öffentlich schnell über mich erfahren kann. Nun zu einigen Informationen, die eher wenige Menschen über mich wissen. Dafür machen wir einen kleinen Schwenk in die Vergangenheit.

Meine Eltern hatten eine normale Kindheit, mit all ihren Vor- und Nachteilen. Mein Papa litt sehr darunter, sich nicht frei entfalten zu können, unter anderem auch, weil ihm sein Traumberuf, das Malen nach altmeisterlicher Kunst, verwehrt wurde, da es ein sogenannter „brotloser" Beruf sei. Recht früh ging er in die weite Welt hinaus und bekam auf seinen Reisen eine komplett andere Sicht auf die Welt, als er sie bisher kannte.

Lange Meditation in japanischen Klöstern, Abenteuer in Pakistan, mit dem Pferd ein Jahr durch Indien, drei Jahre im Urwald von Peru ... Ich könnte die Liste von Papas Abenteuern lange fortsetzen, versuche jetzt aber schon seit 25 Jahren, alle Geschichten aus ihm herauszubekommen und dennoch finden sich jedes Mal neue Erzählungen. Eine unendliche Geschichte, so wie unser Leben.

Um es abzukürzen: Irgendwann kam meine Mama ins Spiel, welche eine weniger abenteuerliche Zeit hinter sich hatte, nach eigenen Worten dafür sehr behütet in einem goldenen Käfig aufgewachsen war. Sie kannte die Welt noch nicht so wie Papa, aber sie wusste, dass sie genau diesen Mann fürs Leben mochte. Und lass dir das als ihr Sohn gesagt sein: Wenn sich diese Frau etwas in den Kopf setzt, passiert das auch. Zack, geheiratet, und, zack, war Ricardo auf der Welt.

Meine Geschichte beginnt mit einer natürlichen Geburt in einem warmen, aromatisierten Wasserbecken. Die ersten Menschen, die ich sehen durfte, waren meine Eltern. Keine Ärzte, keine komischen Maschinen, nur jene, die mich mit viel Liebe empfangen haben.

Ich wurde schon früh als vollwertiges Mitglied der Familie anerkannt, meine Wünsche wurden ernst genommen und respektiert. Ich liebte den Körperkontakt (hatte ihn ja neun Monate durchgehend, also ist es verständlich) und wollte daher immer auf oder um meine Eltern herum sein. Später hat Mama mir immer wieder versucht, die Windel abzugewöhnen, allerdings erfolglos. Da ich schon früh sehr viel gesprochen habe (wer meine Vorträge live erlebt hat, kann sich das sicher sehr gut vorstellen), bin ich eines Tages zu Mama in die Küche gegangen und habe um einen Bruder gebeten. Dafür würde ich auch ab sofort, wie ein großer Junge, aufs Töpfchen gehen. Wie du dir vielleicht vorstellen kannst, hat sie mich daraufhin recht verdutzt angesehen, meinen Wunsch aber dennoch respektiert. Nach einem Gespräch mit Papa bekam ich die Rückmeldung, dass ich meinen Bruder bekommen würde. Ab diesem Zeitpunkt, brauchte ich keine Windeln mehr und ging brav aufs Töpfchen, war ja schließlich auch so ausgemacht. Knapp zehn Monate später hatte ich endlich meinen lang ersehnten Bruder, Deal ist immerhin Deal. So verlief dann auch unsere restliche Kindheit, alle hielten sich an ihr Wort und dadurch konnte ein tiefes Vertrauen aufgebaut werden.

Irgendwann kamen dann Kindergarten und Schule ins Spiel. Nachdem meine Eltern allerdings nie viel davon hielten, durfte ich nur mal kurz „Hi" sagen und danach mit ihnen in den Urwald nach Peru ziehen. Drei Jahre lang verbrachten wir dort unser Leben auf einem Hektar

Land ohne Strom (nur die erste Zeit) und sonstige Technik und haben uns selbst versorgt.

Ich durfte mit meinen Brüdern Jeronimo (besagter erster Bruder) und Elias (er wurde in Peru geboren) viel draußen spielen und die Welt erkunden. Wir haben Pfeile und Bögen aus Holz gebastelt, Bogenschnüre aus Agavenfasern gedreht und sind auf alles geklettert, was sich nicht gewehrt hat. Wie Kinder so sind, haben wir alles gegessen, was spannend aussah und gut gerochen hat. Das frische Obst vom eigenen Baum in Peru ist mit unserem Supermarktobst nicht zu vergleichen ...

Wir hatten dort eine wunderbare Kindheit und konnten frei von Ängsten, Bestimmungen und äußeren Einwirkungen einfach nur sein. So geht Lernen wirklich; am Leben, in der Natur, praxisnah und ohne Druck oder Stress. Wer dazu mehr wissen möchte, sieht sich einfach die Videos mit meinen Eltern auf YouTube, unter „WissenSchafft Freiheit" an.

Aus diversen Gründen sind wir nach wundervollen drei Jahren wieder nach Österreich gezogen, wo ich dann auch normal das Gymnasium besuchte, wobei „normal" ein sehr dehnbarer Begriff ist. Ich hatte trotzdem meine Eltern immer auf meiner Seite und wenn ich in der Früh entschieden habe, heute nicht in die Schule zu gehen, dann war das eben so (ist wohl aus unerklärlichen Gründen öfters passiert).

Zum Glück hab ich mich beim Lernen schon immer leicht getan, wodurch der Lernstoff in der Schule kein Problem für mich war. Ich habe mich nur massiv gelangweilt und oft gefragt, wofür ich diesen Mist überhaupt lernen soll.

Meine Eltern wussten, dass man das meiste davon nie mehr braucht, und haben zum Glück auch offen mit mir darüber gesprochen. Heute würden sie ihre Kinder kein Schulgebäude mehr betreten lassen, aber alles im Leben ist eben ein Entwicklungsprozess. Ich werde diesen fortführen und mit meinen Kindern den nächsten Schritt gehen und sie von der Schule fernhalten.

Nach der Matura ging es dann ab zum Zivildienst beim Roten Kreuz. Dort durfte ich einiges für das praktische Leben lernen und hier fing auch meine Zauberkarriere an. Da ich, seitdem ich 14 war, immer wieder neue Tricks ausprobiert habe und es mich nie losgelassen hat, habe ich die Zeit im Rettungswagen zum Üben genutzt. Natürlich nur, wenn es kein akuter Notfall war. Oft sind es ja auch nur Krankentransporte zu einer Behandlung oder zu einer regelmäßigen Kontrolle und da war die Zaubershow im Rettungsauto für alle eine willkommene Abwechslung.

Mit der Zeit bekam ich auch gutes Trinkgeld und konnte mir damit, nach dem Zivildienst, meine erste eigene Mietwohnung leisten. Hier habe ich dann hauptberuflich als Zauberer gestartet. Da es aber nicht vom ersten Monat an gereicht hat, habe ich noch nebenher als Tischtennistrainer einige Kinder unterrichtet (die Ausbildung machte ich ein Jahr lang neben der Schule, als ich 17 war). Anfangs war das Geld knapp, viele haben gelacht und die üblichen Sprüche abgelassen: Das ist doch kein Beruf, mach was Ordentliches, lass dich anstellen, damit kannst du nie eine Familie ernähren etc ...

Viele kennen es vermutlich: Kaum willst du deinem Traum nachgehen, kommt der erste Gegenwind. Auf wen ich mich allerdings verlassen konnte, waren meine Eltern. Sie standen immer hinter mir und was noch wichtiger war: Ich stand ebenfalls zu mir und vertraute in mich und meinen Traum. Somit war klar, ich ziehe das durch, komme was wolle. Gesagt getan. Nach wenigen Jahren hatte ich mehr Anfragen, als ich abdecken konnte, und auch finanziell lief es endlich gut. Ich konnte also von meinem Hobby leben und das, obwohl mir so viele erzählen wollten, was alles nicht geht ... Jeder setzt sich seine Grenzen eben selbst.

Gespräche mit jungen Menschen

So viel zu meinem Hintergrund, es soll schließlich um Bildung gehen und nicht um Zauberei. Diese war jedoch ein wichtiger Grundbaustein für meine jetzige Arbeit. Als Zauberer muss man sich mit vielen Techniken befassen, sich schnell einiges merken können, neue Informationen verarbeiten und das alles möglichst gleichzeitig. Stell dir mal vor, du bist in einer Zaubershow, ziehst eine Karte und der Zauberer weiß nachher nicht mehr, welche du gezogen hast. Nicht ideal, oder?

Oder er macht eine Mentalmagie-Nummer und zieht sich mal eben für fünf Minuten zurück, um die aufgezählten Gegenstände, wie in der Schule, so oft zu wiederholen, bis er sich alle gemerkt hat ... das käme wohl nicht besonders gut an. In diesem Job muss man souverän sein. Somit habe ich mich mit Mnemotechnik, Loci-Technik und ähnlichen

Dingen beschäftigt und sie erstmals vor Publikum angewandt. Damals wusste ich allerdings noch nicht, wofür das mal gut sein würde.

Die Jahre vergingen und ich hatte meine guten und meine schlechten Erfahrungen gesammelt. Mein Wissensdurst hörte dabei nie auf. Ich stillte diesen in allen möglichen Bereichen: Medizin, Biologie, Astronomie, Astrologie, Kräuterkunde, Trainingslehre, Geschichte etc. Ich wollte immer mehr Wissen in kürzester Zeit aufnehmen können und je mehr ich wusste, desto schneller lernte ich dazu. In einem der alten Zauberbücher ging es mal wieder um Gedächtnis und verschiedene Trainingsmethoden. Im Internet habe ich mir daraufhin diverse Gedächtnistrainer angesehen und auch hier gemerkt, dass es ja mehr Anwendungsbereiche gibt als die Bühne oder die Wissensaufnahme. Manche waren damit in Talentshows, andere in Schulen.

Allerdings haben anscheinend alle ein großes Geheimnis darum gemacht und es so der breiten Masse vorenthalten – und das, obwohl es beispielsweise die Mnemotechnik schon seit Jahrtausenden gibt. Ich habe mich schon immer daran gestört, wenn wertvolles Wissen vor den Menschen verborgen bleibt. Selbst in der Zauberei habe ich vieles erklärt, obwohl man das laut „Zaubererkodex" ja eigentlich nicht soll.

Auch habe ich anderen Menschen das Zaubern beigebracht, wodurch mir dann von einigen Seiten erklärt wurde, dass ich mir so den Markt zerstören würde. Ich sehe das Ganze allerdings etwas anders. Ich entwickle mich schließlich auch dauernd weiter, lerne dazu, lerne neue Tricks und werde bekannter. Da können ruhig ein paar neue Magier auf den Markt kommen. Wer mich will, der bucht mich. In meinen Augen haben nur jene Angst vor Konkurrenz, die sich nicht mehr weiterentwickeln wollen. Für mich wäre es dramatisch, wenn ich in ein, zwei oder drei Jahren zurückblicke und feststelle, dass ich noch immer die gleichen Gedankenmuster habe, den gleichen Wissensstand und sich in meinem Leben nichts bewegt hat. Bisher blieb das „Stillstandsdrama" in meinem Leben allerdings aus.

Ich schweife mal wieder ab. Zurück zum Thema Lernen! Wie in vielen Interviews erwähnt, lag ich irgendwann im Freibad, habe mich mit indischer Mathematik beschäftigt und dabei gleichzeitig mein Zahlengedächtnis verfeinert. Eine Lehrerin fand es offenbar spannend, was ich da so mache, und bat mich, das Ganze mal ihrer Klasse zu zeigen. Ich hatte mir zwar geschworen, nach meiner Matura nie wieder eine Schule zu betreten, aber wie Mama so oft sagt: „Ricardo denkt und Gott lenkt." So besuchte ich nun also eine zweite Volksschulklasse im Burgenland, in der die Kinder gerade beim Einmaleins waren.

Da ich in diesem Alter keine Schule besucht habe, war mir nicht klar, welche Probleme das Einmaleins verursacht. Ich habe der Klasse eine Technik gezeigt, mit der sie nun nicht mehr Monate oder Jahre zum Erlernen brauchen, sondern nur noch Stunden und Tage. Das hat sich natürlich schnell herumgesprochen und plötzlich war ich jede Woche an den verschiedensten Schulen unterwegs.

Allerdings nicht mehr nur, um Grundrechenarten zu lehren, sondern für Techniken in allen möglichen Lernbereichen. In den Jahren darauf war ich viel unterwegs und habe Hunderte Vorträge an unzähligen Schulen gehalten.

Bei den Vorträgen habe ich die Schüler oft gefragt, ob sie denn gerne in die Schule gehen und mit Freude lernen. Etwa 99 Prozent verneinten jedes Mal diese Frage, außer die ganz jungen Kinder, die ja noch mehr spielen dürfen. Da war es dann offensichtlich: Wir haben in unserer Gesellschaft ein gigantisches Problem. Beinahe alle jungen Menschen gehen ungern in die Schule.

Wenn sich hingegen neun von zehn Schülern freuen würden und mit Leidenschaft und Spaß dabei wären, hätten wir zwar immer noch ein Problem, allerdings eines im Luxusbereich. Da es aber nun mal leider andersrum ist, läuft doch gewaltig etwas schief, oder nicht? Woran liegt das? Ist das gewollt? In meinen Augen ist es klar: Es ist nicht nur gewollt, es ist sogar genau so geplant. Was das für erschütternde Auswirkungen auf unsere Kinder hat, konnte ich leibhaftig erleben.

Als ich damals an den Schultagen, meist den ganzen Vormittag, Schüler vor mir hatte, fing ich an, mit ihnen über ihr Befinden zu sprechen. Die Lehrer mussten an dieser Stelle das Klassenzimmer verlassen, da ich sonst oft nur Schweigen erntete. Wenn das Eis aber erst einmal gebrochen war, fingen die Schüler schnell an, über ihre Probleme zu berichten. Einige erzählten geradeheraus, wie sehr der Schulalltag sie belastete und der Stress, den sie mit Tests, monotonem Unterricht und Hausübungen haben.

Vielen war es aber verständlicherweise unangenehm, vor anderen darüber zu reden, und so habe ich ihnen einfach meine Kontaktdaten dagelassen. Ich habe von etlichen Schülern leider viele schlimme Dinge erfahren. Bei manchen musste ich mich wirklich sehr konzentrieren, nicht meine Fassung zu verlieren. Es ging los bei Mobbing, Drogen, Medikamenten, Depressionen, Missbrauch und endete damit, dass viele Schüler keinen Sinn mehr im Leben fanden und Selbstmordgedanken hatten.

Noch mal, wir reden hier von Kindern! Jungen Menschen, die mit Freude und Begeisterung das Leben und die Welt erkunden sollten. Es geht zwar nicht allen so, aber einer erschreckend hohen Zahl an Schülern. Wo sind wir hier gelandet? Wie konnte es je so weit kommen, dass junge Menschen keinen Sinn mehr im Leben sehen? Schauen wir uns doch erst einmal an, was grundlegend schief läuft.

Vollkommen gegen die Biologie gerichtet

Ich möchte an dieser Stelle betonen, dass es geniale Schulen und geniale Lehrer gibt, nur sind diese leider massiv in der Unterzahl. Das System Schule ist, meiner Ansicht nach, komplett gegen das Kind und dessen Bedürfnisse ausgerichtet.

Nehmen wir als Beispiel den kleinen Peter. Der hat gerade gelernt zu gehen, zu laufen, zu springen und zu klettern. Plötzlich muss er aber stundenlang ruhig sitzen bleiben und sich an genaue Zeitvorgaben halten, wann er aufstehen oder sich bewegen darf.

Wenig Bewegung ist bei Erwachsenen schon schlimm genug, beim kleinen Peter hingegen ist es eine Katastrophe. Wenn der Bewegungsdrang dann mal durchkommt, was bei Kindern ja völlig normal und natürlich ist, führt dies schlichtweg zu negativen Konsequenzen.

Im „besten Fall" wird das Kind vor der ganzen Klasse erniedrigt, indem es ermahnt wird, still sitzen zu bleiben. Im schlimmsten Fall aber hat es „ADHS" und bekommt Medikamente, um ruhiggestellt zu werden. Ich kann schwer beschreiben, wie krank diese Ansichten der Bildungseinrichtungen sind und wie sehr das gegen meinen inneren Drang nach Freiheit geht.

Es ist doch paradox, wenn in einem Moment das Sprechen, Singen oder laut Lesen gefördert wird und es im nächsten auf einmal heißt, es soll sich nicht bewegen und nur dann sprechen, wenn es gefragt wird. Selbst dann darf es nur Antworten geben, die ihm vorgesagt werden. Wenn das Kind aber viele Fragen hat oder, noch schlimmer, etwas hinterfragen will, hört man plötzlich Phrasen wie „Das war schon immer so", „Weil ich es sage", „Weil es im Buch steht", „Das ist halt so ..." und das Kind wird als Störenfried abgestempelt.

Ich kenne diese nichtssagenden Aussagen noch aus meiner eigenen Schulzeit und kann mich gut an so manch hilflosen Lehrer erinnern, wenn ich eben gewisse Dinge hinterfragt habe und wissen wollte. Warum etwas so ist oder warum ich dieses für mich sinnlose Kapitel lernen soll. Leider bekam ich aber nie Antworten ... Heute weiß ich, sie können mir keine geben, ohne ihren Job zu verraten oder ihren gesamten Lehrplan und dessen Inhalte infrage zu stellen. Und da dies äußerst unangenehm ist, stellt man fragende Kinder lieber auf stumm.

Als Neuankömmling auf diesem Planeten lernt man, eigene Wege zu gehen und sich beim Lösen großer Probleme Zeit zu lassen, zum Beispiel: Wie komme ich auf dieses gigantisch große Sofa? Man lernt, Dinge oft wiederholen zu dürfen. Niemand schafft beim ersten Versuch, eine Sportart perfekt auszuführen, und kein Kind steht auf und läuft einfach los, ohne je hinzufallen. Doch plötzlich heißt es:

„Du hast genau eine Stunde Zeit, um diese Seite mit ausgedachten, sinnlosen Aufgaben zu lösen, und wenn du beim ersten Versuch keinen Erfolg hast, bist du ein schlechter Schüler und bekommst eine negative Note".

Das ganze führt unweigerlich zu folgendem Dogma:

„Sprich mir nach, dann wirst du belohnt, hast du eine eigene Meinung oder einen eigenen Weg, so wirst du bestraft."

Dabei soll man natürlich kreativ, allerdings in der vorgegebenen Box sogenannter schulischer Kreativität bleiben und sich am Leben und Lernen erfreuen.

Lieber Leser, finde den Fehler ...

Ich könnte noch lange weitererzählen, nur würde das hier wohl den Rahmen sprengen. Man sieht jetzt aber hoffentlich sehr deutlich, dass das Schulsystem komplett gegen den Menschen und dessen Biologie ausgerichtet ist. Dies dürfen wir nun ändern und gemeinsam mit den Kindern ein lebendiges Bildungssystem erschaffen.

In meinen Vorträgen fragten mich mit der Zeit immer mehr Eltern, ob ich denn mithilfe meiner Erfahrungen und Techniken ein alternatives Bildungskonzept auf die Beine stellen könnte. Ich hatte natürlich immer wieder einmal mit dem Gedanken gespielt und brauchte wohl nur noch den Schubs von außen. Daraufhin habe ich mich noch intensiver mit Hüther, Birkenbihl[2] und diversen Schulgründern beschäftigt und dabei kam Folgendes heraus.

Die Schule der Zukunft in zwei Schritten

Die Kurzfassung vorab: Dieses Konzept baut auf den Gesprächen und Wünschen der Kinder auf. Im ersten Schritt nehmen wir, was wir bereits haben, und bemühen uns, es so gut wie möglich zu verbessern, zu vereinfachen und zu beschleunigen. Die gewonnene Zeit nutzen wir für die wichtigen Dinge im Leben. Als kleines Beispiel: Wie wechsle ich einen Reifen, wie gehe ich mit Lebensmitteln um, wie koche ich Nudeln usw.

Im zweiten Schritt haben wir keine dämlichen Systemvorgaben mehr und können ein lebendige Schule mit und vor allem für die Kinder erschaffen.

Zuerst war meine Grundfrage: Wie erschafft man eine perfekte Schule? Ich war in weit über 100 Schulen unterwegs und habe dabei natürlich auch mit vielen Menschen gesprochen. Ich fand überall gute Ansätze: in Büchern, in verschiedensten Ländern, in Gesprächen mit Psychologen und anderen Gelehrten, kam aber irgendwie nie auf ein zufriedenstellendes Ergebnis. Dadurch änderte ich meinen Grundgedanken und befragte diejenigen, die es auch wirklich betrifft, nämlich die Schüler.

Ich sprach jede Woche mit unzähligen Kindern aller Altersstufen und bemühte mich um offene Gespräche. Ich bat die Lehrer nach draußen und zeigte meistens erst einmal eine halbe Stunde alternative Lerntechniken, damit sich die Schüler überhaupt vorstellen können, dass es auch andere Möglichkeiten gibt, da ja viele nur Auswendiglernen und mehrmaliges Wiederholen kennen. Danach stellte ich immer dieselbe Frage: „Stellt euch vor, ich bin Bildungsminister und Gott in einem und kann mit einem Fingerschnippen die Schule verschwinden lassen und eine neue erschaffen. Wenn alles möglich wäre, wie sieht diese Schule für euch aus?" Natürlich haben viele gemeint, ich soll die Schule verschwinden lassen und nicht wieder aufbauen – dies ist die freundliche Umschreibung der Aussagen. Aber interessant war, was mir neun von

zehn Kindern gesagt haben und diese Punkte wurden zu meiner Basis für weitere Überlegungen:
1. Wir wollen mit Spaß und Freude lernen.
2. Wir wollen etwas lernen, bei dem wir wissen, dass wir es für unser jetziges und späteres Leben brauchen können.
3. Wir wollen selbst unser Lerntempo bestimmen und entscheiden können, wann, wo und mit wem wir lernen möchten.

Wichtig zu erwähnen ist, dass grundsätzlich kein Schüler nicht lernen möchte. Bisher hat sich noch keiner darüber beschwert, lesen oder schreiben zu lernen. Viele klagen allerdings darüber, dass sie es zu schnell oder zu langsam lernen mussten, mit langweiligen Büchern oder zu einem falschen Zeitpunkt. Damit ist gemeint, dass einige vielleicht erst mit 8 Jahren schreiben lernen wollen, dafür aber schon mit 4 Jahren lesen möchten und ein anderer erst mit 13. Das ist doch in Ordnung! Einem Erwachsenen schreiben wir doch auch nicht vor, wie viele Kinder er mit 26 haben muss, wie viel er verdienen sollte und wann er zu heiraten hat.

Wir sind nicht alle gleich und das ist gut so! Wir haben alle wunderbare Fähigkeiten und Talente, aber eben nicht alle zur selben Zeit, im selben Alter, am selben Ort.

Nachdem die Wünsche der Schüler klar definiert waren, entstand das Model Schule der Zukunft in zwei Schritten.

Schule der Zukunft – Schritt I

Wir sind in dem jetzigen System, wir müssen noch Dinge lernen, die weder sinnvoll noch richtig sind und welche bald vergessen werden – Bulimielernen: reinwürgen, rauskotzen, vergessen und alles wieder von vorn. Solange dies so ist, bemühen wir uns, diese Umstände einfacher, lustiger und stressfreier zu gestalten. Ich fing also an, Teile des Lernstoffes gehirngerecht umzuarbeiten, um festzustellen, wie viel Zeit wir einsparen können. Ich kam recht schnell auf folgendes Ergebnis:

In den ersten vier bis acht Schuljahren reicht etwa eine Stunde Unterricht pro Tag aus, wobei diese Zeit nichts mit dem althergebrachten Hinsetzen, „Sei still und hör zu!", zu tun haben wird. Es ist die Zeit, in der wir den klassischen Lernstoff durchgehen.

Das klingt erst einmal utopisch, wer aber meine Vorträge kennt, weiß, dass es definitiv möglich ist. Ich durfte mit Zehntausenden Schülern etliche Methoden und Techniken ausprobieren und kann somit sagen, dass es funktioniert. Sind die Kinder älter, sagen wir mal zwischen 12 und 14, können es auch zwei Stunden pro Tag sein. Mittlerweile habe ich auch aus sehr vielen Familien die Rückmeldung bekommen, dass diese Zeiteinschätzung realistisch und machbar ist. Manche waren sogar noch schneller, andere haben etwas länger gebraucht. Das hängt natürlich von verschiedensten Umständen, wie dem Kind, den Eltern, den Lehrern und vielen anderen ab. Diese Stunde ist ja auch nur ein Richtwert. Wenn das Kind gerade von Mathematik begeistert ist, nutze ich diese Euphorie und kann mit ihm einen ganzen Tag lernen. Dafür gibt es aber vielleicht Tage, an denen Sport interessanter ist, und dafür wird Mathematik ausgespart.

Einige Eltern haben mit den Kindern bis Mitte Oktober den Schulstoff kompakt gelernt und machen das restliche Jahr nur ab und zu Wiederholungen, um alles ins Langzeitgedächtnis zu befördern.

Ich weiß, es klingt anfangs unglaubwürdig und nicht jeder hat meinen Erfahrungsschatz, wie man mit Kindern schneller lernen kann. Manchmal klappte es auch nicht, dass eine Stunde am Tag gereicht hat, und ich wurde frustriert angerufen. Allerdings stellte sich heraus, dass sie meist immer noch über 50 Prozent schneller waren als zuvor! Das sind also Luxusprobleme. Wenn ich im Alltag für etwas nur noch die Hälfte der Zeit benötige, freue ich mich darüber. Und wer weiß: Mit etwas Erfahrung und etwas mehr Mut schaffen es auch jene Eltern und Lehrer, noch bessere Ergebnisse zu erzielen. Manche werden jetzt meinen, ich will den Kindern noch mehr Lerndruck oder Ähnliches bereiten, aber genau das Gegenteil ist der Fall. Lies bitte einfach weiter.

Auf die eine Stunde pro Tag haben arbeitende Eltern ratlos reagiert: „Du spinnst, wir arbeiten beide! Du kannst doch das Kind nicht nach einer Stunde wieder nach Hause schicken."

Ja natürlich, das ist richtig. Die Kinder bleiben weiterhin bis 12 oder 15 Uhr in der Schule. Somit haben wir viel Zeit, die sinnvoll genutzt werden kann. Neben dem normalen Unterricht von einer Stunde pro Tag fördern wir drei wichtige Fächer. Sport, Musik und Kunst (Malen, Zeichnen, kreatives Gestalten). Diesen Fächern wurde im alten Schulsystem kaum Beachtung geschenkt, sind aber genau jene, welche das Gehirn am besten und effizientesten entwickeln. Diese verpacken wir als Teil des ersten Hauptfaches.

1. Hauptfach – Körper

In diesem Fach soll es ganzheitlich um unseren Körper gehen. Sport, Bewegung, Singen, Malen, kreatives Gestalten, Rausgehen in die Natur, Umgang mit Pflanzen und Bäumen, Atmung, Ernährung und vieles mehr. Papa sagte mir als kleines Kind öfter: „Sollte der Körper nicht mehr mitmachen und nur noch schmerzen, macht alles andere kaum noch Spaß, also achte gut auf ihn." Wir dürfen lernen, welche Auswirkung Ernährung auf unseren Körper hat, wie eine ruhige Atmung unser Wohlbefinden steigern kann und wie unser Körper funktioniert. Welche Auswirkungen haben Dinge, die ich täglich sehe und höre? Was macht dies mit meinem Unterbewusstsein? Warum habe ich vor manchen Dingen Angst und vor anderen nicht? Was tun, wenn mein Körper mal schmerzt oder krank ist? Diese und viele weitere Fragen wollen wir hier aufklären. Je nach Standort werden einige Aktivitäten oder Vorhaben (regelmäßig in den Wald gehen, Garten anlegen etc.) schwer möglich sein, daher soll jeder nach vorhandenen Möglichkeiten handeln.

2. Hauptfach – Geist und Seele

Unser Körper kann ohne unser Bewusstsein nicht leben und unser Bewusstsein nicht ohne unseren derzeitigen Körper. Es gibt eben viel mehr als nur das, was wir anfassen können. In diesem Fach soll es stark um den Umgang mit sich selbst, anderen Menschen und zwischenmenschlichen Konflikten gehen. Jedem darf bewusst werden, dass nicht jeder so denkt und fühlt wie man selbst. Andere Meinungen dürfen sein und sind zu respektieren. Es geht darum, Verständnis für die eigenen und fremden Gefühle zu entwickeln, um Atemtechniken, Meditation, Mentaltraining und vieles mehr. Auch hier soll es keine klaren strukturierten Vorgaben geben. Die Menschen vor Ort dürfen entscheiden, was sie für sinnvoll und machbar erachten.

3. Hauptfach – Vorbereitung auf das Leben

Im dritten Fach wird es um die Vorbereitung auf unser aktuelles gesellschaftliches Leben gehen. Hier können sich die Prioritäten natürlich regelmäßig verschieben. Früher musste man beispielsweise nicht mit einem PC umgehen können, heute ist es fast unumgänglich. Dieses Fach wird sich wohl immer wieder verändern, weiterentwickeln und sich den Begebenheiten vor Ort anpassen.

Zuerst stellt sich die Frage:
Was brauchen wir zu 99 Prozent in unserem Leben? Dazu gehören sehr wahrscheinlich Dinge wie Reifen wechseln, Kochen können, Bankkonto anlegen, Funktion von Zinsen und Geldsystem, Kleinigkeiten zu Hause reparieren, Wäsche waschen, Garten anlegen, Mietvertrag ausfüllen und vieles mehr. Hier soll es keine Grenzen geben und jeder Lernort entscheidet gemeinsam mit Eltern, Kindern und Lehrern, was machbar und für den aktuellen lokalen Alltag wichtig ist.

Neben dem Alltag ist auch unser Beruf ein wichtiger Lebensbereich. In diesem Zusammenhang haben sich die Schüler oft beschwert, dass sie Jobs auswählen müssen, von denen sie keine Ahnung haben. Daraufhin habe ich mit vielen Firmeninhabern gesprochen und gefragt, ob sie bereit wären, ab und zu ein oder mehrere Kinder reinschnuppern zu lassen. Beinahe alle Unternehmen waren klar dafür.

Die Idee dahinter ist, wenn zum Beispiel Fritz mit acht Jahren sagt: „Ich finde den Malerberuf cool", dann sollte es möglich sein, dass er sich einmal für ein bis zwei Tage einen Malerbetrieb ansehen darf und eventuell sogar ein bisschen mitmachen kann. Dabei merkt er aber vielleicht schnell, dass man bei dieser Arbeit schmutzig wird und kommt darauf, dass dies wohl doch kein passender Beruf für ihn ist, und wird vielleicht doch lieber Anwalt.

Ein anderer, der mit zwölf Jahren in die Anwaltskanzlei schnuppert, erkennt möglicherweise, dass er nicht den ganzen Tag Akten stapeln und Paragrafen auswendig lernen möchte. Das liegt ihm womöglich nicht und er möchte sich vielleicht doch lieber mal den Beruf des Tischlers ansehen.

Genau das ist der springende Punkt. Auf einmal können Kinder ausprobieren und müssen sich nicht mit 14 Jahren irgendeinen Job für die nächsten Jahrzehnte aussuchen, ohne zu wissen, ob ihnen der Beruf überhaupt liegt oder Spaß macht. Das wäre schon einmal eine komplett andere Basis für das spätere Leben.

Ich könnte unendlich viel zu den „Hauptfächern" schreiben, allerdings würde das ein ganzes Buch füllen! Ich möchte auch nur kurz anmerken, dass alles, was ich sage, Vorschläge sind, die inspirieren sollen und nicht klar vorgeben, wie etwas gemacht werden muss. Es kann alles verändert und soll sogar ergänzt und verbessert werden. Nichts ist starr und unbeweglich, alles darf wachsen und sich weiterentwickeln. Sobald wir uns nicht mehr an die starren Regeln halten müssen, wird es natürlich auch eine andere Art von „Unterricht" geben. Er soll möglichst praxisnah geschehen und, sooft es machbar ist, in der freien Natur stattfinden. Man kann Kindern mittels einer Tomatenpflanze Mathematik, Rechtschreibregeln und Lesen beibringen.

Dies geht auch, wenn ich in einer Großstadt wohne und keine Möglichkeit habe, in die Natur zu gehen. Man könnte gemeinsam einen Topf basteln und jeder bekommt dafür eine Pflanze. Dabei geht es auch darum, Verantwortung für ein anderes Lebewesen zu übernehmen. Zum Beispiel darf sich jedes Kind seine Lieblingspflanze aussuchen und wir bemühen uns, sie richtig zu behandeln. Damit wir nichts vertauschen, schreibt jedes Kind den eigenen Namen auf die Pflanze und auf einen Zettel die gemachten Erfahrungen und welche Pflege beispielsweise die Tomatenpflanze benötigt. Wie oft muss ich gießen? Wie viel Wasser benötigt die Pflanze? Wie muss die Erde beschaffen sein? Hier lernen die Schüler viel aus verschiedenen Lebensbereichen und haben nicht den Stress des normalen Lernens.

Das wäre einmal das grobe Konzept von meiner Idee, zur Schule der Zukunft – Schritt 1. Hierzu braucht es aber eine komplett neue Lehrerausbildung sowie eine andere Mentalität und Vorbereitung. Ich bin davon überzeugt, dass das flächendeckend kommen wird und die Schule bereits im Aufbruch in eine bessere, neue Zeit ist.

Schule der Zukunft – Schritt 2

Dieser kommt zum Tragen, wenn es schon viele neue Schulen gibt. Das bedeutet, dass der Umdenkprozess bei den meisten schon stattgefunden hat und wir gemeinsam mit den Kindern eine grandiose neue „Schulform" erschaffen können.

Unsere bisherige Schule ist, meiner Meinung nach, ein totes System. Alles, was lebt und lebendig ist, möchte sich entwickeln. Menschen, Tiere und Pflanzen möchten besser, schöner, größer und stärker werden. Das ist im alten System praktisch unmöglich. Aus diesem Grund kommen so gut wie alle Jugendlichen mit einem hängenden Gesicht von der Schule nach Hause. Sie verlieren ihre Freude und Lust am Lernen. Ein totes System kann nichts Lebendiges und Erfreuliches hervorbringen. Die Schule entwickelt sich nicht weiter und versucht nicht zu wachsen und besser zu werden.

Ausgehend von den Wünschen der Kinder, stellte ich folgende Überlegungen an: Wie kann man das zum Positiven verändern? Ich bin nicht in der Lage, ein Schulsystem zu präsentieren, das perfekt ist. Das gibt es so nicht. Doch wie erschafft man eine Basis, auf der die Schule immer mehr in Richtung Perfektion wachsen kann? Wie können wir eine lebendige Schule gestalten? Vielleicht braucht es auch überhaupt gar keine Schulen mehr, sondern eine ganz andere Form von Lernorten?

Wie schaffe ich es, die Schule so wandeln zu lassen, dass sie jedes Jahr besser wird, aus sich selbst heraus wächst und immer schöner wird? Schöner und besser im Sinne der Kinder, nicht für den Staatshaushalt oder um noch mehr Geld zu erwirtschaften, sondern für unsere Kinder!

Ich gebe dir mal ein Beispiel dazu: Einmal im Jahr nimmt man sich in der Schule vier Wochen raus, zum Beispiel im Juni. Dieser Monat wird zum Projektmonat und wir stellen den Schülern folgende Fragen:

Was hat euch gut gefallen?
Was ging euch in diesem Jahr auf die Nerven?
Was würdet ihr euch für die Zukunft anders wünschen?
Die Aussagen der Kinder dürfen keinerlei negative Konsequenzen haben, sonst sprechen sie wieder nicht offen und ehrlich. Wenn eine Lerneinheit, als Beispiel nehmen wir die binomischen Formeln, von einer großen Mehrheit als sinnlos erachtet wird, wird dieser ausnahmslos aus dem Lehrplan gestrichen.

Bitte glaubt mir, es werden keine wichtigen Inhalte wegfallen. Die Gesamtzahl der Schüler würde nie sagen, wir wollen nicht lesen lernen.

Das kann ich mir beim besten Willen nicht vorstellen und auch in der Praxis habe ich das so noch nie erlebt. Macht euch keine Sorgen, dass dadurch lebenswichtige Dinge nicht mehr gelehrt werden. Die jungen Schüler wollen diese lebenswichtigen Inhalte behalten, das zeigte mir auch meine Erfahrung in der Praxis.

Aber alles, was die Schüler nur Nerven kostet, muss sich ändern oder aus dem Lehrplan verschwinden. Was du nicht willst und nicht freiwillig machst, das machst du auf Dauer so oder so nicht gut. Es nervt dich und kostet wertvolle Lebensenergie. Wir müssen aus diesem alten System des „Lernens" raus!

Sobald die obigen drei Fragen klar beantwortet wurden, geht es an die Umsetzung in der Praxis. Die Schüler bekommen die Aufgabe, die Inhalte dieses Schuljahres zu verbessern und diese für die jüngeren Schüler noch einfacher und lustiger zu gestalten.

Projekt- und Evaluierungswochen

Die meisten Menschen machen lieber etwas für andere Menschen, als für sich selbst. Sie kochen problemlos für andere ein Drei-Gänge-Menü, für sich selbst reicht aber ein Butterbrot völlig aus.

Menschen sind von Natur aus hilfsbereit, speziell Kinder. In diesen drei bis vier Wochen haben sie die Aufgabe, ihre Erfahrungen und Projekte zu evaluieren. Sie reflektieren ihre Erfahrungen und was sie daraus gelernt haben und stellen sich die Fragen:

- Wie machen wir eine bestimmte Erfahrung für die nächste Klasse noch cooler?
- Was wäre beispielsweise bei einem Ausflug noch besser gewesen?
- Wie optimieren wir das?

Das sollen die Schüler selbstständig erarbeiten. Am Ende der drei Wochen führen die Schüler ihre Schlussfolgerungen anhand einer Präsentation ihren jüngeren Mitschülern vor. Damit lernen sie, Verantwortung zu übernehmen, und zusätzlich, wie man eigene Ideen präsentiert. Die Lehrer haben dabei die Aufgabe, das ganze Projekt zu dokumentieren.

Die Ergebnisse werden im Anschluss auf einer Plattform hochgeladen und gesichert. Dort können dann alle Menschen einsehen, welche tollen Ideen unsere jungen kreativen Geister dieses Jahr hatten. Über den Sommer dürfen dann Lehrer, Eltern und Schüler wählen, welche Projekte an ihrem Standort realistisch umsetzbar sind. Das ist einer von vielen möglichen Prozessen, welche gewährleisten, dass die Schule jedes Jahr im Sinne der Kinder besser wird und an sich selber wächst. Stell dir mal vor, Tausende oder gar Millionen Kinder überlegen sich jedes Jahr, wie man die Schule verbessern kann. Welch unglaubliches Potenzial werden wir erfahren? Ich weiß es zwar nicht, freue mich aber sehr darauf!

Ähnliches Grundkonzept, aber regionale Unterschiede

Dies sind Ideen aus der Praxis und eine Möglichkeit, wie die Schulen der Zukunft gestaltet werden können. Ich denke, dass sich irgendwann alle mit der Grundidee anfreunden können, die Kinder miteinzubeziehen und ein lebendiges, wachsendes System zu schaffen. Natürlich wird sich das nicht überall gleich schnell entwickeln und auch in jeder Region wird es ein wenig anders aussehen. Schulen in der Stadt haben beispielsweise andere Möglichkeiten als jene auf dem Land (und umgekehrt) und werden in manchen Bereichen einen anderen Fokus festlegen. Aber genau diese Diversität macht unser Leben bunter. Die besten Modelle werden sich durchsetzen und wir dürfen voneinander lernen und gemeinsam wachsen. Jeder Lernort soll unabhängig sein und eigenverantwortlich Entscheidungen treffen, zugleich aber ein Teil des großen Ganzen sein.

Was ich hier beschreibe, ist auch nur eine Möglichkeit von vielen. Viel wichtiger ist, dass wir anfangen, etwas zu verändern und die Schule in die Zukunft zu führen. Wie diese Zukunft dann im Einzelnen aussieht, dürfen wir als schöpferische Wesen selbst bestimmen.

Lehrer der Zukunft

Täglich erreichen mich Mails von Lehrern, die aussteigen wollen und eine Alternative suchen. Andererseits schreiben mich Schüler und Pensionisten an und wollen als Lehrer tätig werden. Hier kommt dann oft die Frage, ob sie das überhaupt können und dürfen, da sie ja nicht studiert haben. Was allerdings dabei herauskommt, wenn man studiert, sehen wir ja derzeit sehr gut ... Ein Studium, ein Titel oder Ähnliches sagen nichts darüber aus, wozu man fähig ist und was für ein Mensch man ist. Ich denke, dass wir in Zukunft davon Abstand nehmen können und sollen.

Wäre ich Leiter einer Schule und würde neue Lehrer anstellen, wären die folgenden Punkte Kriterien, auf die ich, unabhängig von Studium oder Ausbildung, achten würde.

1. Liebst du Kinder?
Auf diese Frage muss ein klares „Ja" kommen und ein Leuchten in den Augen zu sehen sein. Ungefähr so, als wenn man ein kleines Kind fragt, ob es seine Mama liebt. Dabei ist wichtig zu erwähnen, dass ich damit alle Kinder meine, also nicht nur die ruhigen, braven, sondern auch die, die einen eigenen Kopf haben, andere Wege gehen wollen und auch mal laut sind.

2. Kannst du deine Begeisterung weitergeben?
Es gibt sehr viele Menschen, die in ihren Bereichen wahre Genies sind und in ihrem Fachgebiet aufgehen, leider können sie ihre Begeisterung aber nur schwer vermitteln. Sie reden im Unterricht vielleicht monoton, erklären die einfachsten Dinge super kompliziert und bringen den Inhalt nicht besonders spannend rüber.

Ich bin sicher nur halb so gut wie mancher Mathematik- oder Physikprofessor, kann jedoch die Begeisterung dafür sehr gut weitergeben und genau diese Fähigkeit braucht es dringendst als Lehrer.

3. Bist du für deinen Bereich mit Lerntechniken vertraut?
Dieser Punkt ist eigentlich optional, da wir nichts vorschreiben wollen und man es ja jederzeit nachholen kann. Aber natürlich ist es von Vorteil.

Abgesehen von offensichtlichen Dingen wie Drogenkonsum, Gewaltbereitschaft etc. prüfe ich ab diesem Zeitpunkt nichts mehr. Jetzt kommt nämlich der wichtigste Punkt:

4. Mögen dich die Kinder?
Ich stelle den Lehrer vor die Kinder. Diese sollen einen Tag oder Woche miteinander verbringen und wenn mich die Kinder nach dieser Zeit anstrahlen und sagen: „Den finden wir gut, der ist super, der kann uns weiterhelfen, kann der bitte bleiben", dann ist das der entscheiden-

de Faktor. Schließlich müssen ja die Kinder ein Jahr oder noch länger mit dem Lehrer Zeit verbringen und auskommen, nicht ich. Was nutzt es, wenn ich ihn mag, die Kinder ihn aber mies finden? Auch muss es möglich sein, den Lehrer auszutauschen, wenn die ganze Klasse geschlossen der Meinung ist, dass der Lehrer nicht mehr zu ihnen passt und sie nicht mehr von ihm lernen wollen. Dies ist schließlich auch in jedem anderen Lebensbereich möglich, warum also nicht hier, wo man so viel Zeit miteinander verbringt?

Stell dir vor, du baust ein Haus und der Architekt arbeitet entgegen deinen Wünschen und Vorstellungen, dann tauscht du ihn natürlich aus. Oder du lässt dich massieren und findest es furchtbar, dann gehst du das nächste Mal doch auch nicht mehr zum gleichen Masseur. Die Schüler haben da jedoch keine Wahl. Sie finden einen Lehrer furchtbar und müssen teilweise jahrelang, mehrmals die Woche in seinen Unterricht. Ich kenne das noch aus meiner eigenen Schulzeit, da haben die Schüler schon am Vortag gejammert, wenn wir einen bestimmten Lehrer am nächsten Tag im Unterricht hatten.

Es kann doch nicht sein, dass die Kinder in dieser wichtigen Phase ihres Lebens keine Entscheidungsgewalt besitzen. Schließlich ist die Schule einzig und allein für unsere Kinder da und nicht für den Staat, die Lehrer oder sonstige Interessenverbände. Zumindest wird es in Zukunft so sein!

Übergangszeit

Ich habe den Titel „Die Schule der Zukunft in zwei Schritten" bewusst gewählt. Es braucht eine Übergangszeit. Man kann nicht das derzeitige System in Grund und Boden reden und gleichzeitig keine Alternativen geben, an denen man sich orientieren kann. Auch sind viele (speziell Erwachsene) stark in alten Denkmustern verhangen, die sie erst noch lockern dürfen. Diesen Menschen muss man Zeit geben, sich auf etwas Neues einzustellen. Manche werden vielleicht auch gleich den komplett „freien Teil" der Schulen gründen, viele werden jedoch Übergänge brauchen. Aber selbst das, was ich in „Die Schule der Zukunft" beschreibe, ist nur eine Phase.

In weiterer Zukunft wird es „Schule" so gar nicht mehr geben. Auch das Lernen wird mit dem heutigen nichts mehr gemeinsam haben. Dies geht aber erst, wenn ein gesamtes Umdenken in allen Bereichen stattgefunden hat, wir uns auf unsere Wurzeln besinnen und uns wieder bewusst wird, dass wir schöpferische Wesen sind. Das wird noch nicht morgen passieren, aber es wird passieren und ich freue mich wie ein kleines Kind auf diese Zeit.

Alle Kinder sind kleine Genies

Ich habe sehr viele Nachhilfestunden gegeben. Meist für „Problemkinder". Jedoch habe ich kein einziges dummes Kind gefunden. Bei manchen gab es psychischen Stress etwa durch eine Scheidung der Eltern. Klar, da würde auch mich selbst die Schule null interessieren. Oder sie wurden gemobbt, klein gehalten, für dumm erklärt. Auch habe ich Kinder getroffen, welche stark fehlernährt wurden und sich mit acht Jahren nicht mal mehr die Schuhe binden konnten, weil sie zu dick waren. Manche hatten einen schweren Unfall und Teile des Gehirns waren beschädigt oder sie waren von klein auf autistisch. Hier muss ich zugeben, dass ich bei manchen von diesen Kindern leider gescheitert bin. Aber auch hier wird es in Zukunft Möglichkeiten geben.

Bei allen anderen Kindern lag es nicht am Kind! Überlege dir doch mal: Über 800 Pokémon mit erfundenen Namen und erfundenen Orten und Gegenständen merken ... kein Problem. Genau wissen, in welcher Staffel, in welcher Folge der Serie X was, wo und wie passiert ist ... kein Problem für die Kinder. Sich bei einem Computerspiel über jedes Detail unterhalten können ... auch kein Problem. Aber zu wissen, was gestern in Mathematik besprochen wurde ... keinen Plan. Wie lauten nochmal die drei Buchstaben der Chemieformel ... verdammt, fällt mir nicht ein.

Also jetzt ganz ehrlich, Hunderte Fremdwörter in kürzester Zeit zu merken, ist kein Problem, aber drei Buchstaben einer Formel? Und dann lässt man sich einreden, das Problem liegt beim Kind? Wer das glaubt, hat in meinen Augen alle Schrauben locker. Mit den Kindern ist alles in Ordnung! Die Erwachsenen erzeugen diese Ängste und Probleme! Oder kennst du einen Fünfjährigen, der sagt: „Wenn ich in zehn

Jahren keine guten Noten schreibe, wird aus mir nichts und ich bleibe klein und dumm." Oder: „Mein großer Traum ist es, in einem Regierungsgebäude zu sitzen und Zettel von A nach B zu schichten." Ich kenne kein einziges Kind, das so denkt. Wir Erwachsenen reden es den Kindern ein.

Viele suchen in der Außenwelt, was man den Kindern noch beibringen soll, welche Methode oder Nachhilfe noch fehlt. Ich sage: Es gehört genau andersrum. Es muss der vom System eingeflößte Mist und Stress wieder raus. Nicht noch mehr hinein! Die kleinen Kinder brauchen Liebe, ein Dach über dem Kopf und einen Raum zur Entfaltung. Wenn dann noch Hilfe von außen dazukommt, ja super! Das wichtigste ist, die Angst von den Kindern fernzuhalten und die intrinsische Motivation zu erhalten und zu fördern.

Lebenslanges Lernen

Wir lernen, solange wir leben. Jede neue Bewegung, jede neue Begegnung, jede neue Idee bringt unsere grauen Zellen in Schwung. Woran liegt es dann, dass wir ab einem gewissen Alter meinen, nicht mehr so gut zu lernen oder wir uns kaum noch etwas merken können?

Sehen wir uns ein kleines Kind an. Es möchte alles ausprobieren, erkundet täglich neue Dinge, lernt neue Bewegungen und somit ist das Gehirn ständig neuen Reizen ausgesetzt. Im Erwachsenenalter machen wir oft tagtäglich genau die gleichen Abläufe, immer und immer wieder. Wir gehen arbeiten, erledigen das Gleiche, was wir gestern schon gemacht haben, sehen dieselben Menschen und haben ähnliche Bewegungsabläufe. Auch denken wir vom Aufstehen an bis zum Schlafengehen meist in den gleichen Mustern, Tag für Tag, Jahr für Jahr. Somit „rostet" unser Gehirn ein. Genau so wie unsere Muskeln will unser Gehirn bewegt, gefordert und mit neuen Reizen angeregt werden. Es ist wie bei einem Muskel, wenn er nicht mehr wirklich gebraucht wird, baut er ab und erledigt nur noch das Notwendigste.

Es ist auch längst wissenschaftlich erwiesen, dass unser Gehirn sich immer wieder neu erfinden und jederzeit neue Verbindungen schaffen kann.

Der erste wichtige Schritt ist also: Mach regelmäßig etwas Neues. Lerne eine neue Bewegung, eine neue Sportart, lies dich in einen neuen Wissensbereich ein, lerne neue Menschen kennen, reise, erkunde interessante Orte, hinterfrage deine täglichen Gedanken und geh andere Wege. All das hilft unserem Gehirn weiter.

Ein weiterer Grund, warum uns Kinder beim Thema „schneller lernen" so weit voraus sind, ist: Sie trauen es sich zu! Bitte nimm Folgendes nicht persönlich, aber wir Erwachsenen haben meistens, im Vergleich zu einem kleinen Kind, ein zerstörtes Selbstbewusstsein. Ich habe früher als Kinderzauberer gearbeitet und konnte live miterleben, wie sich die Kinder einfach alles zutrauen! Sie konnten nämlich prinzipiell schon jeden Trick, noch bevor ich ihn überhaupt ausgeführt habe. Jede sportliche Herausforderung nehmen sie an, alles wollen sie ausprobieren und können. Kleine Kinder hören von uns ja auch immer: Du kannst das; du schaffst das; probier es noch einmal; komm, wir machen es gemeinsam; du bist super ... Wir Erwachsenen hingegen hören, mit Beginn der Schulzeit, solche Sätze kaum noch. Stattdessen werden uns Dinge gesagt wie: Du kannst das nicht; ich habe mehr erwartet; du schaffst das nicht; bleib realistisch; setz dich hin und sei ruhig; mach es wie alle anderen; lieber weniger, dafür sicher ... und viele weitere Sprüche dieser Art. Wir wurden in der Schule systematisch klein gemacht. Daher trauen es sich viele Erwachsene nicht mehr zu, etwas Neues zu lernen, eine neue Sprache zu sprechen oder den Job zu wechseln. Schade, oder?

Lernmöglichkeiten für alle

Warum wir aufhören, gerne zu lernen

Jeder Mensch lernt grundsätzlich gerne. Nehmen wir als Beispiel wieder ein Kind. Es hat einen unendlichen Wissensdurst und will alles können und verstehen. Doch spätestens nach einigen Jahren in der Schule hört dieser Wissensdurst bei fast allen abrupt auf. Woher kommt das? Meiner Meinung nach daher, dass die Schule einen wichtigen Prozess in unseren Köpfen umdreht.

In der Schule werden wir gelobt, wenn wir gute Noten schreiben und das Gegenteil passiert bei schlechten Noten. Doch wie war es vor der Schule? Eher spiegelverkehrt. Das Kind, welches etwas voran ist in der Entwicklung und alles schnell beherrscht, bekommt konstruktive Kritik, um besser zu werden und Kleinigkeiten zu perfektionieren. Jenes Kind, welches etwas noch nicht kann, bekommt viel Unterstützung, Anerkennung und Hilfestellung. Jede Mutter lobt ihr kleines Kind, egal wie schlecht es gerade gezeichnet hat.

Und so sind wir es gewohnt. Wenn wir etwas nicht gut können, bekommen wir die bestmögliche Unterstützung. Wenn wir etwas können, etwas Kritik, um uns zu entwickeln. Jedes Mal, wenn du etwas nicht kannst und dafür Kritik abbekommst, macht dein Gehirn als normale Schutzmaßnahme zu. Das ist ein Leben lang so. Und wenn du jetzt ein paar Mal vor der Klasse blamiert worden bist, weil du etwas nicht konntest, macht dein Kopf als Schutzreflex bei diesem Thema zu und du behauptest dein restliches Leben, dass du Mathe, Englisch, Physik oder was auch immer nicht kannst.

Drei große Lernbereiche

Vielleicht ist dir im Alltag schon einmal aufgefallen, dass wir uns manches total schnell merken können und einige Dinge einfach nicht da oben hängen bleiben wollen. Das liegt daran, dass unser Gehirn jede Information, die auf uns zukommt, mithilfe von drei speziellen Kriterien abprüft, um zu sehen, ob wir sie brauchen können oder nicht. Je mehr eine Information in eine oder mehrere dieser drei Kategorien fällt, desto einfacher nimmt sie unser Gedächtnis auf. Die Kriterien, die unser Hirn so liebt, sind folgende:

Verknüpfungen

Wissen kommt auf uns zu und unser Gehirn prüft sofort: Kenne ich das schon? Habe ich zu diesem Thema bestehendes Wissen, an das ich anknüpfen kann? Kann ich es anwenden oder im Alltag brauchen? Ist in deinem Gehirn schon einiges zu diesem Thema abgespeichert, nimmt es die Information nun umso leichter auf.

Emotionen
Je emotionaler ein Thema oder Ereignis ist, desto leichter merken wir es uns. Dabei ist es unserem Gehirn egal, ob die Emotion positiv oder negativ behaftet ist. Stell dir vor, du gewinnst eine Million im Lotto oder dein Auto brennt plötzlich ab, beides wirst du dir sehr wahrscheinlich ein Leben lang merken können. Natürlich bevorzugen wir positive Emotionen und versuchen beim Gedächtnistraining hauptsächlich darauf einzugehen.

Blöd, lustig, anders
Auch hier gilt, je blöder desto besser. Erinnere dich an ein Klassentreffen zurück. Worüber habt ihr gesprochen? Über Schulstoff, den du wahrscheinlich eh schon längst vergessen hast, oder darüber, wer, wem, wann einen Streich gespielt, welcher Lehrer sich blamiert und welcher Schüler in der Sommersportwoche nur Unsinn getrieben hat? Ich behaupte: über Letzteres.

Eltern benutzen übrigens ebenfalls diese Kriterien bei ihren Kleinkindern. Und zwar dann, wenn sie ihnen etwas beibringen wollen. Sie blödeln mit ihnen, ermutigen und loben sie und lassen sie Dinge anpacken und ausprobieren.

Ein Beispiel für den Alltag – Die Körperliste

Wir haben im Laufe unseres Lebens so viele Emotionen gesammelt und sehr viele davon verbinden wir mit unserem Körper. Wer hat sich etwa noch nie das Knie, die Schultern oder den Kopf verletzt? Jedes Mal entstehen dabei in unserem Gehirn Verbindungen, die wir für uns nutzen können, um neue Informationen abzuspeichern.

Denn wenn wir etwas mit unserem Knie verbinden, denkt unser Gehirn automatisch an die vielen Dinge, die mit unserem Knie schon passiert sind. Somit muss diese Information total wichtig sein, da sie ja mit vielen Emotionen zusammenhängt und speichert die neue Information deutlich leichter ab.

Theorie ist ja schön und gut, aber wie wäre es, wenn wir einfach mal in die Praxis gehen und es selbst ausprobieren! Bitte berühre dafür ein Körperteil und sprich dabei laut aus, beispielsweise:

1 ist der Fuß (ob links oder rechts spielt keine Rolle)
2 das Knie
3 der Oberschenkel
4 der Popo mit den vier Buchstaben
5 die Hüfte (stemme deine fünf Finger einmal kräftig in die Hüften)
6 die Brust
7 die Schultern (hier sitzen ja die sieben Zwerge; bitte einmal Hallo sagen)
8 der Hals
9 das Gesicht
10 die Haare

Übe diese Liste so lange, bis du ganz klar sagen kannst, wo zum Beispiel die 5, die 7 oder die 2 ist.
Fangen wir mit einer Einkaufsliste an. Versuch in Zukunft, ohne Einkaufsliste loszugehen, und gib dir dabei genügend Zeit. Ein großer Bizeps wächst ja auch nicht in fünf Minuten – und denk daran: Je lustiger, desto besser! Als Beispiel würden wir Folgendes einkaufen: Fisch, Weintrauben, Tomatensoße, Wurst, Salat, Gurke, Brot, Olivenöl, Äpfel und Sahne. Stell dir nun möglichst bildhaft vor:
- Du hast keine Schuhe an deinen Füßen, sondern gehst auf zwei glitschigen Fischen spazieren.
- Du öffnest deine Kniescheibe und legst ein paar Weintrauben hinein.
- Die Tomatensoße leerst du in deine Oberschenkeltasche.
- Was beim Hintern rauskommt, sieht ja auch so aus wie eine Wurst ...
- Wir wissen alle, dass Salat sehr gut gegen Hüftspeck ist.
- Die Gurke balancierst du genau auf den Brustwarzen.
- Die sieben Zwerge auf der Schulter essen den ganzen Tag Brot und hinterlassen Brösel.
- Das Olivenöl läuft ganz geschmeidig den Hals hinunter.
- Stell dir vor, wie jemand mit einem ganzen Apfel im Mund aussieht – als hätte er eine Maulsperre.
- Statt Haargel verwendest du in Gedanken ab heute nur noch Sahne.

Dies ist nur ein mögliches Beispiel. Sei kreativ, gestalte es lustig und bildhaft und schon bald geht es wie von selbst. Da sich Lernbeispiele viel besser in Videos erklären lassen, schau bitte in die kostenlosen Kurse unseres Vereins WissenSchafft Freiheit,[3] dort findest du reichlich Auswahl und die Körperliste noch einmal anschaulicher erklärt.

Die freie Wahl

Nach all diesen Zeilen könnte man den Eindruck gewinnen, dass ich gegen eine staatliche Schule sei. Das stimmt so aber nicht ganz. Ich bin lediglich für eine freie Wahl. Jeder Mensch soll frei wählen können, wo, wann, was und mit wem er lernt. Ob er eine staatliche, eine alternative oder vielleicht sogar überhaupt keine Schule besuchen möchte und lieber von zu Hause aus lernt. Hier kommt von oben immer das Argument, dass es den Kindern dann ja so schlecht ginge und dass diese keine Bildung bekommen würden. Dürfen das die Menschen nicht selbst entscheiden? Wären alle außerhalb des staatlichen Systems wirklich so unfähig, würden die Freilerner ihre Kinder doch nach kürzester Zeit wieder in die Schule zurückschicken, oder? Und trotzdem bekommen viele Eltern eine Strafe, weil sie ihre Kinder lieber selbst unterrichten, anstatt sie den Händen des Staates zu überlassen.

Merke, wer mit Druck, Angst und Strafen arbeiten muss, verdeckt immer eine Lüge! Ich kann dir mit Sicherheit sagen, dass das zukünftige Bildungssystem diese Methoden nicht mehr nutzen und schon gar nicht nötig haben wird.

Was kannst du für die Veränderung tun?

Fang bei dir an! Jede noch so kleine Veränderung bewirkt etwas. Bring nur einem einzigen Kind bei, wie man das Einmaleins anders lernt oder sich leichter Vokabeln merkt, zum Beispiel bildhaft, oder was auch immer du möchtest. Dieses eine Kind zeigt es am nächsten Tag höchstwahrscheinlich einem Schulfreund oder wird es später einmal seinen eigenen Kindern genauso beibringen.

Sei ein Vorbild! Versuche, selbst gerne zu lernen, und erfreue dich am Leben. Lebe vor, was du dir für die Welt wünschst, hilf Kindern in deiner Umgebung, baue eine bessere Schule, hilf einer Lerngruppe in deiner Umgebung, unterstütze vielleicht Kinderprojekte in deinem Umfeld oder erfinde eine lustige Geschichte und mach so langweiligen Lernstoff einfacher und interessanter. Egal ob du Zeit, Geld oder Sonstiges spendest, alles hilft.

Jedes Tun hat eine Auswirkung auf dich und deine Mitmenschen. Wir sind nicht einsam und schwach. Jeder Mensch ist ein schöpferisches Wesen! Lass dir niemals etwas anderes einreden!

Einige Gedanken und Wünsche

Ich möchte sehr gerne die klügsten Köpfe in den Bereichen Lernforschung, Hirnforschung, Psychologie, Gedächtnistraining, Kinderbiologie, dazu noch einige Eltern und natürlich Lehrer – also alle, die es betrifft und die sich wirklich damit auskennen – in einem Gremium zusammensetzen, und sie arbeiten ein Konzept für die Schule der Zukunft aus. Der Bildungsphilosoph Dr. Matthias Burchardt sagt: „Der Staat reproduziert sich an den Schulen Untertanen." Dabei sollen aus unseren Kindern mündige Bürger werden. Deshalb ist mir die Dezentralisierung der Bildungsmacht wichtig.

Und ich denke, dass wir darüber nachdenken sollten, in Zukunft die Gesetze der Massenpsychologie in der Schule zu unterrichten, um der Manipulation vorzubeugen. Auch wäre es sinnvoll, den Jugendlichen eine gewisse Medienkompetenz beizubringen, sodass sie echte Berichterstattung von Propaganda und Manipulation unterscheiden können. Wir wissen beispielsweise, dass die Menschen nur mit Lügen und Propaganda zu Kriegen motiviert werden. Niemand geht freiwillig in den Krieg, und niemand schickt seine jungen Söhne und Töchter freiwillig dorthin.

Wissen schafft Freiheit

So heißt unser Verein und unser Projekt. Unser klares Ziel ist die Dezentralisierung der staatlichen Bildung. Lernen soll Spaß machen und jeder soll sich in diesem Bereich unabhängig machen können.

Auch soll jeder Mensch auf diesem Planeten uneingeschränkten Zugang zu Basiswissen gewährt bekommen. Wir möchten eine Bibliothek an Möglichkeiten erschaffen, aus der sich jeder nehmen kann, was er braucht. Alle Angebote auf der Webseite sind kostenlos und wir nehmen nur, was man uns gerne und freiwillig gibt. Du findest Anleitungen zu Lerngemeinschaften, Erfahrungsberichte zu Schulgründungen, Vernetzungsmöglichkeiten über die Bundesländergruppen, weit über 100 Lernvideos zu verschiedenen Themen, Unterstützungsgruppen für Schulfächer und einiges mehr.[4]

Wo geht die Reise hin?

Um ganz ehrlich zu sein, ist das schwierig zu sagen und eigentlich möchte ich es auch nicht. Würde ich hier jetzt meine klaren Vorstellungen für die Zukunft schreiben, würde ich für viele vielleicht eine Begrenzung setzen.

Was ich aber sagen kann, ist, dass unser Reiseziel nichts mehr mit unserem jetzigen System zu tun haben wird. Wir dürfen es in Zukunft gemeinsam mit unseren Kindern und der Natur bestimmen. Ich bin mir sicher, dass wir in eine komplett neue Epoche eingehen, welche sich so gewaltig von den bisherigen unterscheiden wird, dass es sich viele noch gar nicht vorstellen können. Wir dürfen uns wieder bewusst werden, dass wir alle Schöpfer sind und unsere Welt selbst gestalten können. Hören wir auf, uns über bisherige Zustände aufzuregen, und erschaffen wir etwas Neues. Gehen wir gemeinsam in eine bessere Zukunft, für uns und vor allem für unsere Kinder.

[1] Siehe https://www.wissenschafftfreiheit.com (zuletzt abgerufen 24.11.2021)
[2] Z.B. Vera Birkenbihl: Stroh im Kopf. Von Gehirn-Besitzer zum Gehirn-Benutzer. Offenbach: Gabal 2000
[3] Siehe https://www.wissenschafftfreiheit.com/kurse/ (zuletzt abgerufen 24.11.2021)
[4] Siehe https://www.wissenschafftfreiheit.com (zuletzt abgerufen 24.11.2021)

Friederike de Bruin

MENSCHLICHKEIT VON ANFANG BIS ENDE

Friederike de Bruin

Friederike de Bruin, Jahrgang 1982, hat viele Jahre reisend im Ausland und in verschiedenen Gemeinschaften gelebt und im Kulturbereich, in der Bestattung und als Doula (psychosoziale Geburtsbegleiterin) gearbeitet. Sie ist Coach für Trauma- und Stressbewältigung, Prozessbegleiterin, Künstlerin und Menschenrechtsaktivistin. Sie ist aktiv in zahlreichen Vereinen und Initiativen und setzt sich mit ganzem Herzen für eine lebensfreundliche, menschliche Zukunft ein.

MENSCHLICHKEIT VON ANFANG BIS ENDE

Geburt und Tod als Eckpfeiler unseres Lebens

Rückbesinnung auf eine sanfte Geburt

Die Art und Weise, wie wir die Geburt gestalten und auch schon die Schwangerschaft, ist prägend. Sie beeinflusst uns ganz grundlegend auf der körperlichen Ebene, wie das Nervensystem ausgestattet ist, wie schwingungsfähig wir sind oder wie starr, wie unflexibel wir auf das Leben reagieren. Das wissen wir heute, weil dazu ganz intensiv geforscht wird – auch in der Traumaforschung. Es ist tief beeindruckend, welche Grundsteine hier für unsere Persönlichkeit gelegt werden, auch für unsere Beziehungsfähigkeit. Dabei birgt das heutige Wissen um den immensen Einfluss von Schwangerschaft und Geburt für jeden Einzelnen wie für die Gesellschaft eine große Chance.

> *„Wir können die Welt nicht verändern, ohne die Art und Weise zu ändern, wie Kinder geboren werden."*
> *Dr. Michel Odent*

Die Erfahrung der Geburt ist eine Ausnahmeerfahrung. Das Level der Hormone und Neurotransmitter, der Endorphine, die ausgeschüttet werden beim Kind, sind nie höher als während der Geburt. Das prägt unser Gehirn, das prägt unser Nervensystem, das prägt jede Faser unseres Körpers. Und die Erfahrungen, die zu dieser Zeit gemacht werden, sind wie eine Blaupause für das ganze Leben.

Wir kommen aus diesem unglaublich Heilen, Ganzen, Geborgenen, dieser Einheit mit der Mutter, in der wir versorgt sind, wo jedes Bedürfnis erfüllt ist. Aus diesem paradiesischen Zustand kommen wir durch eine Enge und einen Kampf. Das ist mit Sicherheit auch beängstigend.

Aber in der natürlichen Geburt steigen die Endorphine, die Rausch-, die Glücks- und Bindungshormone mit jeder Wehe. Anders als bei Geburten mit medizinischem Eingriff, bei denen vor allem der Adrenalinspiegel und der Tonus steigen – und auch das Bedrohungsgefühl. Bei der natürlichen Geburt ist das Adrenalin nur ein Hormon, das dazu beiträgt, dass die Gebärmutter sich immer wieder kontrahiert und der Geburtsprozess voranschreitet. Die Hormone, die bei der natürlichen Geburt von der Mutter ausgeschüttet werden, machen das Gewebe immer weicher und bringen es zur Entfaltung. Das passiert in einer gestörten Geburt nicht mehr. Da bleibt die Enge.

Die Rausch-, Glücks- und Liebeshormone schaukeln sich bis zum Höhepunkt auf und liegen 3000- bis 5000-mal höher als jemals sonst in unserem Leben. Kein Bungeesprung kann diesen Cocktail wieder herstellen, kein anderes Rauscherlebnis. Ich weiß noch, wie es war, als meine Kinder geboren wurden. Sie haben sich abgestoßen, sie haben mitgearbeitet. Und in dem Moment, in dem das Köpfchen durchtritt, gibt es nochmals einen Ausstoß an Oxytocinen, an Bindungshormonen, an Liebeshormonen und das bekommt das Kind durch die Nabelschnur alles mit. Das heißt, nach dieser immensen Anstrengung kommt die Erfahrung „Geschafft!" und vor allem Liebe, Angenommensein.

Diese natürliche Erfahrung prägt, wie wir mit späteren Herausforderungen umgehen. Wenn wir diese erste Erfahrung nicht erleben können, weil in den Geburtsprozess eingegriffen wird, so ist dieses Urvertrauen gestört, diese Zuversicht, jede Anstrengung zu meistern, diese Sicherheit, gehalten zu werden und auch in schwierigen Situationen nicht allein zu sein. Dies ist nicht nur zum Schaden des Individuums, sondern bedeutet die Beschädigung einer ganzen Gesellschaft: „Zum ersten Mal bekommen die meisten Mütter ihr Baby, ohne dass ihr Körper Hormone der Liebe freisetzt. Damit steht die Zukunft unserer Zivilisation auf dem Spiel."[1]

Wenn ich diese erste wichtige Erfahrung nicht erleben kann, dann fehlt das. Dann gibt es Stress, Stress, Stress – Rausgezogenwerden, Angst, grelles Licht, Kälte, Abgetrenntsein. Das sind völlig andere hormonelle Prozesse, die dann bei Mutter und Kind ablaufen und das ganze Bindungsgeschehen stören. Die Art der Begleitung, die heute in Kreißsälen als normal empfunden wird, ist nicht angemessen. Der Rahmen, der hier geschaffen oder eben gerade nicht geschaffen wird, ist für einen beherzten Schritt ins Leben hinderlich und führt langfristig zu Komplikationen.

Wenn Babys geholt werden oder die Mutter eine PDA bekommt, dann wird Geburt zu einem passiven Vorgang degradiert. Technisch wird ein Kind auf die Welt gebracht, aber dieses Kraftelement, die Selbstwirksamkeit fehlt.

Die Medikalisierung der Geburt

Bis in die 1960er-Jahre waren Hausgeburten noch recht verbreitet. Zwar wurden bereits Ende des 19. Jahrhunderts die ersten Krankenhausgeburten durchgeführt, aber erst ab den 1950/60er-Jahren kam es zu einer zunehmenden Medikalisierung der Geburt. Damit verschwand auch das alte Wissen immer mehr, weil die natürlichen Verläufe immer weniger beobachtet werden konnten. Aktuell gibt es eine Verschulung der Hebammenausbildung. Sie soll an die Universitäten verlegt werden. Das ist auf der einen Seite zu begrüßen, weil in einer akademischen Ausbildung mehr Wissen vermittelt werden kann. Ich bezweifle jedoch, dass es wirklich den Frauen zugute kommt. Die Praxis, auch die Praxis der freiberuflichen Hebammen, kann nicht an der Universität gelernt werden.

Bei der Geburt geht es neben den medizinischen Aspekten vor allem um Zwischenmenschliches. Doch der Trend, Geburten zu managen und diese zuallererst als Risikoereignis zu betrachten, ist ein Trend, den wir überall im Gesundheitswesen sehen. Völlig natürliche Prozesse werden pathologisch, ein Zerrbild der Geburt, wie es seit den 1960er-Jahren mit viel Vehemenz propagiert wird. Begonnen hat dieser Prozess aber bereits vorher, seit sich immer mehr Ärzte in diesen ursprünglich sehr nichtmedizinischen Bereich dazwischengeschaltet, es den Hebammen aus den Händen genommen haben. Dieses „Lasst uns Profis mal machen" offenbart eine fatale Haltung, die es schon lange gibt und die noch immer in vielen Köpfen spukt.

Doch es ist auch eine Entwicklung, die nicht zufällig geschieht, schließlich gibt es unglaublich viel Geld zu verdienen. Umso wichtiger ist es, dieses Thema nicht als ein Frauenthema zu sehen. Es ist ein Menschheitsthema, wie wir auf die Welt kommen, welches uns alle angeht. Es ist nichts, was wir den Frauen allein überlassen können und womit wir sie allein lassen dürfen. Sie fallen in eine strukturelle Gewalt hinein. Zwar gibt es auch gute Kreißsäle, zum Beispiel hebammengeführte Kreißsäle, aber das ist nicht mehr die Regel, nicht die Norm. Es werden täglich viele Kinder geboren, und viele Familien gehen durch diesen Prozess. Sie glauben, die Geburt in einem Krankenhaus sei normal, das Kind hier behütet und außer Gefahr. Dass Gefahren aber erst aus diesem falschen Rahmen erwachsen, auf die Idee kommen zu wenige. Die natürliche Geburt ist ein Lebensereignis, das wenig Gefahr birgt, wenn wir nicht störend eingreifen.

Wesentliche Bedingungen für eine natürliche Geburt

Wichtig für eine gelungene Geburt ist, dass die Frau gesund ist, sich gut und frisch ernährt, die Beziehung gesund ist und die Frau sich emotional gut aufgehoben fühlt. Auch Stress in der Schwangerschaft wirkt sich auf die Geburt aus. Diese ganzen Faktoren sind wichtig. In anderen Kulturen, in buddhistischen zum Beispiel, gibt es ein altes Wissen, wie man sich auf eine Schwangerschaft vorbereitet. Beide Eltern essen Monate vorher schon anders und gewöhnen sich einen anderen Lebensrhythmus an, mit viel Ruhe und Meditation, viel Bewegung. Es geht dann nicht zufällig alles gut, sondern sie tragen selbst etwas dazu bei.

Eine förderliche Atmosphäre ist die, in der du dir vorstellen kannst, einen Orgasmus zu haben. Ina May Gaskin war eine hervorragende Hebamme, die in den 1970er-Jahren die Hebammenkunst wiederaufleben ließ. Als in den USA die Technisierung der Geburt schon sehr weit vorangeschritten war, hat sie ein Geburtshaus eröffnet, in das Frauen aus dem ganzen Land gefahren sind, um eine natürliche Geburt zu erleben. Sie hat es immer so umschrieben: Wenn die Atmosphäre so ist, wie in der Nacht – sie hat es immer die Liebesnacht genannt – in der das Kind entstanden ist, dann ist sie einer Geburt angemessen. Weil es den Rahmen braucht, diese Weichheit, diese Vertrautheit, dieses Sichfallenlassenkönnen. Das ist kein Besuch beim Zahnarzt, sondern ein höchst intimer Vorgang, der nur wirklich so stattfinden kann, wie er von der Natur angelegt ist, wenn diese Bedingungen stimmen. Ansonsten ist bei uns im Gehirn sofort klar: Bei Hektik droht Gefahr, ich muss flüchten können. Und für eine Flucht müssen die Wehen aufhören. Das

Blut muss wieder in die Beine, es entsteht ein hoher Muskeltonus. Helles Licht hemmt die Wehentätigkeit oder auch Angesprochenwerden.

Im Grunde ist ein natürlicher, der Geburt förderlicher Zustand der, in dem die Frau überhaupt nichts entscheiden muss, nicht angesprochen wird, sondern sich ganz und gar nach innen fokussieren, auf dieses Fließen konzentrieren kann. Wie beim Sex auch. Es ist völlig unpassend, wenn dich da jemand anspricht: „Und, wie ist es gerade?"

Die ganzen Dammschnitte wären nicht nötig, wenn wir dem natürlichen Geschehen Zeit geben würden. Wenn wir mitgehen mit diesem Geschehen, dann werden die Wehen oder Wellen, wie viele Hebammen sagen, von sich aus stärker, aber auch weniger schmerzhaft, weil dann auch bei Mutter und Kind die Endorphine wirken. Eine Geburt, die ungestört verläuft, wird nicht immer heftiger und immer schmerzhafter, sondern vielmehr ein immer meditativerer Zustand. Die körperliche Kraft nimmt zu, das Geschehen wird intensiver, aber eben nicht unbedingt schmerzhafter.

Nur wenn Angst ins Spiel kommt, wenn die Frau nicht gut vorbereitet ist und festhält, dann signalisiert sie ihrem Körper: „Hier stimmt etwas nicht, ich kann mich nicht entspannen." Dann werden die Endorphine zurückgehalten, die eigentlich auch schmerzstillend sind, und die Kampf- und Fluchthormone kommen ins Spiel, die den Schmerzreiz verstärken.

Das heißt, eine natürliche Geburt ist auszuhalten, ist gut auszuhalten, manchmal sogar ekstatisch. Es gibt Erzählungen von Frauen, die ihre Geburten überhaupt nicht als schmerzhaft erlebt haben, sondern als unglaublich kraftvolle ekstatische Erfahrungen.

Dafür braucht es allerdings eine sichere und geborgene Atmosphäre. Das sind die uralten archaischen Strukturen im Gehirn, die das entscheiden, das autonome Nervensystem. Dann kommt ein ganz anderer Stoffwechsel in Gang. Anstatt, wie häufig im Krankenhaus, hektisches Herumrennen braucht der Körper der Frau Sicherheit und Ruhe. Fehlt das, passiert es oft, dass die Wehen zu schwach sind. Dann wird der Wehentropf angeschlossen und oft genug kommt es zum Kaiserschnitt. Es wird wie ein mechanischer, technisierter Vorgang betrachtet. Und ein toller Nebeneffekt ist die Kontrolle über Mutter und Kind. Zum Feierabend, zum Schichtwechsel hin gibt es, statistisch gesehen, deutlich mehr Kaiserschnitte. Dann bringt der Arzt die Geburt schnell noch zum Ende. Das kann man dann auch noch auf seiner Schicht abrechnen.

Damit geht uns etwas verloren, was nicht nur Kultur ist, was nicht nur Lebensereignis für die Frau ist, sondern auch diese tiefe Prägung für das neue Wesen, mit wirklich weitreichenden Folgen. Wenn der Kaiserschnitt zum Beispiel unter Vollnarkose geschieht, kann das Kind von der Mutter direkt nach der Geburt nicht wahrgenommen, nicht begrüßt werden.

Was dann bei der Mutter automatisch abläuft, sind ebenfalls uralte Prozesse, nämlich dass das System interpretiert, das Kind müsse tot sein. Da setzt ungewollt ein Trauerprozess ein, wenn die Mutter das Kind nicht in den ersten fünfzehn Minuten nach der Geburt sehen kann, und man weiß heute, dass viele Frauen in solch einem Fall viel eher postnatale Depressionen entwickeln. Es ist nur ein Faktor, aber es ist ein Faktor, der zu einer schweren Wochenbettdepression beitragen kann. Und zu Bindungsstörungen, zu der Unfähigkeit, sich tief einlassen, ganz tiefe Liebe empfinden zu können. Das entwickelt sich mit der Zeit, aber es gibt sehr viele Frauen, die davon berichten, dass sie sich erst sehr langsam an ihr Kind gewöhnen müssen, dass diese tiefe Mutterliebe, diese tiefe Bindung gar nicht von Anfang an da war.

Die Geburt im Spiegel der Forschung

Die Wichtigkeit der Geburt für unser Leben ist immens. Die neuere epigenetische Forschung schätzt, dass unsere Gene nur zu 3 Prozent feststehen und zu 97 Prozent durch Erfahrung wie durch Ernährung, toxische Exposition, Beziehungen, durch unser Umfeld und unsere Lebenserfahrung geprägt werden. Die Geburt gehört ganz maßgeblich dazu. Bestimmte Gene werden durch diese Erfahrung ein- oder ausgeschaltet. Wenn es eine gute, förderliche Erfahrung ist, kann es heilsam sein.

Wir stehen unter dem Einfluss transgenerationaler Traumata, die immer weitergegeben werden und auch auf epigenetischer Ebene sichtbar sind. Sie beeinflussen, dass bestimmte Gene langsamer oder schneller funktionieren und mehr Enzyme oder Proteine herstellen oder weniger, was den Stoffwechsel und die Verarbeitungsfähigkeit von Eindrücken bestimmt oder auch die Anlage zur Depression oder gewisse andere Krankheiten. Eine gute starke Erfahrung kann wieder etwas in Fluss bringen, was vorher labil war. In diesen Forschungsansätzen steckt ein großes Potenzial, aber eben auch das Potenzial, Wege zu verschließen.

Die Forschung belegt auch, wie komplex und dennoch fein abgestimmt ein Geburtsvorgang ist. Ein Beispiel sind die Untersuchungen von Professor Alfred Rockenschaub, einem unglaublich inspirierenden Gynäkologen. Er hat in Wien lange an der Semmelweis-Frauenklinik praktiziert und dort erforscht, dass unter guten Bedingungen 90 Prozent aller Geburten ganz ohne Eingriffe vonstattengehen. Wir haben heute eine Kaiserschnittrate von über 30 Prozent. Und damals ging es nicht einmal um Kaiserschnitte, sondern um Eingriffe insgesamt. Die Kaiserschnittrate war noch viel geringer. Rockenschaub hat den Mut gehabt, sich als Arzt komplett zurückzuhalten. Er hatte einen Stuhl hinter einem Vorhang und hat den Hebammen die Leitung überlassen. Er hat gesagt: „Ich bin da, wenn ich gebraucht werde, aber am liebsten werde ich nicht gebraucht", hat stattdessen die Abläufe einer natürlichen Geburt untersucht und sich ein großes Wissen zu den feinen biologischen Vorgängen angeeignet. Was passiert beispielsweise, wenn eine Geburt beginnt? Bei ihm kann man lesen, dass die Geburt erst ausgelöst wird, wenn das Kind einen Botenstoff entsendet, also erst, wenn das Kind bereit ist. Dieser Botenstoff bewirkt, dass am Muttermund weiße Blutkörperchen anfangen den Muttermund weicher zu machen. Es wird dort Oxytocin freigesetzt und die Wehentätigkeit beginnt. Alles ist ganz fein aufeinander abgestimmt, und wenn da schon eingegriffen wird, kann dieses unglaublich komplexe Zusammenspiel von Mutter und Kind, das von der Natur so angelegt ist, empfindlich gestört und unterbunden werden.

Ich bin immer wieder ehrfürchtig, wenn ich lese, was für eine Weisheit in unserem Körper steckt, was für eine Perfektion. Und wie komplex, wie fein, wie subtil alles aufeinander abgestimmt ist. Und erschüttert über die Anmaßung: „Das Kind ist zwei Tage zu spät, jetzt müssen wir ein weheneinleitendes Mittel geben, sodass die Gebärmutter kontrahiert, dann kommt das Kind schon raus."

Dabei ist der Geburtsvorgang ganz anders angelegt, nämlich als ein miteinander Hineinwachsen. ein miteinander Größerwerden, ein miteinander Weicherwerden, Stärkerwerden und Kraftvollerwerden, aber auch ein bewusstseinsmäßiges Sichweiten. Die Endorphine bewirken eine Bewusstseinserweiterung. Das ist nicht nur ein körperlicher Vorgang.

Ich plädiere dafür, wieder einen Schritt zurück zu machen, sich aus diesen Vorgängen zurückzunehmen und zu begreifen: das, was da ist, ist eigentlich schon perfekt. Wir haben uns sehr viel wertvolles Wissen angeeignet und ich will gar nicht sagen: Wissenschaft soll es nicht geben, sie stört nur – nein, im Gegenteil. Aber es soll eine Wissenschaft sein, die sich bemüht, die Vorgänge in der Tiefe zu verstehen und erst einmal eine Vorstellung davon zu bekommen, was da eigentlich passiert. So wird sie besser einschätzen können, wenn es an einer Stelle hängt und nicht weitergeht, was die richtige Intervention wäre.

Und die richtige Intervention wäre vielleicht, das Licht auszumachen, weil wir wissen, dass Licht die rechte Hirnhälfte hemmt, wo die Intuition verortet wird. Die rechte Hirnhälfte ist bei der Geburt übermäßig aktiv, woraus folgt, die Frau sollte unterstützt werden, in diese rechtshirnige Aktivität zu kommen. Was wiederum heißt, alles zu vermeiden, was dies behindert, helles Licht, Ansprache, Entscheidungen usw. Sie sollte vielmehr darin unterstützt werden, sich fallenzulassen und nach innen zu gehen. Das können wir wissenschaftlich erfassen. Das wurde auch wissenschaftlich erforscht. Das wird nur nicht umgesetzt.

Die Wissenschaft kann uns helfen, die richtigen Entscheidungen zu treffen. Wenn wir wissenschaftlich handeln würden. Die Wissenschaft sagt: rechte Gehirnhälfte unterstützen, Licht aus, leise sprechen, gar nicht ansprechen, vielleicht sanft streicheln, wenn die Frau das überhaupt will. Wärme, warmes Wasser, Geborgenheit, vielleicht Musik, vielleicht tanzen ... Das sagt nicht nur die Intuition, die Erfahrung der Hebamme, sondern auch die Wissenschaft, wenn wir ihr zuhören würden. Und die Frauen wussten früher sehr gut, was hilft. So wie Hebammen, die gefragt haben, wenn eine Geburt ins Stocken kam: „Steht noch etwas zwischen dir und deinem Mann? Gibt es etwas, worüber du dich geärgert hast?" Und sie wussten, wenn eine Frau weinen kann, geht auch die Geburt weiter.

Wenn wir festhalten, wenn wir uns nicht sicher fühlen, wenn das Vertrauen gestört ist, weil vielleicht etwas Unausgesprochenes zwischen dem Paar steht, dann hemmt das den Geburtsprozess. Wenn ich mich nicht fallen lassen kann, weil ich das Gefühl habe, „eigentlich bin ich dir noch böse, weil ich gar nicht weiß, ob du mich in dieser Situation noch unterstützen und halten kannst", dann bleibt da eine Wachsamkeit, eine Anspannung. Ich kann weinen, wenn ich mich gehalten fühle, wenn ich mich emotional fallen lassen kann. Dann werde ich weich, dann kommen die Gefühle in Fluss, dann kann ich mich zumuten, dann lasse ich los und dann kommen all diese Prozesse wieder in Gang.

Entspannungstrainings

Viele Frauen suchen deshalb Anregungen in Programmen wie Hypnobirthing. Dabei ist natürlich die Frage: Wie wird es vermittelt und wie nimmt die Frau es auf? Wieso sucht sie überhaupt einen Hypnobirthingkurs auf? Da gibt es viele Missverständnisse. Manche glauben, sie gehen zum Hypnobirthingkurs und anschließend verläuft die Geburt so sanft, dass sie dabei genausogut schlafen könnten. Und dann sie sind sie erstaunt, dass es doch intensiv ist.

Hypnobirthing unterstützt die Versenkung nach innen und beleuchtet Glaubenssätze. Wenn die Frau beispielsweise vorher große Angst hatte und durch den Hypnobirthingkurs mit dieser Angst arbeitet. Viele Frauen haben unbewusst Angst vor der Geburt, weil sie selbst eine traumatische Geburt hatten. Möglicherweise wird auch beim Partner ein eigenes Geburtstrauma wieder wach.

Das kann unglaublich verstörend sein, je nachdem, was genau vorgefallen ist. Es können ganz tiefe Ängste sein, die verhindern, dass die Frau sich entspannen und in den Geburtsvorgang hineinfließen kann. Wenn solche Hemmnisse über das Hypnobirthing aufgedeckt und bearbeitet werden, dann ist das unglaublich hilfreich. Zudem es ist gut zu üben, sich selbst zu versenken, sich selbst zu beruhigen. Das sind wichtige Werkzeuge, die die Frau für die Geburt lernen kann und auch sollte.

Theoretisch ist das auch durch autogenes Training und Meditation möglich. Je nachdem, mit welchem System gearbeitet wird, werden neue Glaubenssätze oder Anker gesetzt, indem die Frau für sich bestimmte Sätze oder Gesten definiert, um dadurch schneller in eine Entspannung zu kommen. Auch das ist ein wertvolles Werkzeug. Aber wenn die Frau denkt, durch das Hypnobirthing würde sie sich Arbeit sparen und automatisch von Schmerzen befreit sein, so ist das ein bisschen zu einfach gedacht. Im schlimmsten Fall könnte sie eine große Enttäuschung erleben, weil die Erwartungen zu hoch waren. Frauen sollten sich bewusst machen, dass Entspannungstraining ein Werkzeug ist, das man lernen und bewusst einsetzen kann. Vorbereitend kann es sehr wertvoll sein. Das kann aber auch bewusste Atmung sein. Alles, was man selbst übt, auch intuitive Bewegung, alles, was die rechte Gehirnhälfte aktiviert und was die Entspannung fördert, hilft und ist wunderbare Geburtsvorbereitung.

Reform der Geburts- und Krankenhäuser

Doch trotz Geburtsvorbereitung und Entspannungstraining gilt: Die Geburt muss raus aus dem klassischen Krankenhaus, in hebammengeführte Geburtshäuser – mit ärztlicher Unterstützung für die wenigen Fälle, in denen das wirklich nötig ist. Heutzutage hat sich in vielen Kreißsälen äußerlich schon einiges verändert, die Farbgestaltung zum Beispiel. Aber wenn die Abläufe sich nicht ändern und das Gefühl, wir müssten die Geburt überwachen, so verändert sich nicht viel. Noch immer bekommt jede Frau einen Venenzugang, jede Frau muss einen Wehenschreiber umhaben, jederzeit. Unterschwellig legt man ihnen nahe, dass eine Geburt doch gefährlich ist und die Befürchtung wächst: „Ich kann das nicht. Ich brauche schon mal einen Zugang für den Tropf, weil ich das eigentlich gar nicht kann."

Wenn sich diese Haltung nicht ändert, wenn sich nur das Äußere ändert, dann haben wir gar nichts verändert. Gute Informationen in der Ausbildung wären der erste Schritt, und zwar Informationen über diese körperlichen Vorgänge. Über das, was wirklich von Natur aus angelegt ist. Und die Informationen gibt es, sie werden nur nicht flächendeckend in der Ausbildung von Hebammen und Ärzten, die Geburtshilfe machen, vermittelt.

Es gibt Ärzte und Hebammen, die sich das Wissen selbst aneignen, die das Glück einer guten Lehrhebamme haben oder eine Schule mit dem Schwerpunkt auf natürliche Geburt. Aber das ist nur selten der Fall. Diese Feinheiten zu verstehen, diese Abhängigkeiten, diese komplexen Vorgänge – das ist die Basis dafür, um kluge Entscheidungen treffen zu können. Um zu wissen, dass meine Präsenz, so wie ich da bin als Mensch, wie ich die Frau begleite, etwas ausmacht. Ob ich nur von einer Frau zur anderen hetze oder ob ich mich wirklich einlasse, versuche zu spüren, wo die Frau gerade ist, ohne dass ich sie anspreche, dieses Geschehen von außen erst einmal beobachte, mit Empathie dabei bin – das macht einen Riesenunterschied. Und es ist eine große Herausforderung in dem Krankenhausalltag, den wir heute haben, wenn nicht gar unmöglich. Um so dringender ist mein Appell, die Geburt aus dem Krankenhaus herauszunehmen und nur für Notfälle in den Krankenhäusern kleine spezialisierte Stationen vorzuhalten.

Schluss mit dem Dogma der Wirtschaftlichkeit

Über die Haftpflichtversicherung werden freiberuflichen Hebammen jedoch seit Jahren Riesenknüppel zwischen die Beine geworfen. Der Hebammenberuf wird nach und nach unmöglich gemacht, zumindest die Freiberuflichkeit. Wer heute noch als Alleinverdienerin und Hebamme eine Familie ernähren will – Hut ab! Da muss frau sehr viel arbeiten, allein schon um diese horrenden Haftpflichtbeiträge zu erwirtschaften. Umso wichtiger werden derzeit die hebammengeführten Geburtshäuser. Doch selbst diese haben sehr zu kämpfen mit den hohen Haftpflichtbeiträgen. Hebammen haben keine Lobby. Aber es gibt da noch die Eltern. Leider haben schwangere Frauen oder Mütter mit kleinen Kindern nur selten die Kraft und die Zeit, um aufzustehen und für ihre Hebammen zu kämpfen. Deshalb wünsche ich mir, dass sich die Männer in unserer Gesellschaft ihrer Verantwortung für den Geburtsprozess bewusst werden und anfangen, dafür zu kämpfen, dass sich die Bedingungen verbessern. Wenn selbst die Väter aufstehen und sagen würden: „Wir wollen, dass unsere Kinder in Sicherheit, in einer liebevollen, warmen und sicheren Umgebung geboren werden, in der sich unsere Frauen wohlfühlen, damit die Geburt sicher und natürlich und zügig verlaufen kann!" Dann hätten wir einen Hebel in der Hand, der bisher kaum genutzt worden ist!

Doch es scheint fast so, als sei es gewollt, dass Hebammen aus dem Geburtsprozess herausgedrängt werden. So gibt es Fälle wo Hebammen, die durch eine verantwortungsvolle Geburtsbegleitung dafür sorgen, dass es wenig Kaiserschnitte gibt, gefeuert werden. Weil sie nicht wirtschaftlich arbeiten. Weil ein Kreißsaal heutzutage einen bestimmten Prozentsatz an Kaiserschnitten braucht, um „gut zu wirtschaften".

Ich habe es bereits aus zwei verschiedenen Kreißsälen gehört: Mit einer Kaiserschnittrate von ungefähr 24 Prozent ist man bei der Kostenkalkulation gerade einmal bei Null. Alles, was dann noch kommt, bringt überhaupt erst schwarze Zahlen. Ich finde, das ist ein Verbrechen! Die Folgen für unsere Gesellschaft, die dieser Wirtschaftlichkeitszwang hat, sind gewaltig! Für das Leben, für die Gesundheit, aber auch die psychische Belastung, Prägung des Nervensystems, die Verbindung zwischen Mutter und Kind oder eben die fehlende Bindung. Das ist ein unfassbarer Rattenschwanz, der darauf folgt.

Meine Vision zukünftiger Geburtshäuser

Natürliche Geburten brauchen einen natürlichen Rahmen, deshalb liegen Geburtshäuser in meiner Vision einer sanften Geburt am Rand einer Stadt, idealerweise mit Zugang zu einem schön gestalteten Garten – geräuschdicht, vielleicht von einer Mauer oder einer großen Hecke umschlossen. So können Gebärende, die in der Natur sein wollen, hinausgehen. Das war mir zum Beispiel sehr wichtig. Solange, wie es ging, bin ich draußen geblieben, auch bei meinem ersten Kind. Ich wollte auf der Erde knien. Ich bin sehr gerne draußen und habe auch den Wind und die Vögel als sehr unterstützend wahrgenommen. Vielleicht kann es sogar einen beheizten Pool geben, sodass die Frauen, die ihre Kinder im Freien und im Wasser bekommen möchten, dies tun können. Oder in der Sauna. Mein Vater hat erzählt, dass seine ersten Kinder fast in der Sauna auf die Welt gekommen wären. Auch das ist wunderbar. In Mittelamerika nutzen sie zu therapeutischen Zwecken ein Temaszcal, das sind Schwitzhütten aus Erde. Die kosten nicht die Welt. Die kann man einfach bauen.

Dazu eine warme Dusche, vielleicht ein kleiner Bach, in dem man die Füße kühlen kann, wenn einem sehr heiß ist … Auch das Sterilitätsbestreben ist eher kontraproduktiv, einhundertprozentige Sterilität kann es nicht geben. Vielmehr geht es darum, die gesunden Keime zu fördern. Zusätzlich zu Desinfektionsmitteln sind Dosierspender mit effektiven Mikroorganismen sinnvoll, die schon von sich aus das förderliche milchsaure Milieu mitbringen. Innen würde ich mit Naturmaterialien bauen, und eine gute Geräuschdämmung sicherstellen. Man kann mit Lehm, Holz und Stroh ganz wunderbar bauen. Die Materialien erzeugen ein sehr gesundes Raumklima, eine gute Luftfeuchtigkeit, eine sehr gute reine Luft, in der sich pathologische Keime überhaupt nicht so schnell vermehren können. Überall sollte man das Licht dimmen können, indirekte Beleuchtung, keine großen Deckenstrahler, nur da, wo man Licht braucht, kleine Lampen. Was die Farben angeht, würde ich sehr zurückgenommen gestalten. Das ist gar nicht so wichtig. Ich finde Naturtöne schön, Lehm an den Wänden, das Erdige, aber viele Menschen haben auch den Wunsch nach Klarheit, nach Sauberkeit ... Ich würde nicht unbedingt alles bunt machen. Holzböden, die gut abwischbar sind. Holz ist von sich aus antibakteriell, hat Inhaltsstoffe, die Bakterienwachstum hemmen, also ein sehr hygienischer Baustoff. Es sollte verschiedenartige Möbel geben, an denen man sich aushängen, drüberlegen kann, eine Art Spielwiese, nicht nur ein Bett. Eine große Liegewiese auf dem Boden, auch unterstützende Gegenstände zum Abstützen, sodass man das Kind wunderbar in der Hocke bekommen kann. Vielleicht einen Bereich, in dem der Boden etwas tiefer ist, also mit Architektur spielen, mit Raumgestaltung spielen, einfach ausprobieren was guttut. Am besten würde man daraus ein Forschungsprojekt machen, zusammen mit jungen Innenarchitekten, um herauszufinden, welche raumgestalterischen Maßnahmen positiven Einfluss haben auf den Geburtsprozess. Der Blick auf die Geburt ist damit ein anderer. Es geht weniger darum, welche Notfallausrüstung wir brauchen, sondern darum, wie wir die Geburt am schönsten gestalten können.

Jenseits des Jugendwahns

So wenig wir über den Vorgang der Geburt sprechen, ihn stattdessen in die Krankenhäuser abschieben und pathologisieren, so wenig wird auch über den Tod gesprochen, wird vielmehr selbst das Altern in Pflegeeinrichtungen abgeschoben, das Sterben tabuisiert. Dadurch dass im Geburtsprozess auch die Sexualorgane im Zentrum stehen, gibt es hier ein nachvollziehbares Tabu der Scham und der Schuld. Dennoch blenden wir vor allem das Sterben zu beinahe 100 Prozent aus. Meiner Meinung nach ist bei diesen beiden Prozessen, Geburt und Sterben, jeweils die große Chance gegeben, ganz in das Leben einzutauchen. Der Aufwand dazu ist sehr klein, weil beide Prozesse so intensiv sind. Eine riesengroße Chance, die Erfahrung zu machen: „Ich bin ganz und gar hier und nicht damit beschäftigt, wie ich gerade aussehe, ob ich besonders fotogen bin ..." All diese Überforderungen, mit denen sich junge Menschen heute beständig beschäftigen. Aber wenn es eigene schmerzhafte Geburtserfahrungen gibt, kann man sehr blockiert sein, in diesen Prozess ganz einzutauchen. Es haben auch nicht alle Menschen die Bereitschaft, sich mit eigenen schmerzhaften Themen auseinanderzusetzen.

Und da sind wir wieder beim Tod, weil die eigene Sterblichkeit ja auch der Schmerz an sich ist. Zu wissen, ich werde gehen, ich werde alle zurücklassen, die ich liebe, ich werde von allen verlassen werden, die ich liebe, mein Leben hier wird enden. Ich bin selbst einmal durch schwere Krankheit an diesem Punkt gewesen, dass ich mich damit beschäftigen musste und mich auch damit versöhnen musste, dass ich möglicherweise meine Kinder zurücklassen werde. Und dieser Schmerz, mich mit meiner Endlichkeit zu versöhnen, mit meiner Sterblichkeit wirklich auseinanderzusetzen, der war heftig! Und der hat mich so gestärkt! Das Hinschauen, das nicht Wegrennen. Ich glaube, dass da für uns als Gesellschaft eine unglaublich große Chance liegt, von allen Unterdrückungsstrukturen unabhängiger zu werden. Denn die Angst, die immer wieder geschürt wird, ist letztendlich die Angst vor dem Sterben, ist die Todesangst. Egal ob es Terror ist oder eine Seuche oder andere Katastrophen – es ist immer die Angst vor dem Tod, die als Herrschafts-, als Machtinstrument missbraucht wird.

Ich werde sterben. Das ist die größte Sicherheit, die ich in meinem Leben habe. Die einzige wirkliche Sicherheit besteht darin, dass ich sterben werde. Das gilt für uns alle. Und das ist etwas, was uns alle miteinander verbindet: dass wir dann nichts mitnehmen können.

Ich habe in der Bestattung gearbeitet und in der Sterbebegleitung. Da habe ich erlebt, dass es ein ähnlicher Prozess ist. Menschen, die gerade jemanden verloren haben, sind unglaublich sensibel, sehr nahbar und ganz auf das Wesentliche konzentriert. Und das ist nach einer Geburt ähnlich. Es sind beides Erfahrungen, die öffnen für das Leben. Sie drängen auch bestimmte Gewohnheiten mal in den Hintergrund. Wenn man sich auf diese Erfahrungen einlässt, öffnen sie einen tief für das Leben selbst, für das Wunder der Schöpfung.

Ich bin mir gewiss, dass es für uns als Gesellschaft unglaublich wichtig ist, wenn sich mehr Menschen mit dem Tod beschäftigen. Dass wir gar nicht mehr so empfänglich wären für diesen Jugendwahn, dass wir alle immer sexy bleiben müssen bis wir sterben, diesen Konsumrausch, all das, was ich auch immer wieder als Flucht wahrnehme.

Auseinandersetzung mit Alter und Tod

In seinem Buch „Patient ohne Verfügung"[2] beschreibt der Palliativarzt Matthias Thöns wie mit dem letzten Lebensabschnitt von uns Menschen Geld gemacht wird – durch Zivilisationserkrankungen wie Krebs, Diabetes, Herz-Kreislauf-Erkrankungen, Schlaganfall, Koma ... Es gibt unglaublich viele Beatmungspatienten, die schon lange nicht mehr da sind, aber in Beatmungspflege am Leben erhalten werden. Damit wird unvorstellbar viel Geld gemacht. Wie am Lebensanfang so auch am Lebensende. Da werden Chemotherapien verabreicht oder Operationen, obwohl absehbar ist, dass da nichts mehr heil wird. Die Menschen werden förmlich ausgeschlachtet.

Für mich gehört die Auseinandersetzung mit der eigenen Sterblichkeit deshalb schon sehr früh ins Leben – am besten bereits in die Kindheit. Das passiert in aufgeklärten Familien auch. Mit meinen Kindern versuche ich so zu leben, dass es nicht nur eine theoretische Möglichkeit ist, dass wir sterben. Wenn ein Haustier stirbt, dann wird es nicht schnell verbuddelt, sondern wir schauen es uns an. Wir nehmen wahr, dass es immer noch dasselbe Tier ist, aber der Lebensfunke nicht mehr da ist. Es bewegt sich nicht mehr, es atmet nicht mehr, nach einem Tag kommen die Fliegen, der Verfall beginnt, der Körper fällt ein, die Form verändert sich. Wir haben schon Tiere nach wenigen Stunden beerdigt, aber auch schon mal nach anderthalb Tagen, weil es vorher nicht ging. Und das ist bei uns kein Tabu, sondern ich nutze diese Gelegenheit, den Kindern nahezubringen, dass es wirklich ein ganz natürlicher Teil unseres Lebens ist.

Als ein Mitbewohner unserer Gemeinschaft verstarb, habe ich im Bestattungshaus angerufen, ob wir ihn sehen können, weil einige der hier lebenden Kinder ihn gern noch einmal sehen wollten. Das war so nicht vorgesehen, aber mir war es wichtig, mit den Kindern hinzugehen und zu schauen, wie fühlt sich das an, wenn jemand tot ist. Er sieht immer noch genauso aus, er ist aber ganz kalt – diese körperliche Nähe zum Tod wirklich zuzulassen. Im Fernsehen sieht man oft den Tod, der blutig ist und schrecklich und vielleicht mit Mord, Unfall oder einer Katastrophe zu tun hat. Aber das ist nicht die Regel. Der Tod an sich ist still und weder verängstigend noch erschreckend, sondern sehr friedlich. Das versuche ich den jungen Menschen in meinem Umfeld nahezubringen, weil ich es selbst erlebt habe.

Als ich mit 18 zum ersten Mal das Sterben einer Freundin begleiten durfte, da hat mich zutiefst beeindruckt, wie zart dieser Sterbeprozess war. Wie emotional. Wie tief berührend. Nicht schrecklich. Natürlich war es schmerzhaft. Sie war 24 und sollte noch nicht gehen. Doch trotz des großen Schmerzes war es auch unglaublich schön, weil da eine tiefe Liebe spürbar wurde. Eine tiefe Wertschätzung für den anderen. Als einer meiner Brüder starb, war auf einmal so etwas wie seine Essenz fühlbar, sein ganzes Wesen, als wäre es wie kristallisiert, in diesem Moment, in den Tagen danach, bis zur Beerdigung. Und das sind solche Schätze!

Das auch zu feiern, dieses Leben zu feiern – nicht mit einer 08/15-Beerdigung, mit den immer selben Blumen, denselben Kerzen und derselben Orgelmusik –, sondern den Höhepunkt oder Abschluss dieses Lebens wirklich zu inszenieren. Das ist auch etwas, wofür ich plädiere. Ich habe in einem kleinen Bestattungsinstitut gearbeitet, wo genau das der Schwerpunkt war, ganz individuelle Bestattungsfeiern auszurichten. Da haben sich die Menschen schon vor ihrem Tod angemeldet, und wir haben sie einmal im Jahr auf einen Tee besucht. Wir haben Gespräche geführt, um herauszufinden, was stellen sie sich denn genau vor, für ihren letzten Auftritt. All das mehr ins Leben zu holen, das fände ich schön.

Wenn ich erzähle, dass ich auch Sterbebegleiterin bin, dann höre ich immer wieder den Satz: „Oh, das könnte ich nicht!" Und ich denke jedes Mal: „Weißt du das überhaupt?" Weil der Sterbeprozess ein unglaublich zarter, zwischenmenschlicher, meditativer ist. So zart wie ich ein schlafendes Neugeborenes halte, halte ich auch einen sterbenden Menschen. Und das ist nicht schrecklich, sondern ein unglaublich schöner Dienst, den ich tun kann. Und eine liebevolle Geste. Und wenn wir das aus unserem Alltag rausschieben und es den Professionellen überlassen, den Pflegeeinrichtungen, den Palliativstationen oder dem Hospiz, dann entgeht uns auch das.

Wenn Menschen im Krankenhaus sterben, kommen die nächsten Verwandten sie vielleicht besuchen, aber ansonsten liegen sie einsam da. Sie werden einfach alleingelassen, weil die Krankenschwestern so viel anderes zu tun haben und, ähnlich wie die Hebammen, unter katastrophalen Bedingungen arbeiten müssen, sodass ihre Empathie gänzlich verloren geht und sie gar nicht mehr spüren, was da eigentlich passiert. Sie haben keine Zeit mehr und das ist tatsächlich für alle schrecklich.

So habe ich es selbst in der Sterbebegleitung erlebt. Ich habe eine alte Dame begleitet, die nach einer Tumor-OP mit großen Schmerzen und einem künstlichen Darmausgang in einem Pflegeheim lag. Jedes Mal, wenn ich kam, erzählte sie mir, wie oft sie schon geklingelt habe und keiner gekommen sei. Das Pflegepersonal meinte wohl, die alte Dame wolle sie nur ärgern. Aber sie klingelte doch nicht ohne Grund, sie sollten ihr nur eine Tablette gegen die Schmerzen geben. Es ist fast wie Sadismus, aber es ist Normalität heute. Und das sind Menschen, die ein ganzes Leben gelebt, gearbeitet und ihren Beitrag geleistet haben!

Rückkehr ins Leben

Noch sind Geburt und Sterben aus dem häuslichen Bereich ausgelagert. doch ich wünsche mir einen Wandel in unserer Gesellschaft, damit wir wieder mehr Leben miteinander teilen. Damit wir nicht mehr den ganzen Tag außer Haus arbeiten müssen, um unseren Lebensunterhalt zu verdienen, damit wir nicht so gestresst sind und wir wieder mehr Bewusstsein haben für die zwischenmenschlichen Beziehungen. Ich wünsche mir, dass Geburt und auch Krankheit und Tod wieder ein Teil vom Leben sein können, weil nicht alles auf Leistung ausgerichtet ist. Weil wir Raum haben für diese langsamen Prozesse. Weil es Menschen gibt, die sich einlassen, die Zeit haben, die in der Lage sind, liebevoll da zu sein. Nicht nur getrieben und gehetzt, sondern mit wirklicher Ruhe Menschen in diesen bedeutenden Lebensphasen begleiten.

Ich lebe in einem Setting, das für viele befremdlich klingt, in einer Gemeinschaft. Aber so ähnlich waren früher Höfe organisiert; mit Knechten und Mägden und dem Altenteil, wo die Schwiegereltern wohnten. Der Nachbarhof war in der Nähe, man kannte sich. Vielleicht ist es gar nicht so abwegig, ähnliche Strukturen wieder aufzugreifen. Zu schauen, was es mal gab und was uns getragen hat. Dorfstrukturen und Nachbarschaften wieder so zu organisieren, Viertel in Städten mit Innenhöfen, in denen Lebensräume geteilt werden und wo Menschen wieder mehr zusammenrücken. Wo Sterbende nicht aus der Gemeinschaft ausgestoßen werden, sondern dort, wo sie gelebt haben, wo man sie kennt und liebt, in einem geborgenen Umfeld von der Welt gehen.

Gesetzlich sind wir berechtigt, unsere Verstorbenen 48 Stunden lang bei uns zu Hause zu behalten. Es gibt keine Pflicht, sie sofort abholen zu lassen, und es gibt auch keinen Grund. Wenn jemand eine Chemotherapie bekommen hat, dann löst sich das Gewebe zwar schnell auf, aber man kann Vlies drunterlegen, sodass die Körperflüssigkeiten, die sich aus dem Gewebe lösen, aufgesogen werden. Diese sind auch nicht hochinfektiös. Wir leben in einer lebendigen Welt. Wir leben umgeben und durchdrungen von Keimen, wir können ohne Keime nicht leben. Das Leben an sich ist nicht steril, sondern lebendig!

All das müssen wir uns wieder aneignen. Es ist unseres! Es ist nichts Pathologisches! Es gehört zu unserem Leben dazu und wir holen es uns wieder zurück. Wir können wieder erleben: Ah, das geht so langsam oder so schnell, so sachte oder so still vor sich. Und es ist aushaltbar, nicht beängstigend. Es ist dann einfach vorbei. Und vielleicht kommt auf der anderen Seite etwas anderes, vielleicht geht unser Bewusstsein über – das kann sein. Bei manchen Toten, die ich versorgt habe, hatte ich das Gefühl, ich spüre sie noch, bei anderen war nichts mehr spürbar, das ist auch ein Mysterium ... Das ist auch ganz unterschiedlich. Und das alles wieder zu entdecken und zu unserem Leben zugehörig zu wissen, bereichert sehr und schärft die Sinne für das Wesentliche. Und es macht Mut.

Meine Nachbarin wurde mit dem Fahrrad vom Lastwagen erfasst und war sofort tot. Auch das kann passieren. Ich habe sie noch gesehen und mich von ihr verabschiedet, habe ihren Kopf gesehen, der beschädigt war. Das bedeutet, begreifen zu können, wie schnell, von heute auf morgen, mein Leben zu Ende sein kann. Aber nicht abstrakt, sondern ganz konkret. Ich entscheide ganz anders, als wenn ich diesen Tod ausklammere und so tue, als würde ich ewig leben. Dann lasse ich auch nicht mehr alles mit mir machen. Dann wird mir meine Lebenszeit kostbar.

Ich glaube, durch die Angst vor dem Tod trauen sich viele Menschen nicht, ganz zu leben. Ich denke, dass die Angst sie in einem unlebendigeren Zustand hält. Dass es Lebendigkeit bringt, dem Tod ins Auge zu blicken. Die Endlichkeit bringt Bedeutung. Es darf nicht beliebig sein, was vorher war. Dieser Zeitraum gehört mir, er ist meiner! Das will ich auskosten, das will ich leben! Und das lasse ich mir nicht nehmen.

Selbstbestimmtheit bis zum Schluss

Das berührt natürlich auch die Frage eines Selbstbestimmungsrechtes beim eigenen Tod. Ich bin davon überzeugt, dass eine Antwort auf diese Frage ganz viele Facetten hat. Eine Facette ist die Freiheit, meine persönliche Freiheit, zu bestimmen, wann mein Leben für mich keinen Sinn mehr hat. Ich sehe das anders als die katholische Kirche: Wir laden uns keine Sünde auf, wenn wir das entscheiden. Dabei hat Suizid noch immer diesen Beigeschmack. Ich habe es nicht oft erlebt, dass darüber frei und in einer Art und Weise gesprochen wird, welche die Menschen entlastet. Das ist in Holland anders. Das Land ist protestantisch geprägt und der ganze Schuldkomplex bei Weitem nicht so groß.

Auf der einen Seite haben wir also die Freiheit, zu entscheiden, wann unser Leben nicht mehr lebenswert ist. Ich bin bis hierhin gegangen und jetzt ist es nur noch Schmerz. Ich erlebe, wie ich die Kontrolle verliere, anderen zur Last werde, vielleicht abgeschoben werde in ein Pflegeheim, wo ich nicht mehr als Mensch im Zentrum stehe und nur noch als lästiger Kranker verwaltet werde. Ich erlebe damit eine Entwürdigung und das will ich nicht. Diese Freiheit empfinde ich als ein hohes Gut. Zu sagen, dass ich mich dieser entwürdigenden Struktur nicht zur Verfügung stelle.

Eine ganz andere Grundvoraussetzung wäre, zu wissen, dass ich eingebettet in einen liebevollen sozialen Kontakt bin, in dem es Menschen gibt, die mich pflegen, auch wenn ich nichts mehr kann. Wo ich mich fallenlassen kann und ich weiß, es ist vielleicht anstrengend, aber sie schenken mir ihre Zeit. Wo die Beziehung so tief geht, dass ich mich darauf verlassen kann, dass ich auch in dieser höchst verletzlichen Phase nicht verraten und missbraucht werde. Und ich darauf vertrauen kann, dass es Ärzte und Pfleger gibt, die mir, falls es nötig sein sollte, diese Schmerzen nehmen. Dann brauche ich keine Sterbehilfe. Dann kann ich dem Prozess entgegensehen und weiß, dass ich das aushalten kann.

Das ist in einem gewissen Sinne wie bei der Geburt. Wenn diese natürlich abläuft, mit einer Begleitung, die liebevoll und empathisch ist, dann kann ich das alles meistern, weil auch die Schmerzen nicht unerträglich sind und mich dieser Prozess nicht überwältigt. Beim Sterben ist es dasselbe. Wenn uns aber Schmerzmittel von überforderten Pflegekräften vorenthalten werden, denen wir nicht am Herzen liegen, dann sind wir ausgeliefert, und so soll es nicht sein!

Ich glaube, die Sterbehilfe ist eine Antwort auf die Herausforderungen unserer Zeit, die in anderen Kontexten nicht notwendig wäre. Ich würde mir wünschen, dass sie nicht notwendig wäre, weil dieser Prozess, dieses langsame Verabschieden, einen anderen Abschluss für das Leben bringt. Bei diesem langsamen Gehen passiert noch ganz viel, auch in unserem Körper. Interessanterweise kommt es wieder zur Ausschüttung von Endorphinen und Oxytocin, wie bei der Geburt. Nicht in diesen Konzentrationen, aber in dieser Qualität. Man kann messen, dass Sterbende wahrscheinlich eine ganz angenehme Erfahrung haben, auch wenn sie darüber nicht mehr berichten können. Und wenn das mit einer Pille und einem herbeigeführten Tod genauso stattfindet, ist das schön. Aber wenn nicht, so will ich lieber den natürlichen Weg gehen.

Wir bräuchten diese Sterbehilfe also nicht, wenn wir das Sterben nicht aus dem Familienverband auslagern würden, aus einem Leben, in dem wir uns wohlfühlen. Schmerzen sind weniger stark, wenn wir uns geborgen fühlen. Und schon durch sanfte Berührungen lassen sich Schmerzen lindern. Einsamkeit erhöht auch die Stresshormone und Stresshormone verhindern die Ausschüttung von Endorphinen und Endorphine nehmen den Schmerz. Dieses ganz feine biochemische Zusammenspiel, Außenwelt und Innenwelt, das dürfen wir nicht vernachlässigen.

Wenn man Menschen fragt, wie sie sterben wollen, sagen sie, dass sie zu Hause sterben möchten, im Kreis ihrer Liebsten und am besten im Schlaf – einfach nicht mehr aufwachen. Manche sagen auch, sie wollen beim Golfen umfallen, mitten aus dem Leben, beim Arbeiten, bei irgendetwas, das zum Alltag gehört.

Mut zur Freiheit

Wir haben die Chance und die Herausforderung, uns all das wieder anzueignen, es wieder in unsere eigenen Hände zu nehmen, nicht davor zurückzuschrecken. Wir dürfen viel mehr, als wir tun. Wir dürfen unsere Angehörigen aus dem Krankenhaus holen, sie dürfen zu Hause sterben und wir dürfen sie die ersten zwei Tage danach zu Hause lassen. Wir dürfen auch selbst entscheiden, wie unsere Kinder geboren werden! All das dürfen wir! Wir tun es nur nicht.

Wir wissen bereits sehr viel, wir haben tolle Ansätze. Die Herausforderung ist nun, immer mehr davon in die Praxis umzusetzen. Die Mehrheit will das und es gibt auch Menschen, die Ideen haben, mutig sind und die Herausforderung annehmen. Es braucht aber auch Menschen, die darüber berichten und damit anderen Mut machen, Menschen die zeigen, wie es geht. Das sind Pionierprojekte, durch die auch mehr Lust aufs Machen entsteht. Damit die Menschen überhaupt eine Vorstellung davon haben, dass es auch anders geht.

Es gehört Mut dazu, Geburt und Tod wieder ins Leben zu holen, weil Gefühle wie Angst so groß werden können, wenn ein geliebter Mensch zur Welt kommt oder von ihr geht. Das bewusste Fühlen zuzulassen, gerade beim Tod, ist der Schlüssel dazu. Wir können Schmerz aushalten, wir können große Trauer aushalten, und es ist ein Zeichen von tiefer Liebe, Verbundenheit und Wertschätzung. Es kann auch ein Zeichen dafür sein, nicht allein sein zu wollen, oder dass alles so bleiben soll, wie es ist, aber in dieser Trauer und diesem Schmerz steckt auch ein ganz tiefer archaischer Ausdruck von Liebe. Das ist etwas unglaublich Wertvolles, das wir miteinander teilen könnten. Und das wünsche ich mir, dass wir in unserer Gesellschaft mehr von diesen tiefen menschlichen Empfindungen miteinander teilen.

[1] Michel Odent: "Im Einklang mit der Natur. Neue Ansätze der sanften Geburt. Frankfurt/Main: Mabuse Verlag 2010

[2] Matthias Thöns: Patient ohne Verfügung. Das Geschäft mit dem Lebensende. München: Piper 2016

Franz Ruppert

Ich will leben,

lieben und geliebt werden

Franz Ruppert

Prof. Dr. Franz Ruppert (geb. 1957 in Eichstätt), Professor für Psychologie an der Katholischen Fachhochschule München, psychologischer Psychotherapeut in eigener Praxis in München, Begründer der Identitätsorientierten Psychotraumatherapie, die auf dem Verfahren "Selbstbegegnung mit dem Anliegen" fußt.

ICH WILL LEBEN, LIEBEN UND GELIEBT WERDEN

Wege zu einer menschlicheren Gesellschaft

Meine Grundannahme ist: Wenn sich die Psyche eines Menschen gesund entfalten kann, dann gelingt ihm persönlich ein gutes Leben und ein gedeihliches Zusammenleben mit seinen Mitmenschen. Wird seine Psyche hingegen früh beschädigt, sieht es nicht gut aus – weder für den Einzelnen noch für ganze Gesellschaften.

Die Beobachtung aus der therapeutischen Arbeit mit Tausenden von Menschen ist folgende: Jeder Mensch will leben, lieben und geliebt werden. Sehr viele von uns landen jedoch im Laufe ihres Lebens immer mehr in der Selbstverwirrung, im Selbstzweifel, in der Selbstablehnung und letztlich sogar in der Selbstversklavung. Warum ist das so? Und wie kommen wir da wieder heraus? Diese Fragen können wir uns als Einzelner stellen oder als Gesellschaft.

Leider ist es so, dass die Elterngeneration ihre ungelösten Probleme auf ihre Kinder projiziert. Da die Kinder die jeweils Schwächeren sind, müssen sie mitspielen. So werden Traumata von Generation zu Generation weitergetragen. So sind wir alle auf irgendeine Weise traumatisiert.

Wenn das einer Person bewusst wird, fragt sie sich: Was kann ich tun, wie kann ich das krankmachende Milieu verlassen? Oder besser noch: Wie kann ich es umgestalten, damit ich wieder zu diesem Zustand komme, wo ich gerne da bin, wo ich liebevoll bin und geliebt werde. Die Aufarbeitung der Trauma-Überlebensstrategien macht die Menschen glücklicher und die Gesellschaft menschlicher. Die Menschen stellen auf einmal fest, dass sie in einer Umgebung sind, wo sie lieben und geliebt werden. „Wir sind uns wohlgesonnen, wir unterstützen uns gegenseitig, wir schaffen Win-Win-Situationen."

Kindheit ist politisch

Viele Menschen in gesellschaftlichen Führungspositionen, viele Menschen, die in politischen Machtfunktionen zu mitgefühlslosen Diktatoren und grausamen Tyrannen werden, haben eine traumatisierende Kindheit erlebt. Von Stalin und Hitler weiß man beispielsweise, dass beide brutale Väter hatten, die ihre Kinder seelisch wie körperlich schwer misshandelten. Demütigungen, Schikanen, brutale Schläge gehörten zum Alltag. Eine solche Kindheit prägt die Persönlichkeit.

Wenn wir uns als Gesellschaft also fragen, wie wir anstatt in Angst und Selbstablehnung in einem Zustand der Liebe und des Vertrauens leben können, müssen wir die Traumata unserer Kindheit betrachten, beziehungsweise wir müssen anfangen, sie zu heilen – als Individuen, aber auch als Gesellschaft. Es ist eine große Aufgabe, sicher, eine gewaltige sogar, aber wie ein chinesisches Sprichwort sagt: Auch eine Reise von tausend Meilen beginnt mit einem ersten Schritt.

Zu erkennen, dass viele von uns – wahrscheinlich fast alle – in der Kindheit Traumata erlebt haben, wäre so ein erster Schritt. Danach können wir uns fragen, wie wir diese Wunden heilen können, damit die nächste Generation von Kindern selbstbewusster, gelassener und liebevoller leben kann.

Gesunde Psyche

Das übergeordnete Ziel meiner psychologischen Traumaarbeit ist es, dass Menschen sich die Frage stellen und auch beantworten können: Wer bin Ich und was will Ich in meinem Leben? Das können sie am besten dann, wenn sie über eine gesunde Psyche mit einem stabilen Ich-Kern und einem freien Willen verfügen. Dann sind sie auch in einem guten Kontakt mit ihren Selbstheilungspotenzialen. Eine gesunde Psyche kann unterscheiden zwischen:

- Ich, Du und Wir
- Vergangenheit, Gegenwart und Zukunft
- Wahrnehmungen und Projektionen
- Innen und Außen
- konkreter Liebe und unerfüllbaren Sehnsüchten
- Sinneslust und sexueller Gier
- Realitäten und Illusionen
- Machbarem und Unerreichbarem
- Leben, Überleben und Tod

Eine gesunde Psyche trägt den Maßstab der Wahrheit und Wahrhaftigkeit in sich, denn sie ist darauf ausgerichtet, die Realität so zu erfassen, wie sie tatsächlich ist. Sie dient dazu, die eigene Lebendigkeit, die eigenen Bedürfnisse und die eigenen Fähigkeiten zum Ausdruck zu bringen. Sie ist dialogbereit und kommunikationsoffen, weil wir Menschen zutiefst beziehungsorientiert sind. Ein Mensch mit einer gesunden Psyche ist in sich glücklich und wünscht anderen Menschen ebenfalls dieses Glück. Die gesunde Psyche bildet die Grundlage dafür, mit anderen Menschen konstruktive Beziehungen zu führen.

Die traumatisierte Psyche

Wenn eine menschliche Psyche durch Lieblosigkeit, Vernachlässigung und Gewalt traumatisiert wird, verliert sie diese grundlegenden Fähigkeiten, an der Realität orientiert zu sein und einem Menschen ein gutes Leben zu ermöglichen. Sie wird zu einer traumatisierten Psyche, die ihren inneren Zusammenhalt verliert und in sich gespalten wird. Sie fragmentiert und zerfällt dann in drei Substrukturen (siehe Abbildung 1).

Trotz der Traumatisierung gibt es zum Glück weiterhin gesunde psychische Anteile, hinzu kommen jedoch psychische Anteile im traumatisierten Ausnahmezustand, sowie Trauma-Überlebensreaktionen und -strategien, die aus der unerträglichen Realität flüchten müssen und sich deshalb in einem chronischen Stresszustand befinden.

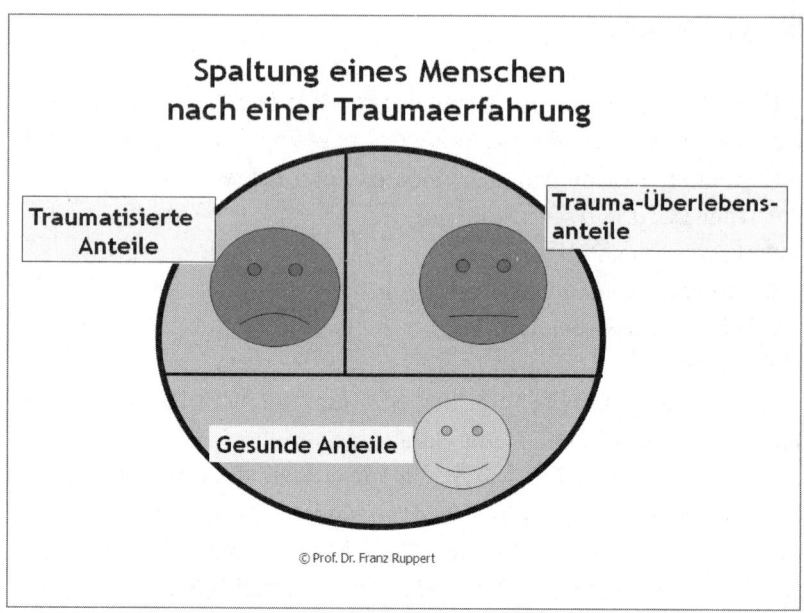

Abbildung 1: Die traumatisierte Psyche

Ein besonders problematisches Merkmal einer traumatisierten Psyche besteht darin, dass sie die Selbsterkenntnis abwehrt, einen traumatischen Schaden erlitten zu haben. Sie rettet sich stattdessen in eine Welt voll von Illusionen. Bei der Frage „Wer bin Ich" flüchtet sie sich in Identifikationen (Ich bin Europäer! Ich bin Arzt! Ich bin für XY!) und lässt Zuschreibungen (zum Beispiel Krankheitsdiagnosen) ohne Widerstand über sich ergehen. Sie ist auf das Außen fixiert, verliert sich im assoziativen, monologischen Reden, im blinden Aktionismus und im sinnlosen Streiten und Kämpfen.

Traumatisierte Menschen erleben sich selbst und ihre Mitmenschen als ein großes Problem. Sie vertrauen niemandem und verstecken sich hinter dicken inneren Schutzwällen. Sie betäuben sich mit Drogen, Medikamenten und süchtigen Verhaltensweisen. Sie meinen, wie sich selbst auch andere immerzu kontrollieren und überwachen zu müssen. Sie befördern mit all ihren Handlungen täglich ihr eigenes Unglück und bereiten ihren Mitmenschen viel Stress.

Generell kann man sagen: Wer sich selbst nicht versteht, versteht auch seine Mitwelt nicht. Wer sich selbst quält, quält auch andere. Wer sich selbst liebt, liebt die anderen ebenfalls.

Hohes Lebensrisiko

Eine gespaltene Psyche ist nur schwer zu handhaben. Sie gleicht einem Auto, bei dem die Lenkung, das Gas- und das Bremspedal nicht mehr richtig funktionieren. Gaspedal und Bremse werden von den unterschiedlichen Anteilen in dieser Psyche oft gleichzeitig betätigt. Selbst wenn ein Reifen platt ist, merkt das sein Besitzer nicht und tauscht diesen nicht aus, sondern fährt einfach weiter, als wäre nichts geschehen. Hingegen kann er sich hingebungsvoll darum bemühen, kleine Kratzer im Lack der Karosserie auszubessern, damit von außen alles schön aussieht. Weitere Unfälle = Traumata sind durch die Fahrten mit so einem Auto vorprogrammiert.

Menschen mit einer traumatisierten Psyche sind damit ein beständiges Lebensrisiko für sich selbst wie für andere. Sie können ihr eigenes Leben und ihre Gesundheit nicht gut schützen und stellen für andere eine potenzielle Lebensgefahr dar. Daher wäre nichts dringlicher geboten, als diese Psyche wieder in die Heilung zu bringen und den Vorgang ihrer Entmenschlichung zu stoppen. Grundsätzlich müsste es eine vordringliche gesellschaftliche Aufgabe sein, alles Mögliche dafür zu tun, damit Menschen nicht psychisch traumatisiert werden, sondern ihr volles schöpferisches Potenzial leben können.

Psychische Entwicklung

Wollen wir die psychische Entwicklung eines Menschen und damit seine Identitätsentwicklung verstehen, müssen wir ganz am Anfang beginnen. Wenn eine Samenzelle mit einer Eizelle verschmilzt, wie interpretieren wir das? Die Idee, dass ein Sieger-Spermium sich in die Eizelle hineinbohrt, sie kapert und erobert, scheint eine sehr männlich-konkurrenzorientierte Vorstellung zu sein. In Wirklichkeit ist es wohl eher so, dass die Eizelle sich an einer Stelle öffnet und eine Samenzelle einlädt, zu ihr zu kommen. Ob Spermien durch einen Maiglöckchenduft oder durch das weibliche Sexualhormon Progesteron angelockt werden, dazu gibt es in der Wissenschaft unterschiedliche Annahmen.[1] Vermutlich ist die erste Begegnung zwischen Ei- und Samenzelle ein Akt der Liebe und nicht des Kampfes.

Auf jeden Fall ist das Zusammenkommen von Ei- und Samenzelle der Zündfunke und Urknall für die Entstehung eines neuen Lebens. So kommt ein neuer Mensch in diese Welt. In ihm sind eine enorme Lebenskraft, ein unbändiger Lebenswille und eine grenzenlose Daseinslust vorhanden, von der er ein Leben lang Gebrauch machen kann. Das ist sein unzerstörbarer Kern in ihm. Er muss sich mit niemandem vergleichen oder unvollkommen fühlen. In diesem Zustand kann sich jeder Mensch wertschätzen in dem, was er hat und wer er ist. Das ist der Urzustand einer gesunden Identität.

Seine Anfangs-Stammzellen mit ihrem riesigen Genpool, den sie nutzen können, stellen ein unfassbar großes Potenzial für das Leben dieses neuen Menschen dar. Es kommt nun darauf an, was davon alles gebraucht wird und was brach liegen bleibt. Wir sind keinesfalls „genetisch determiniert", wie die gängige materialistische Vorstellung vom Menschsein das nahelegt, sondern „Beziehungen und Lebensstile steuern unsere Gene", wie Joachim Bauer es formuliert. Sie sind das Gedächtnis unseres Körpers.[2]

Dieser neu entstandene Mensch ist von Anfang an kein Objekt. Er ist ein Subjekt, das unbedingt leben will mit seinen eigenen Lebenszielen. Er nimmt wahr, spürt, fühlt, abstrahiert und handelt angemessen im Rahmen seiner Möglichkeiten, Notwendigkeiten und Bedürfnisse.[3]

Weil ihm die Eizelle zunächst die Versorgung mit allen Vitalstoffen zur Verfügung stellt, kann sich ein neu entstandener Mensch für 6 bis 10 Tage unabhängig entfalten und wachsen. Er tritt innerhalb der Gebärmutter eine Reise an und sendet Botenstoffe an den mütterlichen Organismus, um an einer Stelle ein immunologisches Vakuum zu schaffen. Dort kann er sich dann einnisten und eine Plazenta mit Nabelschnur und eine Fruchtblase entstehen lassen.

Lieben – Unsere menschliche Natur

Mit der Einnistung in der Gebärmutter beginnt ein Verhältnis der existenziellen Abhängigkeit zwischen einem neuen Menschen und einer Frau, die nicht er ist. Sie ist seine Mutter und er ist in diesem urmenschlichen Beziehungsverhältnis von nun ab ihr Kind. Dieses dauert intrauterin ca. neun Monate und extrauterin etwa 15 Jahre an. Das bedeutet, dass sich auch das Leben einer Frau grundlegend verändert, wenn sie schwanger ist, ihr Körper sich zu einem Mutterkörper umbildet und sie nun mit ihrem ganzen Dasein für ein neues menschliches Wesen zuständig und für dessen Wohl und Wehe verantwortlich ist.

Ob es wohl im Tier- und Pflanzenreich die Angst der weiblichen Exemplare einer Art davor gibt, befruchtet zu werden und schwanger zu sein? Bei uns Menschen gibt es das offenbar. Zum Beispiel hatte meine Mutter Angst davor, mit mir schwanger zu werden. Ich habe mich mit dieser ihrer Angst unbewusst identifiziert und das ist wahrscheinlich der Grund dafür, dass ich keine eigenen Kinder habe und damals in meinen Dreißigern auch froh war, als eine von mir schwangere Freundin das Kind abgetrieben hat. Ich hatte damals keinerlei schlechtes Gewissen.

Heute sehe ich das anders, wie ich vieles heute anders sehe in meinem Leben. In einer meiner Selbstbegegnungen (so nenne ich die Methode, mit der ich praktisch arbeite) habe ich diese Identifikation mit der Angst meiner Mutter für mich aufgelöst. Ich kann den folgenden Satz jetzt laut und deutlich sagen: „Ich möchte, dass meine Mama sich freut, dass sie mit mir schwanger ist und dass es mich gibt!" Das hat mir ein Stück meiner ursprünglichen Lebensfreude zurückgegeben. Und meine Schuldgefühle verschwinden lassen, ihr zur Last zu fallen und meine Daseinsscham aufgehoben. Ich bin heute gerne da und liebe es, so lebendig wie möglich zu sein.

Die erste Liebesbeziehung

Dieses existenzielle Abhängigkeitsverhältnis zwischen einer Mutter und ihrem Kind muss auf Liebe gegründet sein, damit die Lebensreise dieser beiden Menschen gut weitergeht. Ansonsten wird es für beide Seiten, für die Mutter wie für das Kind, zu einer nicht endenden Qual, aus der sie meist nur noch mit therapeutischer Unterstützung aussteigen können.

Die Beziehung zur eigenen Mutter ist die erste Liebesbeziehung eines jeden Menschen. Das Kind ist von Beginn seines Lebens an voller Liebe für seine Mama. Diese Liebe ist ein Urinstinkt, der auf den körperlich-emotionalen Kontakt mit der eigenen Mutter ausgerichtet ist.

Bereits in der Gebärmutter baut das Kind eine liebevolle Beziehung zu seiner Mama auf und freut sich darauf, sie nach der Geburt vertieft kennenzulernen.

Für das Kind gibt es in diesem Frühstadium seines Lebens nichts Wichtigeres als die Beziehung zu seiner Mama. Sie ist seine Welt. Geht es der Mutter gut, geht es auch dem Kind in ihrem Bauch gut. Leidet die Mutter, leidet auch das Kind mit. Ist die Mutter zum Beispiel suizidal, ist auch das Kind in höchster Lebensgefahr.

Existenzielles Liebesbedürfnis

Ungeborene und Babys sind so klein und schwach im Verhältnis zu den Erwachsenen. Sie sind so verletzlich und brauchen ganz viel Zuwendung und Schutz, sonst überleben sie nicht. Jeder Mensch hat daher von Anfang an neben seiner enormen Liebesfähigkeit in Richtung seiner Mutter ein ebenso großes existenzielles Bedürfnis danach, von seiner Mutter bedingungslos angenommen, geliebt und geschützt zu werden.

Unsere Liebesfähigkeit und unser Liebesbedürfnis gehören zu den wesentlichen Grundbedingungen unseres Menschseins dazu. Wir Menschen vermehren uns sexuell, alle Menschenkinder entstehen im Bauch ihrer Mutter und wachsen ihr erstes Lebensjahr in diesem heran. Daher gehört die Liebe zur eigenen Mutter und das Verlangen nach ihrer Liebe zur menschlichen Natur. So wie es das Wesen von Vögeln ist, dass sie Flügel haben, ist es das Wesen von uns Menschen, dass wir lieben können und geliebt werden wollen und müssen. Das sind unsere emotionalen Flügel.

Mutterliebe

Schwangere Frauen werden als „werdende Mütter" bezeichnet. Das ist nicht richtig. Sie sind bereits während der Schwangerschaft Mutter für das Kind in ihrem Bauch. Zumindest die Arbeitsschutzgesetze tragen diesem Umstand Rechnung. Die grundsätzliche Frage von Anfang an ist jedoch nicht nur eine des Mutterschutzes, sondern: Ist eine Frau überhaupt bereit und fähig, die Liebe anzunehmen, die ihr Kind ihr entgegenbringt und die es von ihr einfordert?

Mutterliebe ist nichts Abstraktes und kann nicht nur in der Vorstellung existieren. Sie zeigt sich ganz konkret in dem jeweiligen Moment, wenn ein Kind sie braucht. Zum Beispiel in der Art, wie sich seine Mutter in der Schwangerschaft ernährt, ob sie Medikamente oder Drogen konsumiert, wie sie weiterhin Sex hat, wie sie arbeitet, ob sie grundsätzlich Rücksicht auf das ungeborene Kind in ihrem Bauch nimmt, ob sie überhaupt Kontakt mit ihm aufnimmt oder nicht.

Mutterliebe beweist sich bei der Geburt, wenn die Mutter mit dem Kind aktiv zusammenarbeitet, um die Geburt zu einem Glücksmoment und einer herzlichen Willkommensgeste für ihr Kind zu machen.[4] Oder ob sie sich passiv dem Geburtshilfesystem ausliefert und sich im Extremfall das Kind aus ihrem Bauch pressen, ziehen oder schneiden lässt. Die Rate von 30 Prozent und mehr Kaiserschnittgeburten lässt sich durch extreme Notfälle allein nicht erklären. Sie ist hausgemacht durch ein medizinisches Geburtshilfesystem und Mütter und Väter, welche der Entwicklung der menschlichen Psyche nicht den Stellenwert einräumen, den sie für ihr Kind von Anfang an hat.[5]

Es ist konkrete Mutterliebe, wenn die Mutter gleich nach der Geburt ihr Kind an ihrem Körper wärmt, ihm liebevoll in die Augen schaut und ihm erste zärtliche Berührungen gibt. Wenn sie ihrem Kind sofort ihre Brust zur Verfügung stellt, damit das Kind daraus die auf seine spezifischen Bedürfnisse abgestimmte Muttermilch trinkt und sich an die warme Haut seiner Mama anschmiegen kann. Diese hautnahe Liebe fehlt einem Kind, wenn es sofort mit Babynahrung und Flasche gefüttert wird. Auch Frauen berichten darüber, dass sie sich schlecht fühlen, wenn sie das Kind nicht selbst aus ihrer Brust trinken lassen können und die Milch daraus abpumpen müssen.

Wenn eine Mutter keine körperlich-emotionale Bindung an ihr Kind entwickelt, fällt ihr auch das Stillen schwerer. Dem Kind fehlt damit nicht nur die kindgerechte Nahrung in seinem ersten Lebensjahr, sondern auch der liebevolle Körperkontakt mit seiner Mama, falls diese beim Fläschchen geben nicht ausdrücklich auf einen intensiven Körperkontakt mit ihrem Kind achtet.[6]

Aus welchen Gründen eine Mutter ihr Kind nicht stillen will oder kann, beispielsweise weil Mutter und Kind in einem Krankenhaus sofort nach der Geburt getrennt werden oder weil eigene sexuelle Missbrauchserfahrungen die Frauen davor zurückschrecken lassen, ihrem Kind ihre Brust anzubieten, ist für ihr Kind gleichgültig. Ihm fehlt etwas, was ein Kind qua seiner Natur gerne haben möchte und für seine gesunde körperliche wie psychische Entwicklung dringend braucht.

Mutterliebe heißt weiterhin konkret: Das Kind zärtlich liebkosen, streicheln, mit beruhigender Stimme zu ihm sprechen, den Lauten des Kindes lauschen, das Kind in Ruhe lassen, wenn es das möchte, es zum Spielen anregen, mit ihm kuscheln, ihm Geschichten vorlesen usw., je nach dem Alter und der Bedürfnislage des Kindes.

Das Kind zu lange alleine zu lassen, ihm keine gute Nahrung zu bereiten, es abzuweisen, wenn es Kontakt will, es nicht als dieses besondere Kind wahrzunehmen, das es ist, es nicht vor den Zudringlichkeiten und Übergriffigkeiten anderer Personen zu schützen – all das sind Momente fehlender Mutterliebe und mangelnder Empathie. Nach der Geburt weinen allein gelassene Kinder zunächst wegen dieser fehlenden Mutterliebe, dann schreien sie, schließlich versteinern und verstummen sie. Sie implodieren, sie reduzieren sich immer mehr, machen sich unsichtbar und leer.

Auch hier ist es für das Kind egal, aus welchen Gründen seine Mama – weil sie nach der Geburt gleich wieder arbeiten geht oder weil sie depressiv ist – es alleine lässt, in Fremdbetreuung gibt oder wenig Zeit für es hat. Es fühlt sich schlicht alleine und im Stich gelassen und leidet enorm darunter. Sein Kummer und sein Schmerz sind so groß und überwältigend, dass es sich psychisch aufspalten muss, um daran nicht zugrunde zu gehen.

Reale Mutterliebe befriedigt also situationsangemessen die symbiotischen wie autonomen Bedürfnisse des Kindes in seinem jeweiligen Lebensalter (siehe Abbildung 2 und 3).

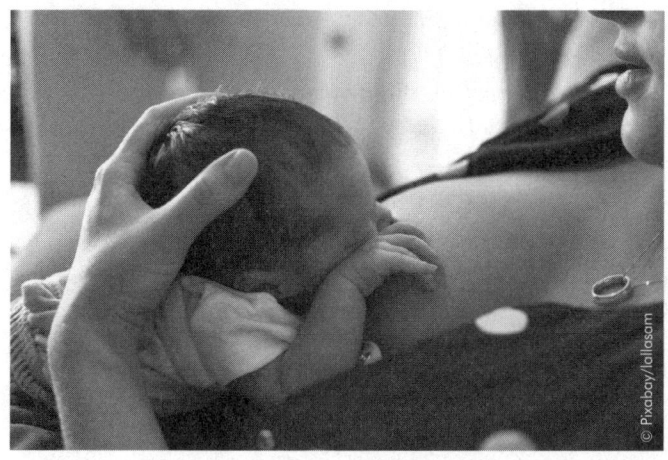

Abbildung 2: Konkrete Mutterliebe heißt: Die symbiotischen Bedürfnisse des Kindes situations- und altersangemessen zu befriedigen

Symbiotische Bedürfnisse

- genährt werden
- gewärmt werden
- Körperkontakt haben
- gehalten werden
- gesehen werden
- verstanden werden
- unterstützt werden
- zusammengehören
- willkommen sein

„Symbiose" heißt zusammenleben. Es bedeutet nicht, dass Mutter und Kind eins wären. Mutter und Kind sind von Anfang an eigene Lebewesen.[7] So wie im günstigen Falle eine Mutter die Symbiose- und Autonomiebedürfnisse des Kindes fördert, so unterstützt auch das Kind die Entwicklung seiner Mutter, zu einer immer reiferen, erwachsenen Person zu werden.

Abbildung 3: Konkrete Mutterliebe heißt: Die Autonomiebedürfnisse eines Kindes situations- und altersangemessen zu unterstützen

Autonomiebedürfnisse

- selbst wahrnehmen, fühlen, denken
- eigenständig sein
- in sich selbst Halt finden
- etwas selbst machen
- unabhängig sein
- frei sein
- selbst entscheiden

Wenn ich in Therapien die Frage stelle, was sich jemand als Kind von seiner Mutter am meisten wünscht, kommt häufig die Antwort: Ich will von ihr gesehen werden. Der amerikanische Entwicklungspsychologe Edward Tronick hat dazu ein aufschlussreiches Experiment durchgeführt. Er bat Mütter, im Kontakt mit ihrem Kind plötzlich ein ausdrucksloses Gesicht („still face") zu machen, sich quasi eine Gesichtsmaske aufzusetzen. Sofort waren die Kinder irritiert, wurden unruhig, begannen zu weinen und bereits nach einer Minute waren sie völlig außer sich, so dass das Experiment abgebrochen werden musste, um dem Kind nicht zu schaden. Die fehlende Interaktion mit der Gesichtsmimik ihrer Mutter brachte sie an den Rand des psychischen Zusammenbruchs.[8]

Liebe und Angst

Innerhalb der menschlichen Psyche sind Liebe und Angst Gegenspieler („Antagonisten"). Wo Angst herrscht, ist für die Liebe kein psychischer Raum mehr da. Auch Angst ist wie die Liebe ein Urinstinkt. Angst signalisiert uns Gefahren und Bedrohung. Sie aktiviert unser Stresssystem und fördert die Fähigkeit und Bereitschaft, die vorhandenen Gefahren abzuwehren und Leben und Gesundheit zu schützen, sowohl das eigene wie die Gesundheit und das Leben anderer. Liebende Mütter, die ihre Kinder bedroht sehen, werden höchst alarmiert. Wenn ihre gesunden Mutterinstinkte aktiviert sind, tun sie alles dafür, ihr Kind zu schützen. Im Tierreich sind solche Reaktionen wunderbar zu beobachten, zum Beispiel wenn eine Ente ihre Jungen vor einem Raubvogel schützt.

Todes- und Verlassenheitsangst

Besonders gefürchtet sind von uns Menschen Todes- und Verlassenheitsängste. Todesangst entsteht in Situationen, in denen unser Leben unmittelbar bedroht ist. Beispielsweise bei schweren Unfällen oder einem Direktangriff auf uns. Die Verlassenheitsangst entsteht, wenn wir den Schutz wichtiger Personen oder einer Gruppe verlieren, ohne deren Hilfe wir über kurz oder lang sterben werden. Dies gilt insbesondere für Kinder, deren Mütter für längere Zeit abwesend sind.

Wut und Aggression

Wo Angstgefühle vorhanden sind, entstehen in der Folge leicht Wut, Aggression und Kampfbereitschaft. Wenn die Bedrohungslage langfristig besteht, sich die Angst nicht beruhigen kann und kein Gefühl von Sicherheit eintritt, wird Angst zu einem beständigen, unterschwelligen Lebensbegleiter und möglicherweise zu einer Lebensgrundhaltung. In dieser Angst ist viel Lebensenergie gebunden, die ansonsten anderweitig genutzt werden könnte. Aus solchen Angstgefühlen heraus entwickeln sich zwanghaft-fixiertes Denken und wenig reflektiertes Handeln. Chronische Angst kann zur Saat der Gewalt werden. Gestresste

Menschen attackieren schnell ihre Mitwelt. Es wird ihnen leicht alles zu viel und dann schlagen sie blind um sich.

Innere Auflösung

Wird die Angst so überwältigend, dass keine Vorsichtsmaßnahme, keine Flucht in den Aktionismus und kein offener Kampf mehr hilft und ein Entrinnen aus der Gefahrensituation unmöglich ist, beginnt ein Prozess der inneren Auflösung. Der Verstand vernebelt sich, die Gefühle werden unterdrückt und der Körper zu verlassen versucht. Das Gefühl für den eigenen Körper und damit für sich selbst geht immer mehr verloren. Sich selbst psychisch aufzulösen, erscheint wie die Lösung des Konflikts, in einer unerträglichen Situation festzustecken, aus der es kein Entrinnen gibt.

Damit geht auch die Auflösung unseres Ichs als dem Referenzpunkt unseres inneren Geschehens einher. Verbunden ist das zusätzlich mit einer Auflösungstendenz des gesamten Organismus. Darm und Blase entleeren sich, es kommt zu Schweißausbrüchen, die Muskulatur erschlafft und das Energieniveau sackt insgesamt ab. Das ist, was wir als Panik erleben.

Erstarrung

Als Gegenbewegung zu dieser Auflösung findet als Trauma-Überlebensmechanismus eine Erstarrung statt. Die Muskulatur spannt sich extrem an und verhärtet sich, um dem Auflösungsprozess des Gesamtorganismus entgegenzuwirken. Auf der psychischen Ebene entwickeln wir ein rigides Ersatz-Ich, dem es von unserem Körper weitgehend abgespalten, scheinbar gut geht. Es bewegt sich vor allem in gedanklichen Sphären und bleibt mit seinen Ursachenanalysen an der Oberfläche, wenn körperliche Gefahrensignale ins Bewusstsein dringen. Das Wetter, ein schlechtes Essen, zu wenig Schlaf sind beliebte Deutungsmuster für körperliche Beschwerden, deren Ursachen in Wahrheit in abgespaltenen Todesängsten zu suchen wären.

Die Abspaltung von dem Anteil, der in Todesängsten gefangen ist, führt zu den Verleugnungs-, Vermeidungs-, Kontroll- und Kompensationsstrategien, die ich in meinem Buch „Seelische Spaltung und innere

Heilung" systematisch beschrieben habe.⁹ In die Angst zu gehen, kann auch eine Trauma-Überlebensstrategie sein, um von unerträglichen Schmerzen wegzukommen.

Überlebensintelligenz

Unter dem Druck der abgespaltenen traumatischen Todesängste, die im Lebensalltag leicht getriggert werden können, geraten Menschen schnell in Stress. Ihr Denken wird reduziert, eindimensional, engstirnig, rechthaberisch, unflexibel, realitätsabwehrend, zwanghaft und verkopft, weil die psychischen Erkenntniskapazitäten sich auf die Zellen der linken Großhirnhälfte reduzieren und nicht mehr ganzkörperlich ausgeschöpft werden können. Auf diesem Niveau entwickeln sie eine spezifische Form von Intelligenz, sich mit Selbsttäuschungen, Betrügen und Lügen durchs Leben zu schlagen.

Unterwerfung

Ist der Verursacher der eigenen Todesängste eine enge Beziehungsperson, führt dies zu einer Unterwerfungshaltung dem Täter beziehungsweise der Täterin gegenüber. Das Ich als innerer Referenzpunkt, der Liebe und Sicherheit geben könnte, ist hier nicht mehr vorhanden. Insbesondere im Mutter-Kind- beziehungsweise im Vater-Kind-Verhältnis unterwirft sich ein Kind seinen Eltern, die es ablehnen. Es sucht weiterhin bei ihnen nach Liebe, weil es instinktiv auf die Eltern ausgerichtet ist. Der Täterkontakt stellt eine chronische Retraumatisierungssituation her. Daraus entsteht unter anderem eine Vielzahl psychosomatischer Erkrankungen.

Kälte und Gefühllosigkeit

Die energetische Überflutung mit Stresshormonen in einer Situation der Todesangst ruft eine lebensbedrohliche Überhitzung des Gesamtorganismus hervor. Da diese Energien in einer Situation von Ohnmacht und Hilflosigkeit nicht verbraucht werden können, muss der Gesamtorganismus drastisch heruntergekühlt werden. Dies führt zu einer komplementären Gegendynamik des Erkaltens. Um der

Überflutung durch ihre Todesängste zuvorzukommen, vermeiden die betroffenen Menschen soweit wie möglich alle emotionalen Aufregungen. Menschen, die abgespaltene Todesängste in sich tragen, können daher sehr kalt und abweisend werden. Sie sind für ihre Mitmenschen aus ihrem Selbstschutz heraus emotional wenig zugänglich.

Sicherheitsgefühl Liebe

Liebe ist grundsätzlich das wirksamste Gegengift bei Angst. Liebe kann Angst überwinden helfen und neutralisieren. Wenn Menschen sich geliebt fühlen, können sie auch mit ihren Ängsten besser und angemessener umgehen. Lieben und Geliebtwerden vermittelt ein tiefes Gefühl von Geborgenheit, Sicherheit und Geschütztsein. Deswegen spricht die Bindungstheorie von „sicherer Bindung", wenn sich das Kind von seinen Eltern in seinen Bedürfnissen wahr- und ernstgenommen erlebt.[10]

Unerlöster Urschmerz

Innere Leere und Einsamkeit sind die Folgen unterdrückter Lebens- und Liebesbedürfnisse und der damit einhergehenden Gefühle. Wer sich von seinen gesunden Bedürfnissen abschneidet, macht sich und seinen eigenen Körper zum Objekt und wird entsprechend von anderen wie ein Objekt behandelt.

Geheilt werden können all diese geistigen Verirrungen, illusionären, sich bis ins Wahnhafte steigernden Vorstellungen, welche unsere Trauma-Überlebensstrategien uns nahelegen, letztlich nur durch das Anerkennen unserer Verlassenheitsängste. Sowie durch die Annahme des eigenen Schmerzes, von unseren Eltern nicht so geliebt worden zu sein, wie wir es als Kind gebraucht hätten. Ein Schmerz,

- der weggedacht und weggedrückt,
- mit Drogen oder Medikamenten überlagert wird,
- bei dem versucht wird, so zu tun, als wäre das, was bereits an Verletzungen geschehen ist, heute noch ungeschehen zu machen,

macht einen Menschen unreal, zu einer leeren Hülle, in der ein Kopf unablässig rattert, im Versuch mit Gedanken zu begreifen, was nur gefühlt werden kann. Wer den Urschmerz seiner Kindheit, das Nichtgeliebtsein durch die eigene Mutter nicht in sich auflöst, ist dazu gezwungen, ihn in tausend Variationen in seinem Leben zu wiederholen. Wer die eigene Urtrauer negiert, ist nicht in der Lage, sich selbst zu lieben. Er kann daher auch andere nicht aus seinen gesunden Anteilen heraus lieben.

Wiederholung der primären Liebesbeziehungen

Weil sich die Mutter- und Vaterbeziehung unbewusst in unserer Psyche abspielt, wiederholt sich die Qualität dieser primären Liebesbeziehungen in allen weiteren Liebesbeziehungen in unserem Leben. Angst, Ärger, Wut, Hass und tiefer Schmerz aus der Mutter- und Vaterbindung fließen in die Bindungsbeziehungen hinein, in denen wir uns Liebe erhoffen. Das Unterdrücken unserer Gefühle, das grundsätzliche Misstrauen in einen anderen Menschen und die Zurückhaltung, unsere konkreten Liebesbedürfnisse zum Ausdruck zu bringen, werden unter diesen Umständen zum Prinzip der Gestaltung unserer Liebesbeziehungen.

Ein Mensch, der den Schmerz des von seinen Eltern nicht geliebten Kindes unerlöst in seinem Herzen trägt, öffnet dieses nie wieder ganz, wenn er hier nicht bewusst gegensteuert. Er bleibt übervorsichtig, weil er nicht noch einmal den existenziell bedrohlichen Urschmerz aus seiner Mutter- und Vaterbeziehung fühlen möchte, der abgespalten in ihm schlummert. Alle neuen Liebesbeziehungen werden aus Angst, wieder in frühkindliche Traumagefühle abzurutschen, oft zu einem krampfhaften Bemühen, die gedankliche Kontrolle über die eigenen Nähebedürfnisse zu behalten. Der jeweilige Partner wird zwar herbeigesehnt, innerlich jedoch auf Abstand gehalten. Äußerlich tut man alles, damit er einen nicht verlassen kann. Partnerschaften verstärken auf diese Weise den Selbstverlust, statt die persönliche Reifung zu fördern.

Das notwendige Scheitern solcher Liebesbeziehungen führt jedoch nur dazu, immer wieder nach neuen Liebesbeziehungen und dem vermeintlichen Idealpartner Ausschau zu halten. Denn ohne eine

Beziehung fühlen sich Menschen, die von ihrem gesunden Ich abgespalten sind, wertlos, weil sie den liebevollen Kontakt zu sich selbst unterbrochen haben. Solange diese in der eigenen Psyche unbewusst ablaufenden Prozesse nicht aufgeklärt und außer Kraft gesetzt werden, geht das ein Leben lang so weiter. Es scheint dann normal, dass eine Partnerschaft ein beständiger Kampf um Liebe und Gesehenwerden ist.

Die aus diesen Partnerschaften entstehenden Kinder werden zuweilen sehr rücksichtslos in die Beziehungskämpfe hinein verwickelt. Sie haben innerhalb solcher Familien nur wenig Chancen, eigenständige und selbstbewusste Menschen zu werden.

IoPT – Die Identitätsorientierte Psychotraumatheorie als Erkenntnisgrundlage für ein gutes Leben

Die Identitätsorientierte Psychotraumatheorie (IoPT) ist mein Lebenswerk, das ich seit fast 30 Jahren entwickle. Hervorgegangen aus Familien-, System- und Trauma-Aufstellungen hatte ich dieses Projekt von 2001 bis 2010 „Mehrgenerationale Psychotraumatologie" genannt. Danach das „Aufstellen des Anliegens". Heute trenne ich zwischen dem Theoriegebäude, das bis dato in elf Büchern dargelegt ist, und der Methode beziehungsweise der Praxis.

Ich stelle rückblickend fest, dass ich meine Theorie und Methode immer dann einen wichtigen Schritt voranbringen konnte, wenn ich mich selbst innerlich geklärt und weiter integriert habe. Meine psychische Entwicklung geht für mich eindeutig Hand in Hand mit der stufenweisen Evolution der IoPT.

Selbstbegegnung

Ich spreche heute eher von „Selbstbegegnungen", weil diese Methode uns ermöglicht, mit uns selbst und unserer Psyche unmittelbar in Kontakt zu treten. Vor allem unser verinnerlichtes, weitgehend unbewusst arbeitendes psychisches Bindungssystem wird uns auf diesem Wege zugänglich. Wir kommen mit diesem Verfahren sogar bis an den Anfang der Entstehung eines Menschen heran. Wir überwinden damit die Bewusstwerdungsschwelle, denn erst mit dem zweiten Lebensjahr und der Herausbildung eines Sprachbewusstseins können wir uns an unsere Biografie bewusst und in Erlebnisepisoden erinnern. Vor diesem Zeitpunkt bilden sich die psychischen Muster eher somatosensorisch und nonverbal in unserem Organismus aus. Doch bis dahin ist das Wesentliche, was uns ein Leben lang prägen kann und oft leiden lässt, in der Regel bereits geschehen (siehe Abbildung 4).

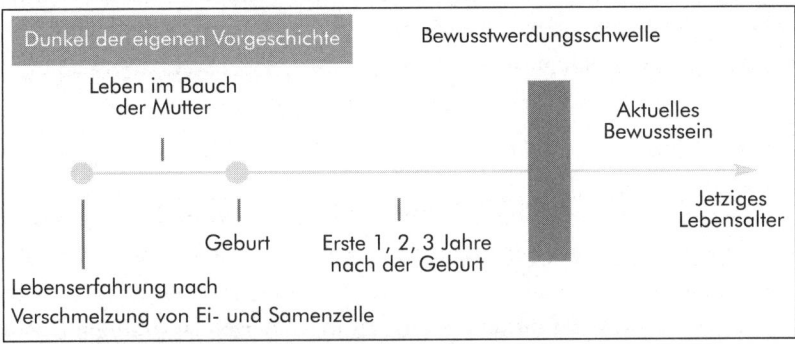

Abbildung 4: IoPT jenseits der Bewusstseinsschwelle

Nach meinen Erfahrungen liegen die Ursachen vieler körperlicher, psychischer und sozialer Leidenssymptome in einer Zeit, in der es noch kein helles und waches Bewusstsein in uns gegeben hat: im Bauch unserer Mutter, während des Geburtsprozesses und im ersten Jahr nach unserer Geburt. Wir brauchen also eine Psychologie, die dieses Dunkelfeld ausleuchten kann, sowie diagnostische und psychotherapeutische Methoden, die dort hineinreichen.

Resonanz

Möglich werden Selbstbegegnungen durch das Prinzip der Resonanz, das heißt der informatorischen und energetischen Rückkoppelung beim Senden und Empfangen psychischer Inhalte. Da jeder Mensch zugleich ein Sender und Empfänger von Informationen ist, können wir als Menschen nicht nur die bewusst ausgestrahlten kommunikativen Inhalte eines anderen Menschen empfangen – also vor allem seine sprachlichen Äußerungen –, sondern auch seine unbewusst übermittelten Inhalte. Diese werden eher auf einer körpersprachlichen, möglicherweise sogar zellulären Ebene gesendet und empfangen. Wie es scheint, funktioniert auch unsere DNS auf der Grundlage eines Sendens und Empfangens von Lichtwellen.[11]

Über Resonanz, das heißt Schwingungsfrequenzen sind wir Menschen grundsätzlich mit anderen Lebewesen unbewusst verbunden und tauschen darüber jede Menge an Informationen aus. Die sogenannten Spiegelneuronen spielen bei komplexen Lebewesen eine wichtige Rolle.[12] Im Grunde kann jedoch jede Zelle mit einer anderen Zelle mitschwingen. Wasser ist ein optimaler Stoff, um Resonanz herzustellen – wir Menschen bestehen altersabhängig bis zu 85 Prozent aus Wasser.[13]

Echoprinzip

Resonanz ist das Echoprinzip: Wie wir in den Wald hineinrufen, so schallt es zurück. Das bedeutet, wenn ich aus meinen Trauma-Überlebensstrategien heraus mit anderen Menschen Kontakt aufnehme, dann aktiviere ich auch bei diesen deren Trauma-Überlebensstrategien. Tue ich dies über meine gesunden psychischen Strukturen, ernte ich auch ein gesundes Echo. Möglich ist auch, dass zwei Menschen vor allem mit ihren Traumastrukturen unbewusst in eine tiefe Resonanz kommen. Sie finden sich dann zwar sehr anziehend, auf Dauer ist eine solche Beziehung aber nicht sehr befriedigend, denn auch ihre Überlebensstrategien werden leicht getriggert.

Zwei traumatisierte Menschen haben also im Prinzip die Möglichkeit neun unterschiedliche Formen von Beziehungen zu führen. Wir haben somit die Wahl (siehe Abbildung 5).

Sich mit den gesunden Anteilen verbinden

Für therapeutische Begleiter ist es von entscheidender Wichtigkeit, sich nicht in sinn- und endlose Diskussionen mit den Trauma-Überlebensstrategien der Menschen zu verbinden, die sich hilfesuchend an sie wenden. Sie müssen sich hingegen mit deren gesunden Anteilen verbünden, und es fördern, dass diese zu Wort kommen können. Erst wenn die Trauma-Überlebensstrategien in den Hintergrund rücken und die gesunden Anteile wieder mehr Gewicht in der Psyche eines Menschen erhalten, ist auch der nächste Schritt möglich, die traumatisierten

Anteile aus ihrer inneren Verbannung zu holen und ins helle Licht des Bewusstseins zu bringen. Jeder Mensch, und sei er noch so traumatisiert und von sich abgespalten, hat den Wunsch und das Bedürfnis, körperlich wie psychisch gesund zu sein und ein verantwortungsvolles und würdiges Leben zu führen.

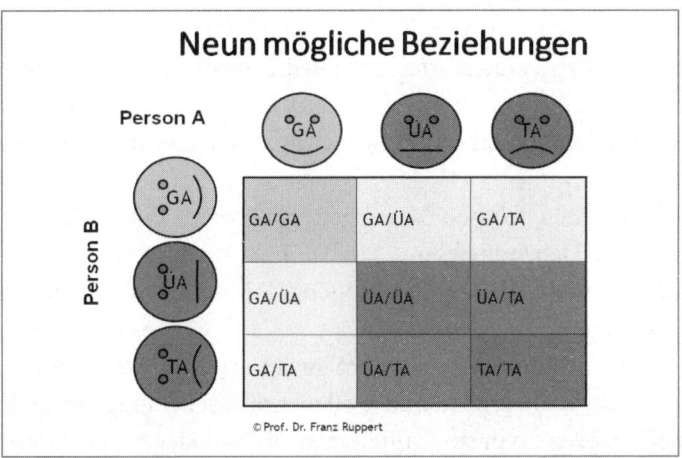

Abbildung 5: Welchen Anteil rufe ich bei einem anderen Menschen wach?

Eigenresonanz

Selbstbegegnungen bringen Menschen in Eigenresonanz mit sich. Das dient der besseren und vertieften Selbsterkenntnis. Die Eigenresonanz ist die Voraussetzung dafür, sich selbst in den Zustand der Veränderungsbereitschaft zu bringen, um sich zu wandeln und festgefahrene psychische Muster aufzulösen. Ohne Eigenresonanz gelingt das nach meiner Erfahrung nicht.

Das Anliegen

Dreh und Angelpunkt meiner Methode ist das Anliegen eines Menschen, über das die Selbstbegegnung stattfindet. Das kann ein Satz sein, eine Frage, ein Wunsch, es können einzelne Begriffe sein oder es kann auch eine Zeichnung dafür verwendet werden, um das eigene Anliegen zum Ausdruck zu bringen. Ebenso ist dafür eine Kombination von Worten und Zeichnungen möglich. Wichtig ist, dass es das Anliegen des jeweiligen Menschen selbst ist und nicht durch einen Begleiter vorgegeben oder zu verbessern versucht wird. Wenn es das eigene Anliegen ist, dann ist es genau das Richtige zu dem Zeitpunkt, an dem die Selbstbegegnung stattfindet.

Ein Universalwerkzeug

Worauf sich das eigene Anliegen inhaltlich richtet, ist völlig offen. Es kann:
- unmittelbar die eigene Psyche (Angst, Wut, Wollen, Identität ...) betreffen
- den eigenen Körper (Krankheitssymptome, Entscheidungen für medizinische Behandlungen ...) in den Fokus nehmen
- die persönlichen Beziehungen (Partnerschaft, Elternschaft, Freundschaften ...) thematisieren
- das berufliche Dasein (Berufswahl, Geld, Führungsaufgaben, Verhältnis zu Kolleginnen und Kollegen, Entscheidungen mit ökonomischen Folgen ...) in den Mittelpunkt rücken oder
- politische Ziele (Visionen, konkrete Projekte, Konflikte ...) auf den Prüfstand stellen.

Die IoPT kann damit sowohl für psychotherapeutische Zwecke als auch für Beratung, Supervision, Coaching, Projektmanagement und vieles mehr an psychologischen, pädagogischen oder das Allgemeinwohl betreffenden Zielen eingesetzt werden.

Eingegrenzt arbeiten

Nach längerem Ausprobieren bin ich zu der Entscheidung gelangt, die Höchstzahl möglicher Resonanzelemente pro Anliegen auf maximal drei zu begrenzen, um den Anliegeneinbringer, seine Resonanzgeber, die Gruppe und auch mich als Begleiter nicht zu überfordern und zu viele ungelöste Themen auf einmal ins Bewusstsein zu bringen. Unsere Psyche entwickelt sich und heilt in kleinen Schritten. Es sind unsere Opfer- und Täter-Haltungen, die uns schnell überfordern und zu viel auf einmal wollen. Sie haben die Tendenz, sich unabhängig von unserem gesunden Ich und unserem freien Willen zwanghaft zu äußern und in den Aktionismus zu gehen. Sie überfordern uns und vertiefen die inneren Spaltungen noch weiter.

Ich persönlich verwende in meinen eigenen Selbstbegegnungen oft sogar nur noch zwei Elemente. Grundsätzlich ist mein Ich mit dabei und dann noch ein Wort oder eine Zeichnung von etwas, was mich gerade beschäftigt. Also zum Beispiel: Ich Zahnschmerzen.

Körper und Psyche

Die IoPT vertritt ein ganzheitliches Konzept. Jede Körperzelle verfügt nach meiner Definition über psychische Funktionen. Daher ist IoPT-Therapie immer auch körperbezogene Arbeit. Es ist schön, wenn am Ende einer Anliegenarbeit jemand sagen kann: „Ich bin jetzt wieder ein Bewohner meines Körpers. Ich fühle mich in meinem Körper zu Hause."

Lösungsorientierung

Die IoPT deckt die Ursachen von Problemen, Konflikten und scheinbar unüberwindbaren Gegensätzlichkeiten auf. Sie geht nur insoweit in die Details solcher Vorkommnisse, als dies für deren Verständnis notwendig ist. Ansonsten steht die in sich stimmige Lösung von Konflikten im Mittelpunkt. Dies ist in der Regel möglich, indem die betreffende Person wieder in Kontakt mit ihren ursprünglichen Lebens- und Liebesbedürfnissen gebracht wird.

Traumaheilung

Das Ziel der IoPT ist die Integration des durch Traumaerfahrungen in einzelne Teile zersplitterten Innenlebens. Aus dem Nebeneinander und Gegeneinander der verschiedenen inneren Anteile wird im Heilungsprozess wieder ein lebendiges und liebevolles Miteinander. Das Öffnen der verschlossenen Türen, hinter denen unsere traumatisierten Anteile eingesperrt sind, macht uns wieder komplett. Diese Anteile fehlen uns bislang und nach ihrem Freiwerden können wir unsere ursprünglichen Potenziale endlich in vollem Umfang leben.

Ringen um das Allgemeinwohl

Dieser innere Prozess der Auseinandersetzung der zersplitterten Anteile ist oft ein zähes Ringen um das Wohl dieses Menschen. Insofern liefert die IoPT wichtige Hinweise darauf, wie auch im Außen, also in einer Familie, einer größeren Gemeinschaft oder sogar im Weltmaßstab, das Allgemeinwohl gesucht und gefunden werden könnte. Ich biete daher seit Juni 2021 IoPT-Selbstbegegnungen auch für politisch relevante Fragestellungen an. Für mich gilt schon lange: Das Persönliche ist politisch und das Politische persönlich. Eine zentrale Frage ist zum Beispiel, ob Politik mit Angst- und Weltuntergangs- oder mit Lebensfreude-Narrativen gemacht wird.

Mein Vorschlag wäre daher: Jeder, der sich um ein politisches Amt bemüht, formuliert drei Schlüsselworte für sein politisches Ziel und überprüft dieses in einer Selbstbegegnung. Wenn sein Anliegen von Trauma-Überlebensstrategien geprägt ist, wird das sichtbar und kann korrigiert werden, so dass das Anliegen aus seiner gesunden Psyche kommt. Das hilft sowohl ihm wie der Gemeinschaft, für die er sich politisch einsetzen will.

Zurück in die Menschlichkeit

IoPT-Arbeit bedeutet, Menschen zurück in ihre ursprüngliche Menschlichkeit zu führen, die sie aufgrund der Traumatisierungen, die sie erleben mussten, teilweise verloren haben. Das heißt sie wieder in Kontakt mit ihrer anfänglichen Lebendigkeit und Liebesfähigkeit zu bringen.

Einzelsetting

Die Praxis der IoPT kann sowohl im Einzelsetting wie in kleinen und großen Gruppen durchgeführt werden. Im Einzelsetting werden Gegenstände, die in der Nähe sind, oder standardisierte Bodenanker verschiedener Größe, Form und Farbe als Resonanzpunkte für das Anliegen eines Menschen verwendet. Der Anliegeneinbringer positioniert sie entsprechend seinem inneren Bild auf dem Boden oder auf dem Tisch vor sich. Er bestimmt selbst die Reihenfolge nach der er mit den Resonanzpunkten in Kontakt geht und erhält darüber entsprechende Informationen. Ich beobachte den Prozess von außen und mache an geeigneter Stelle Vorschläge, um die auftretenden Spaltungen und symbiotischen Verstrickungen zu überwinden. Selbst gehe ich nicht in Resonanz mit Anteilen des Anliegens.

Gruppenarbeit

In der Gruppe sucht sich jemand, der eine Selbstbegegnung mittels seines Anliegens macht, Personen aus, die er bittet, in Resonanz mit den Elementen seines Anliegens zu gehen. Als Begleiter lasse ich der jeweiligen Selbstbegegnungsgruppe bestehend aus der Person mit dem Anliegen und den Resonanzgebern maximale Handlungsfreiheit, weil Heilung für mich im Wesentlichen das Vorgeben eines geschützten Raumes zur Aktivierung der Selbstheilungskräfte eines Menschen bedeutet. Ich greife nur ein, wenn es mir hilfreich erscheint, um einem Anliegeneinbringer aus seinen Spaltungen und Verstrickungen, in denen er hängen geblieben ist, einen Ausweg anzubieten, ihn durch seine Verwirrungen hindurch zu lotsen und seine inneren Widersprüche aufzulösen.

Meist bedarf es während der Selbstbegegnung zusätzlich des Hinzunehmens der Mutter, manchmal auch des Vaters des Anliegeneinbringers, um die Traumadynamik und die äußere Lebenssituation zu verstehen, die sich im Anliegen widerspiegelt.

Kulturübergreifendes Konzept

Die IoPT hat international eine hohe Popularität gewonnen. Meine Bücher sind dank vielfältiger Unterstützung von Kolleginnen und Kollegen weltweit in zahlreichen Sprachen verfügbar. Das weist meines Erachtens darauf hin, dass die von mir entdeckten psychologischen Entwicklungs- und Traumadynamiken universell vorhanden sind und auf ihre Auflösung warten. Das ist nicht verwunderlich, findet doch jeder Mensch die gleichen Lebensgrundlagen vor. Jeder von uns hat eine Mutter und wächst neun Monate in deren Bauch heran. Zusammen mit ihr muss er durch einen Geburtsvorgang gehen und braucht danach seine Mutter ganz dringend die ersten Jahre seines Lebens. Ebenso hat jeder von uns einen Vater, mit dem die einen mehr und die anderen weniger erfreuliche Erfahrungen machen. Leider sind die Themen, von der eigenen Mutter wie vom eigenen Vater nicht gewollt, nicht geliebt oder nicht geschützt zu sein, weltweit sehr häufig vorhanden. Ebenso die sich daraus ergebenden Formen sexueller Traumatisierungen, die einen verheerenden Schaden bei den Kindern anrichten. Ich bin froh darüber, denen, die bei mir nach IoPT- Begleitung anfragen, ein kontinuierlich weiterwachsendes Netzwerk an IoPT- Therapeutinnen und Therapeuten und von mir lizenzierten IoPT-Weiterbildnern und Supervisoren anbieten zu können.[14]

IoPT als Lebens- und Liebesschule

In IoPT-Seminaren und Weiterbildungen tauchen viele Themen auf, die unser menschliches Leben tief prägen: Schwangerschaften, Geburt, Adoptionen, Abtreibungen, Fehlgeburten, Geburtsprozesse, Liebe, Sexualität, Partnerschaft, Kinderwunsch, Elternschaft, Ablösung von den Eltern, berufliche Konflikte, Trennung, Täterschaft, Gewalt, Krankheit, Erbschaft, Krieg, Tod u.v.m. Aus jeder Fallarbeit lernen wir gemeinsam etwas über die Grundprinzipien unseres menschlichen Daseins und das Zusammenleben von Menschen. Vor allem erleben wir, wie unlösbar erscheinende innere Konflikte am Ende eines Selbstbegegnungsprozesses doch gut aufgelöst werden können. In Gruppen partizipieren alle von dem, was der Einzelne erlebt und lernt, sei es in den Resonanzrollen oder als Beobachter im Außenkreis.

Aus meiner Sicht sind IoPT-Seminare daher Schulungen in Bezug auf das Leben und die Liebe, die einem helfen können, das eigene Dasein besser und im Einklang mit psychologischen Grundgesetzen zu gestalten. Fundiertes psychologisches Wissen über die menschliche Psyche, über unsere Grundbedürfnisse und Gefühle, über Psychotraumata, Identität, Liebe, Sexualität, Gesundheit und Krankheit und die Gefahren von eskalierenden Täter-Opfer-Dynamiken steht dafür mittlerweile zur Verfügung.

Präventiv können IoPT-Seminare auf die Realitäten des eigenen Daseins und zum Beispiel auf das Mutter- und Vatersein vorbereiten, damit junge Menschen nicht blind in ihr Unglück hineinlaufen und die immer gleichen Fehler wiederholen wie die Vorgenerationen.

Ausblick

Eine der wichtigsten Aufgaben für mich als Therapeut ist es, für die Menschen, die zu mir kommen, eine Umwelt zu schaffen, in der sie Vertrauen haben. In der sie sich wohlfühlen, so dass sich ihre Selbstheilungskräfte entfalten können. So dass diese Menschen die Erfahrung machen: In einem gesunden Milieu kann ich heil werden.

Ich mache gerne das, was die Menschen wollen, was sie brauchen. Das ist der Weg. Es geht mir darum, möglichst viel darüber zu erfahren und weiterzugeben, damit der und die Einzelne glücklich werden kann, damit Beziehungen glücklich sind, damit letztlich größere Systeme, Gesellschaften, vielleicht sogar die ganze Menschheit weiß, wie Glück geht. Noch wissen sie es nicht. Man bildet sich ein, dass Geld oder Erfolg oder sonst etwas aus der materiellen Welt einen glücklich machen würde, und man strengt sich an, läuft blind herum ... Dann stellt man irgendwann frustriert fest: Ich habe meine Ziele erreicht, aber glücklich bin ich damit nicht geworden. Doch anstatt die Methode zu ändern, verdoppelt man die Anstrengungen, um zu versuchen, mit denselben Mitteln doch noch das Glück zu erhaschen.

All diese großen Themen: Glück, Frieden, Freiheit muss man neu denken. Ich bin froh, wenn ich dazu beitragen kann, die Gesellschaft zu enttraumatisieren und die Menschen somit glücks- und friedensfähiger zu machen.

Literatur

Joachim Bauer; Das Gedächtnis des Körpers. Wie Beziehungen und Lebensstile unsere Gene steuern. Frankfurt/Main: Eichborn Verlag 2002
Joachim Bauer: Warum ich fühle, was du fühlst. München: Hoffmann und Campe 2005
Vivian Broughton: Trauma & Identity. Steyning: Green Balloon Publishing 2021
Karl Heinz Brisch: Säuglings- und Kleinkindalter. Bindungspsychotherapie. Stuttgart: Klett-Cotta Verlag 2014
David Chamberlain: Woran Babys sich erinnern. Über die Anfänge unseres Bewusstseins im Mutterleib. München: Kösel Verlag 2010
Ricardo Coler: Das Paradies ist weiblich. Eine Reise ins Patriarchat. Berlin: Aufbau Verlag 2010
Sven Fuchs: Die Kindheit ist politisch! Kriege, Terror, Extremismus, Diktaturen und Gewalt als Folge destruktiver Kindheitserfahrungen. Heidelberg: Mattes Verlag 2019
Regine Gresens: Intuitives Stillen. München: Kösel Verlag 2016
Michael Hüter: Kindheit 6.7. Ein Manifest. Norderstedt: Books on Demand 2018
Christina Mundlos: Gewalt unter der Geburt. Der alltägliche Skandal. Marburg: Tectum Verlag 2015.
Fritz-Albert Popp: Biologie des Lichts. Berlin: Paul Parey Verlag 1984
Franz Ruppert: Seelische Spaltung und innere Heilung. Stuttgart: Klett-Cotta Verlag 2007
Franz Ruppert: Symbiose und Autonomie. Stuttgart: Klett-Cotta Verlag 2010
Franz Ruppert: Trauma, Angst und Liebe. München: Kösel Verlag 2012
Franz Ruppert: Wer bin Ich in einer traumatisierten Gesellschaft. Stuttgart: Klett-Cotta Verlag 2018
Franz Ruppert; Liebe, Lust und Trauma. Unterwegs zu gesunder sexueller Identität. München: Kösel Verlag 2020
Dagmar Strauss: Abnabelungs- und Wiederanbindungsprozess als letzte Phase der Geburt. In: Franz Ruppert (Hg.): Frühes Trauma. Stuttgart: Klett-Cotta Verlag, S. 175–191
Serge K. D. Sulz, Alfred Walter, Florian Sedlacek (Hg.): Schadet die Kinderkrippe meinem Kind? München: CIP Medien 2018
Raymond Unger: Vom Verlust der Freiheit. München: Europaverlag 2021

Wolfgang Wodarg; Falsche Pandemien. Argumente gegen die Herrschaft der Angst. München: Rubikon-Betriebsgesellschaft mbH 2021

---

[1] https://www.planet-wissen.de/natur/sinne/riechen/riechen-wissenschaftsstreit-100.html (zuletzt abgerufen am 4.6.2021)

[2] Joachim Bauer: Das Gedächtnis des Körpers. Wie Beziehungen und Lebensstile unsere Gene steuern. Frankfurt/Main: Eichborn Verlag 2002

[3] David Chamberlain: Woran Babys sich erinnern. Über die Anfänge unseres Bewusstseins im Mutterleib. München: Kösel Verlag 2010

[4] Dagmar Strauss: Abnabelungs- und Wiederanbindungsprozess als letzte Phase der Geburt. In: Franz Ruppert (Hg.): Frühes Trauma. Stuttgart: Klett-Cotta Verlag 2014, S. 175–191

[5] Christina Mundlos: Gewalt unter der Geburt. Der alltägliche Skandal. Marburg: Tectum Verlag 2015

[6] Regine Gresenz: Intuitives Stillen. München: Kösel Verlag 2016

[7] Franz Ruppert: Symbiose und Autonomie. Stuttgart: Klett-Cotta Verlag 2010

[8] https://www.youtube.com/watch?v=apzXGEbZht0 (zuletzt abgerufen am 29.11.2021)

[9] Franz Ruppert: Seelische Spaltung und innere Heilung. Stuttgart: Klett-Cotta Verlag 2007

[10] Karl Heinz Brisch: Säuglings- und Kleinkindalter. Bindungspsychotherapie. Stuttgart: Klett-Cotta Verlag 2014

[11] Fritz-Albert Popp: Biologie des Lichts. Grundlagen der ultraschwachen Zellstrahlung. Berlin: Paul Parey Verlag 1984

[12] Joachim Bauer: Warum ich fühle, was du fühlst. München: Hoffmann und Campe 2005

[13] https://vitalhelden.de/wasser/ratgeber/wissenswertes/wie-viel-wasser-ist-im-menschlichen-koerper/ (zuletzt abgerufen am 5.4.2021)

[14] Vivian Broughton: Trauma & Identity. Steyning: Green Balloon Publishing 2021

Christopher Schümann / Mathias Forster

ZURÜCK IN DIE BALANCE

Christopher Schümann absolvierte eine Eurythmie-Ausbildung. Anschließend war er als Lehrer und Bildungsreferent, Vortragsredner und Seminarleiter tätig. Seit 2013 arbeitet er in den Bereichen Projektentwicklung und Fundraising im Stiftungswesen. Er ist Mitinitiator des Bodenfruchtbarkeitsfonds der Bio-Stiftung Schweiz und Mitglied der Projektleitung. Zusammen mit Mathias Forster ist er Herausgeber des Magazins des Bodenfruchtbarkeitsfonds und des Buches „Das Gift und wir".

Mathias Forster war viele Jahre in internationalen Unternehmen als Verkaufs- und Marketingleiter tätig. 2009 bis 2017 war er Geschäftsführer und Mitglied des Stiftungsrates der Asta Blumfeldt Stiftung und der von ihm mit gegründeten Stiftung Trigon. Er engagierte sich über mehrere Jahre im Verwaltungsrat der Freien Gemeinschaftsbank Basel und verantwortet und betreut mehrere von ihm gegründete gemeinnützige Fonds zu Themen der Menschenwürde, Armut und Ökologie innerhalb der Stiftung Freie Gemeinschaftsbank. Seit 2017 arbeitet er als Geschäftsführer und Stiftungsrat der Bio-Stiftung Schweiz, ist Mitinitiator des Bodenfruchtbarkeitsfonds und Herausgeber des Magazins des Bodenfruchtbarkeitsfonds und des Buches „Das Gift und wir". Seit 2021 ist er zudem im Stiftungsrat der Rosa und Bernhard Merz Stiftung.

ZURÜCK IN DIE BALANCE

Heilsame Aspekte zur Zukunft der Gesellschaft aus der Perspektive der Landwirtschaft

Prolog

Mit dem vorliegenden Text versuchen wir, der Wirklichkeit, dem Ist-Zustand der Landwirtschaft nahezukommen, aber auch einer besseren, nachhaltigeren Zukunft, die bereits an vielen verschiedenen Orten sichtbar wird. In der Hauptsache soll unser Beitrag aber Lust auf Zukunft machen, und zwar durch den Blick auf erfolgreiche Praxisbeispiele, an denen deutlich wird, was heute schon von Bäuerinnen und Bauern geleistet und an Zukunftsimpulsen vorgelebt wird. Wir beschreiben, wie nachhaltig wirtschaftende Bäuerinnen und Bauern denken, was sie wie anders machen und warum. Zugleich ist die Landwirtschaft Teil eines größeren Ganzen und es macht daher wenig Sinn, sie isoliert zu betrachten. Sie ist Teil unseres Ernährungssystems, sie ist Teil der Natur, Teil der Wirtschaft und auch Teil unserer menschlichen Kultur insgesamt. Landwirtschaft ist in ihrer konkreten Ausprägung immer ein Ausdruck menschlicher Kultur, weil sie widerspiegelt, wie Menschen, die in ihr tätig sind oder von ihr leben, denken, empfinden und handeln. Sie ist auch insofern Teil der Kultur, weil sie das Konsumverhalten der Verbraucherinnen und Verbraucher widerspiegelt. Denn was von vielen Menschen an Lebensmitteln gekauft und konsumiert wird, das wird in der gleichen Weise und Qualität und zu denselben Bedingungen wieder produziert und für den Verbrauch bereitgestellt. Wie sich Landwirtschaft in Zukunft entwickelt, wird daher auch entscheidend von dem Verbraucherverhalten abhängen. Weil sie nicht isoliert ist, sondern Teil eines großen Ganzen, Teil unserer Kultur, wird sie nur dann nachhaltiger werden können, wenn sich auch andere Gebiete der Kultur mit entwickeln.

Wir werden Wirtschaft in Zukunft anders denken und handhaben müssen und zwar sehr bald. Ansonsten werden die Möglichkeiten zur Heilung der Landwirtschaft und unseres Ernährungssystems, die ja vorhanden sind, kaum zur Heilung verwendet werden können. Das macht die Sache komplex und gleichzeitig interessant, sowohl in der Problemanalyse als auch in der Entwicklung und Umsetzung ganzheitlicher Lösungsansätze. Es zeigt sich immer mehr, dass die Art und Weise, wie Landwirtschaft betrieben wird, Einfluss hat auf das Klima, auf die Wasserversorgung, auf die dauerhafte Bodenfruchtbarkeit und damit auf die Versorgungssicherheit, die Artenvielfalt und die Gesundheit von Menschen, Tieren, Weltmeeren und letztlich das ganze Ökosystem Erde. Und der Einfluss der Landwirtschaft auf die Entwicklung dieses großen Ganzen ist gewaltig, schon allein durch die Flächenausdehnung. Etwa 37 Prozent der weltweiten Landfläche, das sind fünf Milliarden Hektar, werden landwirtschaftlich genutzt. Dazu kommen Wälder, die einen Anteil von 29 Prozent, also 3,9 Milliarden Hektar, der gesamten Landfläche der Erde ausmachen. Und von diesen 3,9 Milliarden Hektar Wald werden zwei Drittel wirtschaftlich genutzt. Es liegt also auf der Hand, dass wir Menschen durch die Art und Weise, wie wir Land nutzen und Lebensmittel produzieren und konsumieren, der entscheidende Einflussfaktor im Hinblick auf die weitere Entwicklung des Ökosystems Erde sind. Erkennen wir die damit zusammenhängende Verantwortung? Wie gehen wir mit dieser Verantwortung um? Wie sind wir bisher mit ihr umgegangen?

Wie ist es zu erklären, dass wir menschheitlich betrachtet, die Gesundheit des Planeten Erde ruinieren, obwohl wir genau wissen, dass wir dadurch unsere eigene Gesundheit und die unserer Kinder und Enkelkinder ruinieren? Wie konnte es dazu kommen, dass wir nicht mehr im Bewusstsein haben, dass wir Teil der Natur sind und die Zerstörung, die wir im Umgang mit ihr anrichten, zwangsläufig auf uns zurückwirken muss? Im Hinblick auf die fortschreitenden Krankheiten des Ökosystems, oder aus unserer Sicht stimmiger gesagt, des Lebewesens Erde sind wir Menschen die Krankheitsursache Nummer eins. Das lässt sich kaum abstreiten. Und wir möchten anregen, dass wir uns darüber unterhalten, was an uns selbst, an unserem eigenen Denken und Handeln krank ist. *Unserer Ansicht nach stecken wir in einer Beziehungskrise im Umgang mit der Natur und wir sehen dies als ein Symptom einer Beziehungskrise zu uns selbst.* Diese krankhafte Beziehungskrise drückt sich innerhalb der Landwirtschaft und der Lebensmittelsysteme durch eine Denkweise aus, die dort nichts zu suchen hat, weil sie zu einfach ist und wesentliche Aspekte der Wirklichkeit ausklammert beziehungsweise ignoriert. Diese Denkweise wurde und wird gnadenlos in die Praxis umgesetzt. Sie hinterlässt Spuren der Verwüstung, die sich auch in volkswirtschaftlichen Kostenrechnungen immer genauer darstellen lassen. Diese Kosten sind mittlerweile so hoch, dass die Behauptung, industrielle Landwirtschaft sei kostengünstig, immer mehr aussieht wie ein makabrer Scherz.

In Frankreich zum Beispiel wurde ermittelt, dass die Wiederaufbereitungskosten für von der Landwirtschaft verunreinigtes Wasser höher sind als der Gesamtumsatz der französischen Lebensmittelindustrie. In anderen Industrieländern wird das ähnlich sein. Das heißt, die Produkte aus der industriellen Landwirtschaft sind schon durch diesen einen Faktor doppelt so hoch, wie im Supermarkt ausgewiesen. Nur wissen die meisten Menschen das nicht, weil sie die zweite Hälfte der Lebensmittelpreise als Steuerzahler bezahlen und nicht an der Ladenkasse.

Doch auch in der Medizin, in der Wirtschaft, in der Architektur und auch in der Pädagogik, um nur einige Beispiele zu nennen, zeigen sich die Folgen dieser Denkweise in einer destruktiven Art und Weise. Was ist das für eine Denkweise? *Es ist eine Denkweise, die sich in den vergangenen Jahrhunderten immer mehr entwickelt und ausgebreitet hat und die in der industriellen Produktion von unbelebten Gütern entstanden und dort große Erfolge gefeiert hat.* Sie ist dort auch absolut am richtigen Platz. Wir verdanken ihr viel, weil sie zur Erhöhung des Wohlstands der Menschheit wesentlich beiträgt und uns Menschen vom Verrichten von stupiden Arbeiten befreit. Es ist aber gleichzeitig eine Denkweise, die keinen Sinn für Lebendiges hat, die sich dem Leid von Tieren und Menschen gegenüber gleichgültig zeigt. Die Art und Weise, wie in der industriellen „Fleischproduktion" zum Beispiel mit Tieren umgegangen wird, wie sie gehalten und geschlachtet werden, ist ein konkreter Ausdruck dieser Art, zu denken und die Welt zu sehen.

Unbelebte Materie, Pflanzen, Tiere und Menschen sind in dieser vereinfachten Sicht auf die Welt nur Nutzgegenstände, Wirtschaftsgüter. Es ist eine Denkweise, der es nicht gelingt, unbelebte Objekte von Lebewesen, also Dinge einerseits von Pflanzen, Tieren und Menschen andererseits, deutlich genug zu unterscheiden. Genau das wäre aber eine Voraussetzung dafür, um wirklichkeitsgemäße Ideen für eine nachhaltige Landwirtschaft zu entwickeln und umzusetzen. Diese Denkweise reduziert alles auf Objekte, die der industriellen Logik unterworfen werden oder sich ihr zu unterwerfen haben. Dazu gehören zum Beispiel auch Bäuerinnen und Bauern, die in diesem System kaum mehr sind als Räder im Getriebe.

Hier geht es um das Funktionieren im Sinne einer maximalen Effizienz nach mechanistischer Logik. Diese Denkweise richtet in der Landwirtschaft und dem gesamten Ökosystem große Schäden an, weil Pflanzen, Tiere und Menschen, weil Seen, Flüsse, Weltmeere und andere komplexe Ökosysteme eben keine unbelebten Objekte sind.

Wir halten industrielles Denken also weder für falsch, noch haben wir etwas gegen den Einsatz von Maschinen in der Landwirtschaft oder in den nachgelagerten Bereichen der Verarbeitung und des Handels, wenn dies in einer Weise geschieht, die auf das Leben Rücksicht nimmt, anstatt es zu zerstören. Wir sind überzeugt davon, dass industrielles Denken seinen berechtigten Platz in der Welt hat, aber wenig zur Entwicklung einer nachhaltigen Landwirtschaft beitragen kann. Denn sie ist für alles, was über das Objektbewusstsein hinausgeht, blind. Für die Entwicklung einer nachhaltigen Landwirtschaft braucht es ein neues Denken, ein lebendiges Denken, welches die komplexen Interaktionen zwischen den verschiedenen Lebensformen erkennt und berücksichtigt. Ein Denken, das wieder zu mehr Achtsamkeit und Respekt gegenüber dem Lebendigen führt, ein Denken, das versteht, was art- und wesensgemäße Tierhaltung ist und diese möglichst kompromisslos umsetzt, um unnötiges Leiden und unnötige Krankheiten der Tiere zu vermeiden. Ein Denken, das die Würde des Menschen wieder (an)erkennt, insbesondere die Würde der Bäuerinnen und Bauern, aber schlussendlich von allen Menschen. Bäuerinnen und Bauern tragen ja letztendlich die Verantwortung für das, was innerhalb und durch die Landwirtschaft geschieht. Und wir als Gesellschaft haben diese Menschen schon viel zu lange mit der riesigen Verantwortung alleingelassen. Bäuerinnen und Bauern werden bis heute in den Berufsschulen in der Hauptsache zu Pestizidanwendern ausgebildet. Von agrarökologischen Zusammenhängen, durch die das reale Beziehungsgefüge zwischen Lebewesen verständlich wird, erfahren sie wenig. Sie werden stattdessen darin ausgebildet, industrielles, gegenständliches Denken eins zu eins auf die Landwirtschaft und damit auf ihr eigenes Handeln anzuwenden. Das kann nicht ohne Folgen bleiben und diese Folgen werden immer mehr sichtbar.

Viele kleinere und mittlere Betriebe mussten aufgeben, weil sie im Getriebe der industriellen Landwirtschaft nicht mehr mithalten konnten oder wollten. Das Höfesterben kleinerer Betriebe wurde von der Politik nicht verhindert, vielfach wurde diese traurige Entwicklung als notwendiger Modernisierungsprozess betrachtet, der unvermeidlich ist. Wir blicken auf Jahrzehnte landwirtschaftlicher Entwicklung zurück, in denen durch Steuern subventionierte Umweltzerstörung der Normalfall war und immer noch ist.

Diese Entwicklung ist krank und sie macht krank. Sie ruiniert die menschliche Gesundheit ebenso wie diejenige der Tiere und des Ökosystems. In Zukunft wird sich das ändern und es ändert sich bereits. Auch wenn sich in vielen Ländern Politiker immer noch in erster Linie den Interessen der Industrie andienen, erkennen immer mehr Menschen die enorme Bedeutung der Landwirtschaft für ihr eigenes Leben, für das Leben ihrer Kinder und für die Zukunft der Menschheit und des Planeten. Es braucht hier ein gesundes 5G: Gesunde Böden = Gesunde Pflanzen = Gesunde Tiere = Gesunde Menschen = Gesunder Planet! Wenn eine der genannten Sphären nicht gesund ist, dann wird über kurz oder lang das ganze System krank. Denn die Gesundheit als Gemeingut ist ganzheitlich betrachtet eine Gesundheit, die sich über alle diese fünf Sphären erstreckt.

Die Heilung der gestörten Beziehung zwischen uns und der Natur wird aus unserer Sicht dann möglich werden, wenn wir die Bedingungen verstehen und berücksichtigen, unter denen sich Böden, Pflanzen, Tiere, Menschen und der Planet Erde gesund entwickeln können.

Viele Menschen erkennen und erleben vor dem Hintergrund diverser Krankheitssymptome unserer Zeit den Wert des Lebens in seiner

Vielfalt neu, lernen vielleicht Bauernhöfe kennen, die nicht nach industriellen Maßstäben funktionieren, sondern wo hochwertige Lebensmittel produziert werden und gleichzeitig das Leben in seiner Vielfalt sein darf und erlebt werden kann, ja sogar gefördert wird und dadurch das Lebendige lebendiger wird, wie Hans-Peter Dürr das einmal so treffend formulierte. Das sind Höfe, wo es für die ganze Familie eine Freude ist, die Schweine oder die Kühe zu besuchen. Höfe, wo Vögel mit ganz unterschiedlichen Stimmen einen Klangteppich weben, der Lebensfreude weckt, wo bunte Schmetterlinge von Blüte zu Blüte flattern und Bauern stolz erzählen, welche seltenen Vögel hier einen Lebensraum gefunden haben. Daneben die Horrorgeschichten aus der Presse: Rückgang der Insekten um bis zu 70 Prozent, Pestizidrückstände im Trinkwasser oberhalb der zulässigen Grenzwerte, neuere Forschungsergebnisse, die klar zeigen, dass geringste Konzentrationen von Pestiziden schwere Gesundheitsschäden an Embryos und kleinen Kindern hervorrufen können. Menschen tun vor diesem Hintergrund immer öfter das Naheliegende und fragen sich: Wie kann ich helfen, was kann ich tun, dass die Verhältnisse besser werden, dass dieser Wahnsinn endet?

Wir stellten uns diese Frage vor einigen Jahren, als der Gemüsegärtner, Ökonom und innovative Denker Christian Hiss uns erklärte, mit welch unglaublicher Geschwindigkeit Bodenfruchtbarkeit zerstört wird – tendenziell selbst im Biolandbau. Wir gründeten daraufhin den Bodenfruchtbarkeitsfonds, um Bäuerinnen und Bauern dabei zu unterstützen, die Fruchtbarkeit ihrer Böden zu verbessern. Der Bodenfruchtbarkeitsfonds wurde zu einem erfolgreichen Projekt. Es lebt von der Kooperation vieler Akteure, die sich zusammengetan haben, um ein gemeinsames Ziel zu erreichen: so viel fruchtbaren Boden wie möglich an zukünftige Generationen übergeben zu können. Wir werden auf dieses Projekt noch häufiger zu sprechen kommen, weil es ein Beispiel dafür ist, was erreicht werden kann, wenn sich Menschen mit verschiedenen Möglichkeiten und Begabungen zur richtigen Zeit zusammentun. Wir betrachten es vor dem Hintergrund dieser und anderer Erfahrungen als eine der größten Illusionen unserer Zeit, dass so viele Menschen glauben, sie könnten nichts tun.

„Ich weiß, dass nicht jeder meine Mittel hat, aber ich sage, das macht nichts, unternimm etwas nach deinen Möglichkeiten, du wirst es als lohnenswert und wertvoll empfinden und bezahlst damit die Miete für dein Leben auf diesem Planeten. Tu es einfach."[2]

Douglas Thompkins

Für uns ist die Entwicklung einer zukünftigen enkeltauglichen Landwirtschaft ein fortlaufender Prozess, der immer wieder wichtige individuelle Impulse dadurch erhält, dass einzelne Menschen sich darum bemühen, den Ist-Zustand zu verstehen, ihn vielleicht als unerträglich empfinden, aber nicht bei der Kritik stehen bleiben, sondern sich dann entschließen, im Rahmen ihrer Möglichkeiten etwas dafür zu tun, dass die Vielfalt des Lebens, dass Lebensfreude und zivilisierte Menschlichkeit auf die Höfe zurückkehren kann.

Der Boden

Der Boden ist wichtig, auch wenn viele Menschen das (noch) nicht wissen. Von der Entwicklung unserer landwirtschaftlichen Böden hängt unser Leben als Menschen ab und das Leben vieler Mitbewohner, die oft so klein sind, dass man sie leicht übersieht. Dazu gehören auch die Mikroorganismen, das Mikrobiom der Erde. Die Entwicklung der Böden hat Einfluss auf die Versorgungssicherheit, das Klima, die Wasserkreisläufe, die Artenvielfalt und die öffentliche Gesundheit. Wir gehen in unserem Beitrag über die Zukunft der Landwirtschaft daher vom Boden aus und kommen auch immer wieder auf ihn zurück.

In den Boden wird das Saatgut gelegt, in ihm wurzeln die Pflanzen, durch die sich Menschen und Tiere ernähren. Ein gesunder Boden wird belebt und bevölkert von einer riesigen Artenzahl von Mikroorganismen wie Pilzen, Algen, Bakterien, Insekten, Würmern und weiteren Kleintieren.

Das Lebendgewicht dieser Tiere beträgt bei einem gesunden Boden viele Tonnen pro Hektar und übertrifft zum Beispiel bei Weitem das Gewicht der maximal zwei Kühe, die von den oberirdischen Pflanzenerträgen auf einem Hektar Acker oder Wiese ernährt werden können.

Diese riesige Lebensgemeinschaft der Bodentiere sorgt in Symbiose mit den Pflanzen und dem Sonnenlicht dafür, dass der Boden eine

Struktur erhält, durch die alle Stoffwechselvorgänge und Energieflüsse für das Wachstum der Pflanzen im Idealfall optimal funktionieren. Diese gesunde Struktur ist krümelig. Größere Krümel zerfallen in kleinere Krümel, wenn man sie in der Hand zerreibt. Die Bodenkrümel werden durch Kittstoffe zusammengehalten, die durch die Stoffwechselvorgänge der Bodenlebewesen entstehen. Solche Bodenkrümel sind wasserunlöslich, wodurch der Boden vor der Ausschwemmung von Nährstoffen geschützt wird. Ein krümeliger, lockerer Boden bildet eine Schwammstruktur, durch die viel Wasser aufgenommen und auch gehalten werden kann, was die Pflanzen bei Starkregenereignissen und bei lange anhaltenden Dürreperioden gleichermaßen schützt.

Die schwammige, lockere Struktur wird vom Bodenleben selbst hergestellt und gesichert, und das Bodenleben seinerseits braucht diese gesunde Bodenstruktur für die symbiotischen Stoffwechselvorgänge und den Nährstoffaustausch mit den Pflanzen.

Vereinfacht gesagt: Wenn das Bodenleben gut ernährt und der Boden schonend bearbeitet wird, dann können sich die Bodenfunktionen optimal entwickeln und damit ist nachhaltiges Pflanzenwachstum gesichert. Im Biolandbau wird daher darauf geachtet, das Bodenleben optimal zu ernähren und den Boden so zu bearbeiten, dass es möglichst wenig geschädigt wird. Zusätzlich wird der Boden mit organischen Reststoffen versorgt, die auf dem Betrieb anfallen. Diese werden entweder direkt auf die Flächen ausgebracht (Flächenrotte) oder nachdem sie durch zum Teil aufwendige und schonende Verfahren in hochwertigen Kompost verwandelt wurden. Die Pflanzen ernähren sich dann von dem, was ein auf diese Weise gesund sich entwickelnder Boden an Nährstoffen bereitstellt, und das ist vollkommen ausreichend.

Die in der Natur selbst vorkommenden Symbiosen zwischen verschiedenen Lebensformen werden in dieser Form der Landbewirtschaftung berücksichtigt und ganz bewusst angeregt und gefördert, zugunsten einer naturnahen, gesunden Lebens- und Futtermittelproduktion. Von den vielen verschiedenen Bodenbewohnern ist der Wurm einer der nützlichsten Mitarbeiter innerhalb der nachhaltigen Landwirtschaft. Der Tau- oder Regenwurm (Lumbricus Terrestris) ist aufgrund seiner Lebensweise auf ein Futterangebot an der Oberfläche angewiesen.

„Warum ist gerade der Tauwurm so wichtig (ohne die anderen Arten in ihrer Leistung schmälern zu wollen)? Es ist neben vielem anderem vor allem seine Art der Futteraufnahme auf der einen und seine vertikale Grabetätigkeit auf der anderen Seite. Bevor er organisches Material, wie z. B. Stroh, Stalldung, Pflanzenreste u. a. in seine Wohnröhre zieht, ‚weidet' er dieses regelrecht ab. Pilze (auch pathogene Pilze, die Ursache für verschiedene Pflanzenkrankheiten sein können!), Bakterien und andere sogenannte Bodenhafter werden mit Vorliebe verspeist. Das hat die wunderbare Folge, dass dieses Material fast frei von krankmachenden Keimen ist. Wissenschaftliche Arbeiten zeigen eine Reduzierung bis zu 98 % nach nur acht Wochen. Gleichzeitig ‚beimpft' er das Stroh mit Lombricin, einem Enzym, welches synthetisierende Bakterienarten, wie z. B. Actinomyceten (können Lignin abbauen) fördert und gleichzeitig abbauende Arten, wie z. B. Fäulnisbakterien hemmt. Dann erst, wenn dieses Wunderwerk vollbracht ist, zieht er das organische Material in den oberen Bereich seiner Wohnröhre, um es dort unter feuchten Bedingungen von Bakterien und Pilzen weiter vorverdauen zu lassen. Regenwürmer besitzen keine Zähne und sind deshalb auf die Vorarbeit anderer Organismen angewiesen. Jeder dieser tiefgrabenden Würmer gräbt in der Regel nur eine Röhre in seinem Leben mit einem Ausgang, in etwa 10 % der Fälle wird auch ein zweiter angelegt. Anhand der zusammengezogenen Häufchen kann man den Tauwurm sehr leicht zählen (z. B. 40 Häufchen – 10 % = 36 Lumbricus terrestris). 40–80 von diesen genialen Tieren sollte man je m^2 haben. Da ihr Lebensalter zwischen 10 und 12 Jahren liegt und ihre Röhren etwa noch weitere 10-20 Jahre überdauern können, kann man etwa mit bis zu 200 Röhren/m^2 rechnen. Diese Röhren sind wichtig für die Infiltration von Wasser, für den Wurzeltiefgang der Pflanzen und den Gasaustausch bis in tiefe Bodenschichten."[3]

Warum geben wir diesem einen Wurm in unserem Text so viel Raum? Weil unsere Beziehung zur Natur und zu uns selbst heilen kann, wenn wir verstehen, wie das Leben der verschiedenen Lebewesen ganz konkret mit dem großen Ganzen und zu uns Menschen in Beziehung steht. Diese lebendigen organischen Beziehungen sind ja da, wir sehen sie nur nicht.

Die Entdeckungsreise im Hinblick auf den Wurm führt zu der Einsicht, dass diese kleinen Tierchen uns dabei helfen können, große Überschwemmungen und damit Schäden in Dörfern, Ortschaften und Städten zu vermeiden oder zumindest abzumildern.

Sepp Braun wurde bekannt als der „Bauer mit den Regenwürmern". Auf seinen Flächen wurden bis zu 300 Regenwürmer pro Quadratmeter gezählt. In einem Experiment hat er einmal auf einem Quadratmeter seines Landes innerhalb von einer Stunde 150 Liter Wasser versickern lassen. Zum Vergleich: Im Landkreis Passau fielen vor einigen Jahren 170 Liter Regen pro Quadratmeter innerhalb einer Woche, was zu großen Überschwemmungen und Kosten in Höhe von drei Milliarden Euro geführt hat. Sepp Brauns Böden können in einer Stunde mehr Wasser aufnehmen als viele verdichtete und unbelebte Böden in einer Woche.

Lebendige, lockere Böden, in denen sich Würmer wohlfühlen und reichlich vermehren, können nicht nur große Mengen an Wasser aufnehmen, sondern ermöglichen damit auch, dass die Grundwasservorräte immer wieder aufgefüllt werden können.

Als Martin Ott und Hans Braunwalder, zwei Schweizer Biobauern, vor etwa zwanzig Jahren einen Hof, der viele Jahre lang industriell bewirtschaftet wurde, auf Bio umstellten, lernten sie in der Übergangszeit die industrielle Landwirtschaft kennen, weil sie bestehende Verträge übernehmen mussten. Dabei erlebten sie Folgendes:[4]

Martin Ott: „[…] Eines Tages kam dann ein Anruf, man komme heute Nacht den Spinat holen und so wurde mit zwei Spezialmaschinen und direkt zur Konservenfabrik fahrenden Lastwagen ‚unser Spinat' von Menschen geerntet, die wir nur durch die Glasscheibe des Spinatvollernters im Scheinwerferlicht wahrnahmen. Das musste in der Nacht passieren, da der Spinat so genug Feuchtigkeit hatte, um nicht auf dem Wege in die Fabrik bereits zu gären. Irgendwann war dann das Geld für den Spinat auf dem Bankkonto. Er war gut bezahlt, es waren auch etwa zehn Lastenzüge frischer Spinat, Blatt um Blatt in bläulich grüner Farbe, genau die richtige Größe, jedes Blatt eingegliedert wie eine nordkoreanische Soldatenparade über ein zehn Hektar weites Feld. Unkrautfrei, saftig und dunkelgrün, wie auf dem Etikett im Tiefkühlregal. Aber wir standen nie in diesem Feld und der Boden roch irgendwie nach Kläranlage.

Hans Braunwalder: „Dieses Spinatfeld pflügte ich kurz darauf um, und dieses Erlebnis vergesse ich nie: Ich sah den ganzen Tag keinen einzigen Wurm, nicht einen einzigen. Es kamen beim Pflügen Zuckerrüben aus etwa fünfundzwanzig Zentimetern Tiefe zum Vorschein, die völlig intakt waren, nicht verrottet, frisch wie in einem speziellen Keller aufbewahrt. Zuckerrüben wurden zwei Jahre zuvor angebaut. Dieser Boden hatte also die Fähigkeit völlig verloren, organische Substanzen umzuwandeln. Er war zu einer Art totem Substrat degeneriert, nur dazu da, die künstlich eingebrachten Wuchsstoffe und das notwendige Wasser irgendwie zu speichern. Das war grauenhaft, ein Boden wie ein Intensivpatient am Tropf der Chemie, ohne eigene Aktivität und Umsetzungskraft.

Das geheimnisvolle Wunder, nach dem Mutter Erde unter Mithilfe von Milliarden von Lebewesen in einem lebendigen Boden Fruchtbarkeit, Leben schafft, wird mit Füßen getreten. Die Grundlage des Lebens, seit Millionen von Jahren aus Mineralien und organischen Resten von Pflanzen, Tieren und Menschen einen humosen Boden zu bilden, kam hier völlig zum Stillstand, an sein stilles Ende. Eine abgründige Ruhe, welche ich Täuschung nennen will."

So erlebten die zwei Biobauern die Folgen jener Denkart, von der wir eingangs sprachen auf ihrem eigenen Acker. Die Vorgänger hatten offensichtlich keinen Sinn für lebendige Interaktionen und Prozesse und wohl auch keinen Respekt vor der Vielfalt des Lebens. Es ist offensichtlich, dass eine von den Produkten der Agrarchemie maximal abhängige Landwirtschaft den Agrochemiekonzernen die höchsten Profite beschert. Und es ist auch verständlich, dass diese Firmen ihr Geschäftsmodell so lange aufrecht erhalten werden, wie es geht. Und es ist auch verständlich, dass Bäuerinnen und Bauern, die nur dieses Modell kennengelernt haben, Respekt vor einer Umstellung auf Bio haben. Unverständlich ist dagegen, dass die Politik in vielen Ländern immer noch daran festhält, in der Hauptsache den Interessen dieser Konzerne zu dienen, obwohl es eigentlich ihre Aufgabe wäre, die Gemeingüter zu schützen. Was haben diese beiden Biobauern nun mit diesem Boden gemacht, der „hier völlig zum Stillstand, an sein stilles Ende" gekommen war?

Hans Braunwalder: „Wir haben sofort auf Kompostwirtschaft gesetzt. Vom Winter war ein großer Miststock aus dem Kuhstall aufgeschichtet, davon habe ich dann zuerst einmal an einem Feldrand eine fünfhundert Meter lange Kompostmiete angelegt. Mit einem der Nachbarn, der uns vom ersten Tag freudig und interessiert unterstützte, bekamen wir genügend Erde aus einer Baustelle, die ich einmischte. Wir setzten sofort auch auf Gründüngungen und ein wichtiger Impuls war der Einsatz der biodynamischen Präparate. Die Spritzpräparate wurden bewusst von Hand und zu Fuß auf alle Flächen ausgebracht, es war uns wichtig, dass wieder einmal Menschen mit ihrem Willen diese Landwirtschaft abschritten. Dann begannen wir die bewusste Gestaltung einer zwölfjährigen Fruchtfolge mit einem hohen Anteil an Leguminosen. Später kam dann der vollständige Verzicht auf die humuszehrenden Kulturen wie Mais und Zuckerrüben. Sobald wir uns den Verzicht auf diese als wirtschaftlich top geltenden Kulturen auch wirklich leisten konnten."

Einfach war es nicht, „den stillen Tod" zu überwinden und das Bodenleben zurückzubringen:

„[...] Die Bodenlebewesen brauchten länger als erwartet, bis sie in eine gute Aktivität kamen, wie wir das als Biobauern gewohnt waren. Der ausgebrachte Kompost hatte an diesem eher trockenen Standort Mühe, sich mit der Erde zu verbinden. Wir gingen dann dazu über, den Kompost mit Gründüngungen flach in den Boden einzuarbeiten. Dazu kam in den ersten zwei, drei Jahren der Rückgang der Erträge, nicht nur im Getreide und den Kartoffeln, auch im Futterbau. Es fehlten damals ja auch Sorten, welche an den jeweiligen Standort und die Methode angepasst waren. Zum Betrieb gehört eine große Heuwiese jenseits des Rheins in etwa fünf Kilometern Entfernung [...] Erst einige Jah-

re später, als auf dieser großen Naturwiese auch wieder Rotklee wuchs und nicht nur die fetten Gräser, die den Kunstdünger so lieben, nahm die Heumenge wieder zu; was aber vor allem zunahm, war der Duft und die Qualität des Futters und die Elastizität der Nutzungsmöglichkeit."
Martin Ott: „Wobei es auch viele Enttäuschungen gab. Zum Beispiel konnten wir die Humuswerte nicht so massiv steigern, wie wir das eigentlich erwartet hatten. Doch genauer betrachtet haben wir das Bodenleben enorm gesteigert und die Humuswerte blieben nach anfänglichem Abtauchen in der Umstellung leicht erhöht und stabil. Aber auch da mussten wir lernen, nicht nur auf die Menge von Humus-Prozenten zu schauen. Genauere Untersuchungen lehrten uns, das ganze System und den Standort, den Boden und seine spezifischen Eigenschaften zu betrachten. Die Pestizidfreiheit konnte erreicht werden und all die erlebten Abhängigkeiten waren gelöst, der Betrieb wirtschaftete gut und die Anzahl Menschen, die der Betrieb tragen kann, nahm zu."

Die Zukunft gehört den selbstbestimmten und selbstbewussten Bäuerinnen und Bauern

Wir sind davon überzeugt, dass in Zukunft immer mehr Bäuerinnen und Bauern nach Wegen suchen werden, sich aus den Abhängigkeiten der industriellen Landwirtschaft zu befreien, um wieder eigenverantwortlich und selbstbestimmt ihren Hof führen zu können. Und zwar, weil sie immer mehr verstehen werden, dass eigenverantwortliches Handeln im Hinblick auf den Boden, aber auch im Umgang mit Tieren und Mitarbeitern, im System der industriellen Landwirtschaft mit all den Zwängen und Abhängigkeiten, in die sie dort eingebunden sind, kaum möglich ist. Die industrielle Logik mit dem erbarmungslosen Effizienzdenken und dem enormen wirtschaftlichen Druck, der auf den Bäuerinnen und Bauern lastet, lässt dafür einfach keinen Raum. „In der Schweiz ist die Zahl der landwirtschaftlichen Betriebe seit 2010 um über achttausend zurückgegangen. Bio hat im gleichen Zeitraum um über 1.300 Betriebe zugelegt. 2019 lag der Bioanteil bei rund fünfzehn Prozent. Viele Bauernfamilien in der Schweiz stellen heute ihre Betriebe aus ökonomischen Überlegungen um. Einige brauchen etwas länger, andere sind schneller, bis Bio dann auch vom Kopf ins Herz gewandert ist."[5] Laut Umfragen in der Schweiz bezeichnen Bauern die Umstellung auf Bio als eine der besten Entscheidungen, die sie auf ihrem Betrieb je getroffen haben.

Mit größeren finanziellen Anreizen fällt es Bäuerinnen und Bauern leichter, sich für die Umstellung auf Bio zu entscheiden. Gleichzeitig ist mit größeren finanziellen Freiräumen auch die Möglichkeit gegeben, sich die Gestaltungshoheit über den eigenen Betrieb zurückzuerobern. Auch im Hinblick auf bäuerliche Selbstbestimmung machten Hans Braunwalder und Martin Ott so ihre Erfahrungen, als sie einen konventionell bewirtschafteten Betrieb übernahmen und ihn auf Bio umstellten. An ihrer Erzählung wird auch deutlich, dass sie einen technokratischen Umgang mit den Kühen vorfanden und wie sie sofort damit anfingen, aus einem anderen Bewusstsein heraus mit den Kühen umzugehen:

„An einem der ersten Tage stand morgens plötzlich der Tierarzt der Region im Stall. Ich dachte, er wolle sich vorstellen, er zog aber sofort seine Arbeitskleidung über und begab sich wortlos zu den Kühen. Ich fragte ihn verwundert, was er wolle. Er antwortete routiniert: Heute ist Visite, es ist Mittwoch. Er war es gewohnt, allen frischgekalbten Kühen Einlagen zu verpassen, um die Nachgeburtsprobleme, die es hier offensichtlich gab, zu unterbinden.

Die Milchkühe mit Leistungen bis zu 14.000 Kilogramm im Jahr standen in einem Anbindestall. Die Mütter kalbten angebunden am Platz. Die Beine wegen drohenden Milchfiebers vorsorglich zusammengebunden, damit sie bei ständig drohendem Kalziummangel der einschießenden Euter beim Aufstehen nicht spreizten und sich die Becken brachen. Keine der Mütter durfte ihr Kalb lecken oder auch nur sehen. Das Kalb wurde meist aktiv herausgezogen und sofort in eine Box verfrachtet. Der Tierarzt arbeitete ohne Gespräche mit dem Stallverantwortlichen, setzte Spiralen, um die Brunst anzuregen und bekam vom Zuchtverband direkt die passenden Stiere für die Besamungen vorgeschlagen.

Wir sagten dem Tierarzt klar und bestimmt, dass dies mit der selbstständigen Visite nun vorbei sei und wir ihn gerne anrufen würden, wenn wir ihn brauchen.

Eine Woche später fuhr der Lastwagen eines Futtermittelvertreters vor. Als hätten unsere Kraftfuttersilos mit einem Sensor direkt ins Werk gemeldet, dass sie langsam leer wurden. So blies man uns elegant und staubfrei die Futtersilos wieder voll und brachte uns neben einer genauen Liste, wie viel Soja und Getreide jede Milchkuh jeden Tag erhalten sollte, auch noch die Mineralstoffe und Vitaminmischungen, die man für unseren Bedarf errechnet hatte. Der Futtermittelverkäufer bekam die monatlichen Milchleistungen direkt zugefaxt. Für uns war das wie ein Crash-Kurs in ‚konventioneller' Landwirtschaft auf einem Großbetrieb. Wir schauten uns an und sagten: Aha, so funktioniert dieses System. Wir verstanden, warum viele Berufskollegen, einmal darin gefangen, sich eine Welt ohne Pestizide in den Feldern und rationeller Chemie und Hilfsstoffen in den Ställen gar nicht mehr denken können. So wollten wir auf keinen Fall weitermachen. Wir waren als Biobauern nicht gewohnt, uns Entscheidungen abnehmen zu lassen. Also starteten wir mit der Rückeroberung der bäuerlichen Gestaltungshoheit. Die ersten Schritte der Umstellung waren, dass wir uns all die ‚professionellen Entscheidungen' Schritt um Schritt wieder zurückholten […] In die Kuhherde kam sofort ein Stier, und die Kühe kamen täglich auf die Weide. Die Rindermastgruppen, die jahrein jahraus maissilofressend auf dunklen stickigen Spaltenböden im Stall standen, wurden ausgemästet und verkauft. Dann wurden die Stallböden mit Brettern belegt und Stroh eingestreut, und die Ställe wurden geöffnet, Wände weggerissen, Auslauf für die Tiere gebaut. Man sah schnell gewisse Veränderungen, aber es dauerte Jahre, bis es einigermaßen so war, wie wir es vorher auf unseren Höfen hatten […] Ich war rund zwei Jahre lang teilweise täglich mit der Klauenpflege der Kühe beschäftigt. Ich leimte künstliche Sohlenklötze auf, entfernte eingetretene Steine aus den weichen Sohlen und legte Verbände an […]
Die Fruchtbarkeit wurde sofort besser, das war die Wirkung des Stieres. Die Kühe lernten bald, in einer großzügigen Box alleine zu kalben, ihrem Kalb die Nabelschnur auszusaugen, die Nachgeburt zu fressen und das Kalb zu lieben und mit der ganzen Gewalt

ihres Leibes mit der ersten Milch zu versorgen. Aber die Eutergesundheit entwickelte sich katastrophal. Bald waren fast die Hälfte der sechzig Kühe mit dem bösartigen Staphylokokkus Aureus infiziert. Aus lauter Angst und Respekt vor den wirtschaftlichen Folgen und auf Anraten des Tierarztes, versuchten wir mit dem stärksten Antibiotikum zu kurieren, das es auf dem Markt gab. In einer Doppelstrategie, einerseits über das Blut, andererseits über die Milch direkt ins Euter, quasi ein Antibiotikaklammergriff. Die Milch war für einen Monat unbrauchbar, und dennoch war es nach der Behandlung nur bei zwei von zehn behandelten Kühen besser. Das war dann aber fast schon das letzte Mal, dass wir Antibiotika einsetzten. Mit einem neuen Tierarzt versuchten wir eine mutigere und am Ende ungemein erfolgreiche Strategie. Das Erlebnis gab uns den letzten Ruck auf einen neuen Weg, der schlussendlich auch zu meinem Buch ‚Kühe verstehen'[6] geführt hat. Man konnte eben nicht einfach Antibiotika durch homöopathische Kügelchen ersetzen. Wir mussten genau hinschauen: die Fütterung, die Melktechnik, die Züchtung, die Aufstallung, die Streu, die Sauberkeit, das Stallklima und nicht zuletzt die Mensch-Tier-Beziehung, alles wurde geprüft und musste verbessert werden. Auch wenn wir auf dem Weg manchmal fast verzweifelten, wenn sich ein trockengestelltes, offensichtlich leeres Euter einer nicht laktierenden Kuh von einer Stunde auf die andere in eine riesige, schmerzhafte, rot entzündete Eiterbeule verwandelte.

Nach etwa sieben Jahren konnten wir sagen, wir sind über den Berg. Nach zehn Jahren zogen wir in einen neuen Freilauf-Stall um, aber das ist dann wieder eine andere Geschichte. Zehn Jahre lang hatten wir im Anbindestall jeden Tag jede Kuh von Hand geputzt und gestriegelt. Das dauerte zu zweit jeden Tag rund zwei Stunden, aber dieser tägliche Kontakt mit den Tieren, das war der Schlüssel."

Bodenentwicklung und Klimaschutz

„In 30 Jahren haben wir auf unseren Äckern 3 % Humus aufgebaut. Professor August Raggam hat ausgerechnet, dass wenn wir weltweit 2 % mehr Humus aufbauen, dann hätten wir das CO_2

aus der Luft komplett durch Humusaufbau wieder im Boden gebunden. So einfach wäre das."[7]

Sepp Braun

Der Boden und das Klima haben eine wechselseitige organische Beziehung zueinander. Immer deutlicher zeigt sich, dass der Klimawandel wesentlich zur Verschlechterung des Bodens beitragen kann. Im Extremfall bilden sich Wüsten, wo früher Acker- oder Gemüsebau betrieben wurde oder wo Wälder Schatten spendeten und im Ökosystem Erde Kühlleistungen in gigantischem Ausmaß erbrachten. Umgekehrt ist es aber auch so: Die Bodenentwicklung beeinflusst das Klima. Und damit ist eine Möglichkeit des Klimaschutzes gegeben, die heute noch viel zu wenig gesehen und genutzt wird, und zwar auf regionaler ebenso wie auf globaler Ebene.

In der wechselseitigen Beziehung zwischen Klima und Boden spielen Pflanzen eine wesentliche Rolle, denn sie breiten ihr Leben in beide Lebenssphären hinein aus und verbinden sie dadurch miteinander. Dabei steuern sie den Sauerstoff- und den Kohlenstofffluss und ermöglichen somit das Leben von Tieren und Menschen: Mithilfe der Photosynthese machen sie aus dem Kohlendioxid der Luft organische Kohlenstoffverbindungen, also pflanzliche Biomasse und Wurzelausscheidungen, die den Humusspeicher des Bodens über das Bodenleben speisen. Um den Humusgehalt, also den Kohlenstoffspeicher der Böden, zu erhalten oder sogar wieder zu erhöhen, ist im Ackerbau ständiges Pflanzenwachstum wichtig, das dem Boden möglichst mehr Kohlenstoff zuführt als wieder veratmet wird. Nach diesen Grundsätzen wirtschaftet der Biolandbau, und es wird davon ausgegangen, dass im Biolandbau pro Hektar etwa 3,5 Tonnen Kohlenstoff mehr gespeichert sind als auf konventionellen Äckern. Biolandbau bietet also ein höheres Speicherpotenzial für Kohlenstoff aus der Atmosphäre und trägt zusätzlich zum Beispiel durch Verzicht auf chemisch-synthetische Düngung und geringeren Viehbesatz weniger zum Klimawandel bei.

Investitionen in die Belebung und Gesundung von Böden durch Pflanzen sind gleichzeitig Investitionen in den Klimaschutz, aber nicht nur das, wie das folgende Beispiel aus der Praxis zeigt:

„Anfang des Jahres war ich in Südafrika, um einen unserer Bio-Weinbauern Eddie Redelinghuys zu besuchen, der seinen Sitz in der Nähe von Kapstadt hat. Damals gab es am Kap eine Art Notfallsituation: Der Tag Null rückte näher, der Tag, an dem die Wasserhähne kein Wasser mehr liefern würden. Deshalb war ich etwas überrascht, Eddie auf seinem Hof zu sehen, umgeben von smaragdgrünen Reben und vollen Trauben. Mir ist durchaus klar, dass biologisch bewirtschaftete Flächen dürrebeständiger sind, als ‚konventionell' bewirtschaftete, aber das hat meine Erwartungen übertroffen. Eddie erzählte mir, dass er seinen konventionell wirtschaftenden Nachbarn täglich mit Wasser versorgt, weil dieser seine gesamte Bewässerungsquote ausgeschöpft hatte. Der Unterschied in der Dürreresilienz der Böden liegt im Gehalt an organischer Substanz und in der Bodenstruktur. Eddie verwendet keinen Kunstdünger, sondern Bodendecker und Kompost. Sein verfeinerter Anbau sorgt dafür, dass das Bodenleben gedeiht und den Humus aufbaut – und damit die Schwammfunktion des Bodens verbessert wird."[8]

Volkert Engelsman

Weil dieser Zusammenhang zwischen Bodenentwicklung und Klimaschutz im lebendigen Ökosystem Erde besteht, konnten wir eine Zusammenarbeit zwischen dem Bodenfruchtbarkeitsfonds und der Schweizer Stiftung myclimate entwickeln und aufbauen, die darauf abzielt, durch Humusaufbau der Erderwärmung entgegenzutreten. Unternehmen haben dadurch die Möglichkeit, ihre CO_2-Bilanz freiwillig auszugleichen oder zu verbessern, indem sie in Bodenentwicklung investieren. Mit dem freiwillig „geschenkten" Geld werden dann bodenverbessernde Maßnahmen auf unseren dreißig Partnerbetrieben in der Bodenseeregion als Klimaschutzmaßnahmen finanziert.

Man geht davon aus, dass eine weltweite Ökologisierung der Landwirtschaft, die eine Belebung und Gesundung der Böden zur Folge hätte, einer der größten Hebel zur Reduktion der Treibhausgase wäre.
Wer zu verstehen beginnt, wie die Lebenssphären im Ökosystem Erde zusammenhängen, versteht auch, dass Investitionen in die gesunde Bodenentwicklung multifunktionale Effekte haben, also in hohem Maße effizient sind und somit einen mächtigen Hebel für positive Wirkungen in verschiedenen Bereichen des Umweltschutzes darstellen.

Denn wenn Investitionen bodenverbessernde Maßnahmen auf landwirtschaftlich genutzten Flächen ermöglichen, dann sind dies gleichzeitig Investitionen in den Klimaschutz und somit in die Zukunft. Und es sind auch gleichzeitig Investitionen in die Versorgungssicherheit von Menschen und Tieren, Investitionen in den ressourcenschonenden Umgang mit Wasser und Investitionen in den Artenschutz.

Jeder Euro, der auf diese Weise frühzeitig investiert wird, spart ein Mehrfaches an Folgekosten ein, die anfallen werden, wenn die multiple Schädigung der Umwelt durch einen zerstörerischen Umgang mit Boden fortgesetzt wird.

Nach Ablauf der dreijährigen Pilotphase I unseres Bodenfruchtbarkeitsfonds können wir bereits durch die erzielten Ergebnisse zeigen, dass auch in relativ kurzer Zeit deutliche Verbesserungen in der Bodenentwicklung möglich sind. Diese Entwicklungen wurden aber nur dadurch möglich, dass Unternehmen, Bioverbände, andere Stiftungen, Berater und viele Privatpersonen uns bei der Finanzierung und Realisierung der ersten Projektphase geholfen haben. Und wir werden mit dem Projekt noch sehr viel mehr erreichen können, wenn sich diese wertvolle und vielseitige Unterstützung auch während der Pilotphase II (2021-2025) weiter entwickelt und intensiviert und möglichst auch noch andere Partner hinzukommen. Von den benötigten drei Millionen Euro für die Pilotphase II konnten wir bisher eine Million finanzieren (Stand Ende November 2020).

An diesem und an vielen anderen Beispielen kann man sehen und ahnen, dass unendlich viel Heilsames entstehen kann, wenn Menschen sich mit ihren Möglichkeiten zusammenschließen. Das berührt die sehr tiefe Frage, wie Transformationen und Entwicklungen von Teilbereichen der Gesellschaft und der Gesellschaft als Ganzes überhaupt gelingen und anspruchsvolle Entwicklungsziele auch gegen den Widerstand von Beharrungskräften, die am liebsten wollen, dass sich nichts ändert, doch erreicht werden können. Wir sind im Hinblick auf diese Frage auf eine sehr interessante Analogie im Tierreich gestoßen und meinen, dass wir von ihr viel lernen können. Auf diese Analogie hatten wir schon in dem Buch „Das Gift und wir"[9] hingewiesen, das wir 2020 im Westend Verlag herausgegeben haben. Es ist die Metamorphose von der Raupe zur Puppe und zum Schmetterling.

Die Metamorphose

Die amerikanische Autorin Norie Huddle beschreibt dies in ihrem Buch „Butterfly"[10] in wissenschaftlich fundierter Form. Die äußeren Aktivitäten der Raupe werden zu einem bestimmten Zeitpunkt zurückgenommen. Sie frisst nicht mehr, bewegt sich weniger und schließlich verpuppt sie sich. Nach einer Weile zeigen sich in der Puppe neue Zellen. Das sind die ersten „Imago-Zellen", also die ersten Schmetterlingszellen, die ganz andere Merkmale aufweisen und in eine neue Richtung weisen. Das Immunsystem der Raupe ist aber noch auf die alte Form ausgerichtet und sieht in den neuen Zellen eine Gefahr; es greift sie an und vernichtet sie. Dies geschieht, obwohl die neuen Zellen Teil desselben Wesens sind, aber eben bereits das Neue im Alten repräsentieren. Es entstehen aber immer mehr von diesen Imago-Zellen und der innere, sich im Unsichtbaren abspielende Kampf geht weiter und weiter. Nun geschieht etwas Erstaunliches: Die Imago-Zellen, die neuen Schmetterlingszellen, die im alten Raupenkörper leben, aber bereits die Zukunft, die Anlagen für das Neue in sich tragen und bruchstückhaft repräsentieren, sie fangen an, sich mit gleichartigen Zellen zu Clustern zu verbinden – sie bilden Zellgemeinschaften.

Dadurch verschieben sich nach und nach die Kräfteverhältnisse. Die einzelnen Schmetterlingszellen-Cluster senden nun feine Fäden aus und fangen an, mit den anderen Clustern zu kommunizieren und sich auch mit ihnen zu verbinden. So entsteht in einem lebendigen Prozess ein immer komplexer werdendes Zellgefüge. Schließlich kollabiert das Immunsystem der Raupe. Dann geht es sehr schnell und nach kurzer Zeit gibt es innerhalb der Puppe keine einzige Raupenzelle mehr. Das ist der Tod der alten Form zugunsten einer neuen, die sich nun immer mehr herausbildet. Solange der Schmetterling noch nicht voll ausgereift ist, hält die Haut des Alten, der Puppe, dieses Neue in sich zusammen und bietet ihm Schutz und Hülle. Erstaunlich ist: Die sich herausbildende Körperlichkeit des Schmetterlings passt haargenau in die Form der Puppenhülle. Interessant an dem Prozess ist auch, dass der Schmetterling die Kraft aus sich selbst heraus aufbringen muss, die alten Formen zu durchbrechen. Wenn man ihm diese Mühe abnimmt und die Puppenhülle manuell erweitert, so kann er anschließend nicht fliegen. Er braucht den Widerstand der alten Form, um sich gesund und kräftig entwickeln zu können, da er an diesem und durch diesen Widerstand erst die Kraft bildet, die er anschließend zum Fliegen braucht. Wenn die körperlichen Formen ausgereift sind, drückt der Schmetterling die Hülle der Puppe auf und arbeitet sich unter großen Mühen aus der alten Form hinaus in die Freiheit. Während die Raupe nur kriechen konnte, erdgebunden war, kann der Schmetterling fliegen, sich frei im Raum bewegen und zeigt auch noch durch andere Merkmale, dass eine andere Lebensform in ihm in Erscheinung tritt.

Die Verwirklichung des Schmetterlings geschieht durch Metamorphose, bei der das in der Raupe liegende Potenzial voll entfaltet wird.

Die Metamorphose unserer Landwirtschafts- und Ernährungssysteme kann durch Kooperation und Assoziation, durch Austausch, gegenseitige Inspiration und Bewusstseinsbildung gelingen. Wir müssen uns nicht weiter entwickeln, aber wir können es. Darin liegt unsere Würde als Menschen, unsere Freiheit, aber auch unsere Mitverantwortung für die Weiterentwicklung unserer Kultur. Alles kann in diesem Geschehen seinen Sinn haben, selbst der Tod. Die Konfrontation mit dem Tod kann zu einem Wachmacher werden

Wie der Tod über die Äcker kam und wie wir das Leben zurückbringen können

Ein wesentliches Element der industriellen Landwirtschaft ist der Einsatz von synthetischen Pestiziden. Dieser Einsatz entspricht der reduktionistischen Denkweise und falschen Annahme, dass Pflanzen und Tiere Gegenstände sind und man sie einfach durch die großflächige Ausbringung von Giftstoffen entfernen kann, ohne dabei schwerwiegende Wirkungen und Folgen am gesamten Ökosystem Erde und für viele verschiedene Lebensformen auszulösen. Dass diese Annahmen falsch sind, wird immer deutlicher. Wer sich über die vielfältigen Schäden und Risiken, die durch den Gebrauch von Ackergiften entstehen, genauer informieren will, dem können wir das Buch „Das Gift und wir" empfehlen, weil darin viele Experten mit Einzelbeiträgen aus ganz verschiedenen Fachrichtungen zu Wort kommen, wodurch der Leser sich einen vielfältigen Überblick verschaffen kann.

In dem vorliegenden Text möchten wir aber lieber davon berichten, wie erfolgreich gesunde Lebensmittel erzeugt werden können, ohne dabei die Umwelt zu vergiften. Die Methoden, die dabei angewendet werden, gehen zum Teil auf uraltes Wissen zurück, zum Teil aber auch auf neueste Forschungsergebnisse.

Dr. Claudia Daniel arbeitet und forscht seit vielen Jahren im Bereich der alternativen Schädlingsbekämpfung am Forschungsinstitut für biologischen Landbau (FIBL). Für unser Buch „Das Gift und wir" hat sie auf wenigen Seiten eine Methodenübersicht zusammengestellt. An den vielfältigen Methoden, die im Biolandbau zur Anwendung kommen, insbesondere auch in ihrem Zusammenhang, wird deutlich, dass hier eine ganzheitliche Denkweise auf lebendige Systeme angewendet wird, die den technokratischen Tunnelblick der industriellen Landwirtschaft hinter sich gelassen hat.[11]

Alternativen zum Einsatz von synthetischen Pestiziden

Der Einsatz von Pflanzenschutzmitteln, insbesondere von synthetischen Pestiziden, wird derzeit kontrovers diskutiert. Aus Sicht der Bauernverbände wird dabei häufig das Argument angeführt, eine Produktion ohne synthetische Pestizide sei nicht möglich. Das stimmt nur zum Teil: Eine deutliche Einsparung von Pflanzenschutzmitteln ist in vielen Fällen durchaus möglich. Auch der Biolandbau, wo diese Stoffe nicht zulässig sind, zeigt, dass es ohne synthetische Pestizide geht. Der Einsatz von natürlichen Stoffen und Organismen ist im Bioanbau hingegen erlaubt, sollte aber auch dort nur in Extremsituationen ein letztes Mittel sein. Die Methoden des Biolandbaus sind im Wesentlichen darauf gerichtet, durch vorbeugende Maßnahmen zu verhindern, dass es überhaupt zu extremem Schädlingsbefall kommen kann.

Dafür braucht es jedoch ein Umdenken, um die vielfältigen Möglichkeiten kennen- und handhaben zu lernen, die heute bereits zur Verfügung stehen.

Die Pflanzenschutzpyramide

Im Bioanbau, wo keine synthetischen Pestizide, sondern nur natürliche Stoffe gegen Krankheiten und Schädlinge eingesetzt werden dürfen, gibt es für viele Schädlinge keine effiziente Bekämpfungsmöglichkeit. Daher ist es für die Biobauern zwingend, die vorbeugenden Maßnahmen auszuschöpfen. Das Vorgehen lässt sich dabei anhand der Pflanzenschutzpyramide illustrieren[12]:

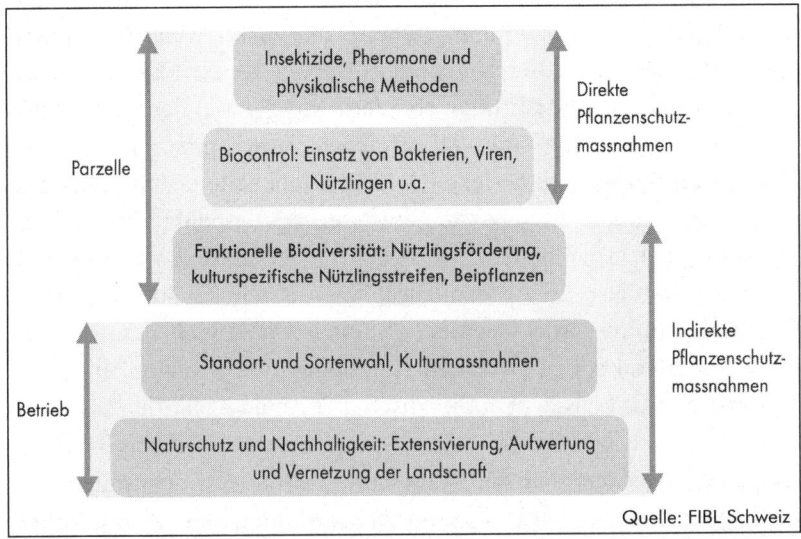

Abbildung 1: Pflanzenschutzpyramide

Naturschutz als Basis

Basis der Pyramide sind Extensivierung und die Aufwertung der Landschaft. Denn die Natur braucht Rückzugsräume. Und die Landwirtschaft, die ja ein Teil der Natur ist, braucht diese Rückzugsräume auch, nur ist uns das häufig zu wenig bewusst. Verschiedene Publikationen hingegen zeigen klar, dass in vielfältigen, artenreichen Landschaften der Schädlingsbefall geringer ist, da sich die natürlichen Gegenspieler besser etablieren können.[13] Entsprechend wurden in komplexen Landschaften höhere Parasitierungsraten und entsprechend geringere Schäden durch den Rapsglanzkäfer beobachtet.[14] Maßnahmen wie Hecken und Blühstreifen sind also kein „Verlust von Produktionsfläche", sondern sie bringen auch dem Bauern einen konkreten Nutzen. Da sich dieser Nutzen für den einzelnen Bauern kaum monetär erfassen lässt, wird er jedoch häufig gering geschätzt, obwohl er in der Praxis sehr hoch sein kann.

Unterschätzte Kulturmaßnahmen

Die nächste Stufe in der Pyramide sind Standortwahl und Kulturmaßnahmen. Welche Kulturen eignen sich gut für welchen Standort und mit welchen gut aufeinander abgestimmten Kulturmaßnahmen lassen sich insgesamt gute Erträge erzielen? Mit den richtigen Antworten auf diese Fragen lässt sich viel erreichen. Durch eine ausgewogene Fruchtfolge können zum Beispiel viele Krankheiten von vornherein vermieden werden. Angepasste Bewässerungszeitpunkte im Salatanbau sind gleich effizient wie der Einsatz von Schneckenkorn. Spinnmilben und Blattläuse im Apfelanbau können durch die Anpassung des Baumschnitts unterdrückt werden.[15] Studien zeigen auch, dass die Düngung die Interaktionen zwischen Nützlingen und Schädlingen beeinflussen können: Läuse von mineralisch gedüngten Kohlpflanzen waren – im Vergleich zu Läusen von organisch gedüngten Kohlpflanzen – weniger gut bekömmlich für Marienkäferlarven. Auf den mineralisch gedüngten Pflanzen hatten die Marienkäferlarven eine höhere Mortalität.[16] Auch die Wahl der Sorte beeinflusst das Gleichgewicht zwischen Schädlingen und Nützlingen: Die Blatthaare auf einer Apfelsorte können einen starken Einfluss auf Raubmilben haben: Sie verändern das Mikroklima, indem sie Feuchtigkeit halten, zusätzlich „fangen" sie Pollen, der von Raubmilben als Futter genutzt wird. Zu dichte Blatthaare aber erschweren die Fortbewegung und den Beutefang der Raubmilben.[17] Bei der Kirschessigfliege hat die Schalenfestigkeit von Weintrauben einen Einfluss darauf, ob sie Eier legen können oder nicht.[18] Im Raps beeinflusst der Blühzeitpunkt den Schaden durch den Rapsglanzkäfer.[19] Es gibt zahlreiche weitere Faktoren, die das Nützlings-Schädlingsgleichgewicht deutlich beeinflussen können. Leider sind das auch meist Faktoren, die bisher nicht gezielt für Pflanzenschutzzwecke genutzt werden, weil man die Fruchtfolge wegen der Marktnachfrage nach bestimmten Kulturen vernachlässigt; weil man für den neuen Baumschnitt eine andere Mechanisierung bräuchte, weil mehr (oder synthetische) Düngung ein paar Prozent mehr Ertrag verspricht; weil der Markt eine andere Apfelsorte verlangt oder einfach, weil billige Pestizide verfügbar sind, mit denen man das Problem ohne viel Nachdenken einfach wegspritzen kann. Das Potenzial auf dieser Stufe ist momentan bei Weitem noch nicht ausgeschöpft und kann einen wichtigen Beitrag zur Pestizidreduktion leisten.

Funktionelle Biodiversität

Auch die nächste Stufe, die funktionelle Biodiversität hat viel Potenzial. Unter funktioneller Biodiversität versteht man die gezielte Förderung von spezifischen Nützlingen gegen bestimmte Schädlinge. In einem Forschungsprojekt am FiBL wurde im Kohlanbau ausgehend vom Schädling, der Kohleule und dem Kohlweißling, untersucht, welche Gegenspieler diese Schädlinge im Feld angreifen. Gefunden wurden verschiedene Arten parasitischer Schlupfwespen. Im nächsten Schritt wurde gefragt, was die Ansprüche dieser Schlupfwespen sind: Sie brauchen Nektar als Nahrung, zum richtigen Zeitpunkt, in der richtigen Zuckerzusammensetzung und in einer Blüte, wo die Schlupfwespen den Nektar mit ihren kurzen Mundwerkzeugen auch erreichen können. In mehreren Doktorarbeiten[20] wurde die optimale Pflanze gesucht, die die Ansprüche der Schlupfwespen abdeckt, gleichzeitig die Schädlinge nicht fördert, die Kohlpflanzen im Feld nicht konkurrenziert und sich in das Anbausystem integrieren lässt. Dank modernster wissenschaftlicher Methoden im Labor konnten verschiedene Pflanzenarten geprüft werden und eine optimale Begleitpflanze wurde gefunden: Die Kornblume.[21] Anschließende Feldversuche zeigten, dass Kornblumen als Beipflanzen im Weißkohlfeld kombiniert mit Blühstreifen am Feldrand gleich effizient sind, wie der Einsatz von Insektizid.[22]

Diese Forschungsresultate stimmen mich optimistisch und pessimistisch zugleich. Optimistisch, weil uns die Natur vielfältige Lösungen für unsere Probleme anbietet, pessimistisch, weil wir diese Lösungen oftmals nicht sehen: Bis vor ein paar Jahrzehnten waren Kornblumen überall auf Feldern zu finden, bis wir sie zum Unkraut erklärt und mit Herbizid bekämpft haben, weil sie uns unnütz und wertlos erschienen. Bei meinen Vorlesungen vor jungen Agronomiestudierenden habe ich die Forschungsresultate vorgestellt. Nach der Vorlesung kam ein Student zu mir und fragte, ob man nicht – wenn man doch die optimale Zuckerzusammensetzung und den optimalen Zeitpunkt kennt – eine Maschine entwickeln könnte. Einen Dispenser, der von Drohnen ausgebracht und per App gesteuert Zuckerlösung an die Schlupfwespen abgibt. Das wäre doch eine Marktchance für ein Start-Up und könnte Arbeitsplätze schaffen. Diese Denkweise stimmt mich dann auch eher pessimistisch, weil natürlich naheliegend wäre, neben dem Kohl eine handvoll Kornblumensamen zu säen. Statt der einfachen Logik zu folgen, sind wir oftmals gefangen in unserer Marktlogik, wo Verkaufszahlen und Arbeitsplätze die Hauptargumente sind.

Ein weiteres Projekt am FiBL ist die pestizidfreie Apfelanlage. In einer ein Hektar großen Modellanlage haben wir 2006 alle erdenklichen Maßnahmen zur Systemstabilisierung kombiniert: Resistente Sorten in alternierenden Reihen, weiterer Reihenabstand, angepasster Baumschnitt, Blühstreifen in den Fahrgassen, Untersaaten in den Baumstreifen, vielfältige Hecken und Buntbrachen um die Anlage, Nistkästen und Unterschlupfmöglichkeiten für nützliche Insekten, Vögel, Fledermäuse, Kleinsäuger. In sieben Versuchsjahren konnten wir zeigen, dass sich eine unglaubliche Vielfalt an Insekten etabliert und dass die Schädlinge in einer solchen Anlage meist von den Nützlingen gut reguliert werden und auf Insektizide verzichtet werden kann.[23] Gesehen haben wir aber auch die Hindernisse: Durch den Verzicht an Fungiziden kam es zu Regenflecken (schwärzliche, unschön aussehende Beläge auf der Fruchtoberfläche) und zum Durchbruch der Schorfresistenz. Der Einsatz von Fungiziden, wie zum Beispiel Schwefel und Tonerde, war also nach wie vor nötig, zumindest solange Kunden auf Äpfel mit einem perfekten Aussehen bestehen.[24]

Einsatz von lebenden Biocontrol-Organismen

In Situationen, bei denen die vorher genannten Maßnahmen keinen Erfolg versprechen, ist es gut, auf die vorletzte Stufe der Pyramide – Biocontrol – zurückgreifen zu können. Mit Biocontrol ist der Einsatz beziehungsweise die Massenfreilassung von lebenden Organismen, wie Marienkäfern oder aber auch Krankheitserregern von Insekten, gemeint. Biocontrol-Organismen haben den Vorteil, dass sie häufig sehr spezifisch wirken: Granuloseviren gegen den Apfelwickler befallen zum Beispiel genau nur den Apfelwickler, keine nahe verwandten Arten und schon gar keine Nützlinge. Daher kann man Biocontrol-Organismen häufig gut in ein System integrieren. Sie stören die natürlichen Selbstregulierungsprozesse kaum. Dennoch zögern viele Produzenten, Insektizide durch Biocontrol-Organsimen zu ersetzen. Das hat verschiedene Gründe: Einerseits ist mehr Wissen nötig, die Organsimen brauchen bestimmte Klimabedingungen, sind nicht mit synthetischen Insektiziden kombinierbar, sie sind häufig nicht sehr gut lagerbar, nicht patentierbar, was diesen Ansatz uninteressant für die großen Pflanzenschutzfirmen macht, und vor allem aber sind sie teurer als die meisten Insektizide.[25] Damit Biocontrol-Organismen wirklich eingesetzt werden, braucht es häufig starken Druck von außen. Ein Beispiel dafür ist die Geschichte, die sich vor einigen Jahren in spanischen Gewächshäusern zugetragen hat: Deutsche Lebensmittelkontrollen zeigten immer wieder die starke Belastung von spanischem Gemüse mit Pestiziden an.[26] Obwohl staatliche Institutionen, internationale Forscherteams und innovative Firmen zahlreiche Biocontrol-Lösungen erarbeitet hatten; obwohl diese Lösungen einsatzbereit und verfügbar waren; obwohl zahlreiche Berater versuchten, die Produzenten zu einem Pestizidverzicht zu bewegen, geschah über mehrere Jahre nichts. Im Jahr 2004 waren 58 Prozent aller überprüften spanischen Paprika mit Pestiziden belastet, bei Tomaten sogar 76 Prozent. Und dann, auf einmal innerhalb eines Jahres (2007) verfünffachte sich der Einsatz von Biocontrol in Almería, Südspanien. Bei Paprika wurde plötzlich die Hälfte der Anbauflächen biologisch kontrolliert. Was war geschehen? Zwei große deutsche und englische Supermarktketten hatten neue Rückstandslimite festgelegt (strenger als staatlich vorgesehen) und verweigerten die Annahme von Gemüse mit Mehrfachrückständen von Pestiziden. Das führte dazu, dass die Produzenten die vorhandenen Lösungen sofort aufgriffen und umsetzten. In vielen anderen Bereichen der Landwirtschaft ist es ähnlich: Lösungen wären oftmals vorhanden, ein starker Anreiz, diese Lösungen auch umzusetzen, fehlt jedoch oft.

Biopestizide – nur für den Notfall

Die letzte Stufe der Pyramide – der Einsatz von Insektiziden – sollte wirklich auf existenzbedrohliche Notfälle beschränkt bleiben. Bei neuen invasiven Schädlingen oder bei extremen Witterungsbedingungen kann es durchaus zu Massenvermehrungen von Schädlingen kommen, für die es keine andere Lösung gibt. Aber auch biologische Pestizide können, entgegen der weit verbreiteten Meinung, Nebenwirkungen haben und sollten daher so sparsam wie möglich eingesetzt werden. Ein Beispiel dafür ist Spinosad – ein Wirkstoff der natürlich in Bodenbakterien vorkommt und daraus extrahiert werden kann. Verglichen mit synthetischen Pestiziden hat dieser Wirkstoff den Vorteil, dass er durch seine natürliche Herkunft auch durch natürliche Prozesse schnell wieder abgebaut wird – bei Sonnenlicht ist er nach drei Tagen abgebaut. Abgesehen davon kann Spinosad aber, ebenso wie einige synthetische Pestizide, starke Nebenwirkungen auf Bienen und nützliche Insekten haben. Der Ersatz synthetischer Pestizide durch Bio-Pestizide führt also nicht zwangsläufig zu einem nachhaltigeren Pflanzenschutz.

Und durch blinden Einsatz von Pestiziden haben wir unsere Schädlinge selbst geschaffen. Ein Beispiel dafür ist der Rapsglanzkäfer, der europaweit an verschiedenen wilden Kreuzblütengewächsen vorkommt. Wird in einer Region Raps angebaut, schafft man damit ein höheres Nahrungsangebot für den Rapsglanzkäfer. Entsprechend vermehren sich die Käfer stärker und fallen ab dem dritten Anbaujahr verstärkt auf.[27] Beginnt man dann, Insektizide zu spritzen, steigt der Befall dennoch weiter an. Woran liegt das? Natürliche Populationen des Rapsglanzkäfers sind meist stark vom Krankheitserreger Nosema meligethi befallen. Nosema-Befall schwächt die Käfer, sie lagern weniger Fett ein, legen daher weniger Eier, sterben bei der Überwinterung häufiger. Gleichzeitig sind Nosema-befallene Käfer anfälliger gegenüber Insektiziden. Bei einer Spritzung sterben also die kranken Individuen mitsamt dem Krankheitserreger zuerst. Nach zwei Jahren mit Insektizideinsatz sind die Populationen frei von Nosema meligethi, das heisst, die Käfer legen mehr Eier, haben mehr Nachkommen und die Wintersterblichkeit der Käfer sinkt.[28] Es müssen also noch mehr Insektizide eingesetzt werden, um die nun robusteren Käfer abzutöten. Das führt dazu, dass man noch weitere Gegenspieler der Rapsglanzkäfer – die parasitischen Schlupfwespen – abtötet.[29] Ohne jeden Gegenspieler und in einer Landschaft, in der Jahr für Jahr ein Überangebot an Nahrung für die Rapsglanzkäfer bereitgestellt wird, fühlen sich die Käfer entsprechend wohl. Heikki Hokkanen von der Universität Helsinki, der dieses Phänomen im Detail untersucht hat, betitelt seine Publikation dazu mit „The making of a pest"[30]. Mittlerweile sind in Europa die Rapsglanzkäferpopulationen flächendeckend resistent gegen Pyrethroide. Vermehrt wurden daher bienenschädliche Neonicotinoide eingesetzt, mit der Argumentation, dass aufgrund von Problemschädlingen ein Rapsanbau ohne Insektizide nicht möglich sei.

Wie weiter?

Nachhaltiger Pflanzenschutz ist nur möglich, wenn man verstärkt die unteren Bereiche der hier vorgestellten Pyramide berücksichtigt. Dazu braucht es gut ausgebildete Landwirte, die ihre Felder und die lokalen Gegebenheiten gut kennen und die genug Zeit haben, die ökologischen Zusammenhänge zu beobachten und ihr Anbausystem entsprechend auszurichten. Es wäre auch gut und sinnvoll, wenn Landwirte gemeinsam mit ihren Nachbarn regionale Strategien zur Schädlingsprävention entwickeln, denn Schädlingsprobleme enden meist nicht am eigenen Gartenzaun. All das ist deutlich aufwendiger als der Einsatz der Pestizidspritze, aber es schont auch gleichzeitig die Umwelt, das Wasser, die Bodenlebewesen und unterstützt die Entstehung nartürlicher Gleichgewichte, was sich letztlich positiv auf die Kostenseite der Volkswirtschaft auswirkt. Die Gesellschaft muss den Bauern deshalb noch stärkere Anreize bieten, ihre Landwirtschaft auf nachhaltige Methoden umzustellen.

Schlussendlich braucht es mehr Forschung, um ökologische Zusammenhänge noch besser zu verstehen und die hier vorgestellten Methoden zur Schädlingsregulierung kontinuierlich weiterzuentwickeln. Und es braucht einen wirklich smarten Technikeinsatz: mit der heutigen Rechenleistung können Klimamodelle modelliert werden, Früherkennung und Diagnose von Krankheiten und Schädlingen automatisiert werden. Wir sind theoretisch in der Lage, jeder einzelnen Pflanze im Feld einen GPS-Punkt zuzuteilen. Mit smarter Technik könnte man hochkomplexe, ökologisch wertvolle Agroforstsysteme effizient bewirtschaften. Der Trend beim „Smart Farming" geht allerdings eher in eine andere Richtung: Sensorgesteuerte Düngerstreuer, die für möglichst große unkrautfreie Felder konzipiert wurden, zementieren den Status quo unserer Landwirtschaft. Wirklich smart wäre es, neue Technologien und neue Anbausysteme gemeinsam zu entwickeln.

Verschiedene Begriffe von nachhaltiger Landwirtschaft

Bisher hatten wir im Hinblick auf nachhaltige Landwirtschaft viel vom Biolandbau gesprochen. Aber in den letzten Jahren tauchten verschiedene Begriffe in der öffentlichen Diskussion auf, die ebenfalls mit dem Bemühen um nachhaltige Landwirtschaft im Zusammenhang stehen. Dazu gehört zum Beispiel der Begriff Agrarökologie. Wenn Sepp Braun[31], unser sehr geschätzter Partner und Freund diesen Begriff verwendet, dann verbindet er damit ein Wissen um die wechselseitigen Wirkungen zwischen der bäuerlichen Tätigkeit und dem Ökosystem, in das jeder Landwirtschaftsbetrieb eingebunden ist. Und insofern ist sein Wissen agrarökologisches Wissen, das er sich in Jahrzehnten bäuerlicher Praxis, durch vielfältige Studien und eigene Forschungen erworben hat. Sein Weg führte ihn immer tiefer und immer breiter in ein Verständnis der Schöpfung, wie er es nennt, und der vielfältigen Beziehungen, Zusammenhänge und Symbiosen, die in der Natur wirksam sind. Dadurch wurde sein Respekt vor der Natur größer und sein bäuerlicher Umgang mit ihr achtsamer und vor allem vielfältiger. Wenn Lobbyorganisationen der Agrarindustrie diesen Begriff verwenden, dann kann man davon ausgehen, dass sie damit etwas anderes verbinden und auch etwas anderes beabsichtigen, zum Beispiel der industriellen Landwirtschaft den Anschein der Nachhaltigkeit zu geben.

Wichtig ist daher, sich klar zu machen, dass nicht jeder, der den Begriff verwendet, damit auch das Gleiche meint. Neben dem Ökolandbau und der Agrarökologie gibt es noch weitere Begriffe, die mit nachhaltiger Landwirtschaft in Verbindung gebracht werden, wie zum Beispiel regenerative Landwirtschaft oder Hybridlandwirtschaft. Wir hatten die Agrarwissenschaftlerin und Bodenexpertin Dr. Andrea Beste für das Magazin des Bodenfruchtbarkeitsfonds einmal gebeten, durch einen Beitrag etwas Klarheit in die Begriffsverwirrung zu bringen. Wir sind der Ansicht, dass ihr Beitrag hilfreich ist zur Orientierung. Daher geben wir ihn im Folgenden wieder:

Ökolandbau, Agrarökologie, regenerative Landwirtschaft, Hybridlandwirtschaft ... genau hinsehen lohnt sich!

In den letzten Jahren haben begriffliche Umschreibungen für „nachhaltige Landwirtschaft" stark zugenommen. Agrarökologie, regenerative Landwirtschaft, Hybridlandwirtschaft, wer blickt da noch durch? Äußerungen dazu, was „nachhaltig" ist, reichen heute von „Landwirte sind per se Umwelt- und Klimaschützer" seitens des Deutschen Bauernverbands bis hin zur Aussage „Ökolandbau ist doch heute auch schon weitestgehend konventionalisiert, was ist da noch öko?" von jungen Kritikern. Was also ist wirklich nachhaltig und lässt sich das überhaupt nachprüfen? Ein Versuch, das Dickicht etwas zu lichten und aufzuzeigen, dass es wichtig ist, genauer hinzusehen.

Agrarökologie

„Agrarökologie" ist einerseits eine wissenschaftliche Disziplin, andererseits beschreibt der Begriff Bewegungen, wurzelnd in den 1970er-Jahren (vor allem in Entwicklungsländern), die dem vermehrten Einsatz von chemischen Düngern und Pestiziden sowie der exportausgerichteten Plantagenwirtschaft kritisch gegenüberstanden und für alternative Landwirtschaftssysteme, faire Bezahlung und eine konzernunabhängige Produktion warben.

Die Abgrenzung zum ökologischen Landbau ist inhaltlich schwierig, da die Ziele überwiegend deckungsgleich sind. Vertreter der agrarökologischen Bewegung behaupten oft, Agrarökologie beinhalte die besondere Förderung von Kleinbauern oder ginge „über den ökologischen Landbau hinaus". Beides ist nicht ganz richtig und nicht ganz falsch. Zum einen beinhaltete die Ökolandbaubewegung von Anfang an auch eine sehr starke Schwerpunktsetzung auf kleine und mittlere Betriebe und regionales, von internationalen Konzernen unabhängiges Wirtschaften, hat das aber nie in festen Richtlinien festgelegt. Andererseits haben agrarökologische Bewegungen abseits lokaler oder regionaler Zusammenschlüsse ebenfalls keinerlei Richtlinien, die dies nachprüfbar festlegen.

Auch wenn es für agrarökologische Produktionsmethoden sehr viel traditionelles Erfahrungswissen, ganz besonders in Südamerika, Asien und Afrika gibt (welches von der etablierten europäischen Agrarwissenschaft bis heute weitestgehend ignoriert wird), gibt es keinerlei nationale oder internationale Produktionsstandards. Gemeinsam haben Ökolandbau und Agrarökologie zwar, dass sie chemisch-synthetische Dünger und Pestizide ablehnen, organische Dünger verwenden und ihre Anbausysteme mittels Vielfalt stabilisieren. Während dies im zertifizierten ökologischen Landbau aber überprüfbar ist und streng kontrolliert und belegt werden muss, gibt es eine derartige Sicherheit und Transparenz bei der Agrarökologie nicht. Theoretisch kann jeder Landwirt, der es für notwendig erachtet, konventionelle Pestizide oder Mineraldünger einsetzen und das dennoch „agrarökologisch" nennen, überprüft wird das nicht. Und auch die europäische Dachorganisation der Gentechnik-Lobbyisten steigt inzwischen ein und macht „Agroecology".[32]

Ökolandbau

Die ersten ökologischen Landbauaktivitäten entstanden in Europa mit der „Lebensreform-Bewegung"[33] nach dem ersten Weltkrieg. Daraus ergab sich die Besinnung auf eine Düngung mit organischen Abfällen, Kompostierung, Gründüngung und Bodenbedeckung, schonende Bodenbearbeitung, Nährstoffersatz durch die Rückführung kompostierter städtischer organischer Abfälle und Fäkalien sowie durch Gesteinsmehle. Schon damals waren es vor allem Probleme wie Bodenverdichtung und Bodenmüdigkeit, die zu diesem Umdenken führten.

Um Missbrauch des Begriffs im Handel und Verstöße bei der Erzeugung zu vermeiden, wurde 1992 eine EU-weit gültige gesetzliche Regelung mit Produktionsstandards und Vorgaben zur Verwendung des Begriffs „ökologischer Landbau" festgeschrieben (EC Regulation 2092/91). 2007 hatten weltweit 60 Länder gesetzliche Regelungen verabschiedet, 2017 waren es 93.[34] Die Anbauweise „Ökolandbau (bio, eco, organic)" ist daher die einzige, für die international eindeutige Regeln vorliegen und die auch kontrolliert werden. Es ist das einzige „Öko"-Bewirtschaftungssystem, welches durch gesetzliche Grundlagen abgesichert ist. Was die Nachhaltigkeit angeht, belegen hunderte von internationalen, nationalen und regionalen wissenschaftlichen Vergleichsstudien, die Überlegenheit des Ökolandbaus in allen Bereichen, die für eine messbar nachhaltige Landwirtschaft stehen.[35]

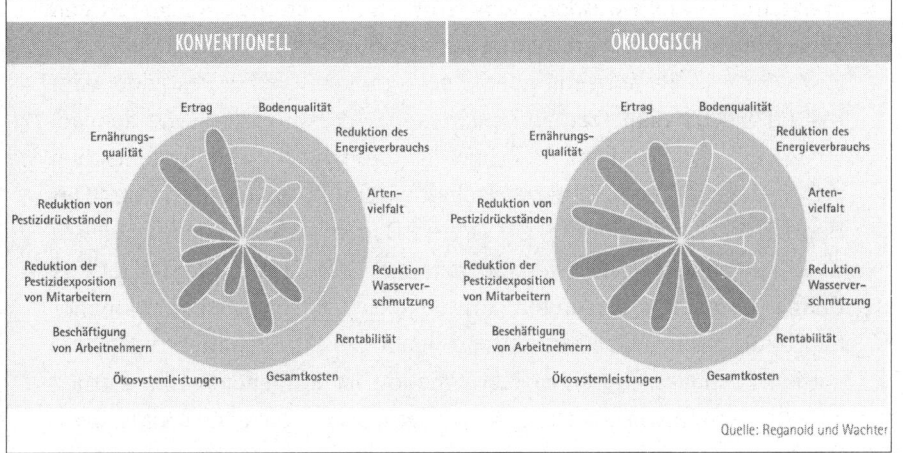

Abbildung 2: Ökolandbau verglichen mit konventioneller Landwirtschaft in der 40-jährigen Studie von Reganold und Wachter, 2016

Regenerative Landwirtschaft

Im Juni 2015 wurde in Costa Rica eine internationale landwirtschaftliche Bewegung[36] gegründet, die die globale Erwärmung umkehren und den Hunger in der Welt beenden will. Ein Großteil der Mitgründer kommt aus der internationalen Szene im oder um den ökologischen Landbau. Die Ziele legen neben der ökologischen Produktion einen deutlichen Schwerpunkt auf den Kampf gegen den Klimawandel. Schaut man nach den Wurzeln für den Begriff „regenerative Landwirtschaft", findet man eine Definition von Christen et al.: „Als Regenerative Landwirtschaft wird ein Ansatz in der Landwirtschaft bezeichnet, der Pestizide und Kunstdünger ablehnt und dabei die Regeneration des Mutterbodens, die Biodiversität und den Kreislauf des Wassers verbessern soll."[37] Das entspricht fast deckungsgleich den IFOAM-Prinzipien[38] des ökologischen Landbaus.

Seit 2018 wird auch ein Zertifizierungsstandard mit verbindlichen Standards für die USA diskutiert, der den ökologischen Landbau eindeutig zur Grundlage macht.[39] In Deutschland nennt man dieses System auch „aufbauende Landwirtschaft".[40] Allerdings wird die Grenze zur konventionellen Bewirtschaftung häufig nicht klar gezogen und es gibt keine einheitliche Zertifizierung oder Kontrolle.

Hybridlandwirtschaft

Der Begriff „Hybridlandwirtschaft" ist nicht genau definiert. Der Begriff wird aktuell vom Deutschen Bauernverband, der deutschen Landwirtschaftsministerin Klöckner und Prof. Taube, Uni Kiel, als Frame für einen sogenannten „dritten Weg" zwischen konventioneller und ökologischer Bewirtschaftung benutzt.[41] Das Problem mit dieser vermeintlich versöhnenden Kombination ist Folgendes: Der Einsatz von Mineraldünger führt zu Mangelernährung im Boden, zu einem Rückgang der biologischen Aktivität, Strukturverlust und Verdichtung. Damit bedingt er eine verminderte Wasseraufnahme und -speicherfähgkeit der Böden, macht Pflanzen anfällig gegenüber Krankheiten und Stress und erzwingt dadurch den Einsatz von Pestiziden. Verzichtet man auf ihn, ist man schon bei der wichtigsten Voraussetzung für den Verzicht auf Pestizide angelangt. Was genau sollte man hier kombinieren?

Das heißt nicht, dass der Ökolandbau nicht dringend weiterentwickelt werden muss. Aber doch bitte nicht rückwärts in Richtung nicht nachhaltiger Düngung. Ökolandbau lässt sich durch Systemoptimierung verbessern: Mit den Techniken der Permakultur, dem Agroforst oder der integrierten Feld-Wald-Weidewirtschaft besteht ein enorm großes Potenzial zur Entwicklung hochleistungsfähiger, klimafreundlicher Agrarsysteme, die einen deutlich höheren Kalorienausstoß pro Fläche erzeugen können als der aktuell praktizierte Ökolandbau. Damit wäre auch die immer schon falsch gestellte Ertragsfrage, die die positiven Ökosystemdienstleistungen des Ökolandbau nicht zum „Ertrag" zählt, auch für die Skeptiker ausreichend geklärt.[42]

Gefahr des Greenwashings

Da auch konventionelle Betriebe mit Einsatz chemisch-synthetischer Düngemittel und Pestizide reklamieren können, „agrarökologisch" oder „regenerativ" zu wirtschaften, lädt diese Ungenauigkeit zum

Greenwashing ein. Es ist zu beobachten, dass bei Praktikern, bei Verbrauchern und auf politischer Ebene die Verwirrung, aber auch der gezielte politische Einsatz der Begriffe in den letzten Jahren steigt. Auf europäischer Ebene und global weichen Entscheidungsträger immer wieder gerne auf Begriffe wie „regenerativ" oder „agrarökologisch" aus, wenn sie nachprüfbare Änderungen des Systems und daher die explizite Nennung des Ökolandbaus vermeiden wollen, denn dieser ist ja eindeutig definiert und lässt keinen Interpretationsspielraum zu. In diesem Konzept eines „new framing" liegt durchaus eine Gefahr für die Durchsetzung wirklich nachhaltiger Bewirtschaftungssysteme.

Ökolandbau ist die Basis – jetzt muss es weitergehen

In Europa macht es eigentlich nicht viel Sinn, „agrarökologisch" oder „regenerativ" außerhalb des Ökolandbaus zu produzieren, denn bei der ökologischen Bewirtschaftung halten alle dieselben Grundregeln ein, man bekommt Fördergelder, hat (in vielen europäischen Ländern) eine professionelle Beratung, etablierte und kontrollierte Märkte und ist dem Konsumenten gegenüber abgesichert und transparent. Für die Entwicklung und Verbreitung agrarökologischer und regenerativer Techniken wie Permakultur- und Agroforst innerhalb des Ökolandbaus gäbe es jedoch noch deutlichen Spielraum nach oben. Doch in Europa fließen nur 2,3 Prozent der Agrarforschungsmittel in ökolandbaunahe Forschungsfelder.[43] Das steht in krassem Gegensatz zu den seit Jahren international belegten Fortschrittspotenzialen und hat eindeutig politische Gründe. Eigentlich müssten Millionen in die Weiterentwicklung dieser vielversprechenden hoch innovativen Anbausysteme fließen, zumindest im Vergleich zu den aktuell überwiegend praktizierten konventionellen Agrarsystemen, die – wissenschaftlich mehrfach belegt – weder energieeffizient noch ökonomisch ertragreich für Erzeuger, noch tragbar für die Ökosysteme und das Klima sind.[44] Wenn die EU-Kommission ihr Ziel 25 Prozent Ökolandbau in Europa 2030 wahr machen will, dann müssen auch 25 Prozent der Forschungsmittel in diese Richtung fließen.

Wirtschaft und Landwirtschaft

Der technische Fortschritt hat in vielen Bereichen der Wirtschaft, auch in der Landwirtschaft, einen Produktivitätszuwachs ermöglicht, der auf den ersten Blick eindrucksvoll erscheint. Sehr viele Arbeiten, die früher mühevoll von Menschenhand verrichtet wurden, werden heute von Maschinen oder mit Maschinen ausgeführt, und das schneller, oftmals präziser und vor allem günstiger. Diese Entwicklung hatte zur Folge, dass ein in der industriellen Landwirtschaft tätiger Bauer in Deutschland heute dafür sorgen muss, dass etwa 135 Menschen satt werden, während es vor einhundert Jahren nur vier Menschen waren, die ein Bauer durch seiner Hände Arbeit ernährte. Das sind Zahlen, die voller Stolz präsentiert werden, weil sie zunächst den Anschein erwecken, als wäre die industrielle Landwirtschaft hoch produktiv.

Das ist sie aber nur, wenn man mit technokratisch verengtem Blick, zum Beispiel bloß auf die Getreidemasse an Tonnen pro Hektar schaut, die auf diese Weise geerntet werden kann, und außerdem die Schäden ausblendet, die bei dieser Produktionsweise entstehen. In der Getreidezüchtung des Biolandbaus unterscheidet man zum Beispiel drei unterschiedliche Erträge, die alle im Hoforganismus eine wichtige Rolle spielen und von denen das geerntete Getreide nur einer ist. Das muss man berücksichtigen, wenn man Ernteerträge vergleichen will.

„Konkret muss die Kulturpflanze drei Erträge in unterschiedlichen Bereichen ihres Wachstums liefern, die gegeneinander ausgewogen sein müssen. Der erste Ertrag dient der Ernährung des Bodenlebens als Bodenorganismus über die Wurzelbildung, der zweite der Ernährung des Hof-Organismus mit Futter, Stroh und anderem organischen Material für die Tiere, die Fruchtfolge und für die organische Düngerwirtschaft, und erst der dritte ist die Produktion von gesunden Früchten und Nahrungsmitteln in ausreichender Menge und Qualität für die Ernährung der Menschen. Ertrag eins und zwei bilden die Gesundheits- und Nachhaltigkeitsgrundlage für Ertrag drei. Werden eins und zwei vernachlässigt, leiden nicht nur die Ertrags- und Qualitätsstabilität, sondern der Gesamtbetrieb nimmt früher oder später Schaden: Fruchtbarkeit und Resilienz gehen zurück.

Weil jede Kultur ihre Einseitigkeit hat, muss dies im gesunden Betrieb mit Kultur- und Düngungsmaßnahmen sowie durch spezifische Fruchtfolgen ausgeglichen werden. Stroh als Ernterückstand wird beispielsweise in intensiven Getreide-Monokulturen als Belastung gesehen, weil es unter anderem pathogene Pilze vermehren und die Verfügbarkeit von Stickstoff reduzieren kann. Deshalb sind Kurzstrohsorten aus der modernen Züchtung beliebt. Wenn es keine andere Verwendung gibt, wird das wenige Stroh, das noch auf dem Feld bleibt, vielerorts verbrannt, im besten Fall zur Energiegewinnung, oft jedoch auf dem freien Feld. Im Biolandbau hingegen bringt das Stroh als Einstreu oder als Futter in der richtigen Mischung mit dem Mist der Tiere einen idealen organischen Dünger, der nicht nur eine Steuerung der Nährstoffzirkulation im Hoforganismus ermöglicht, sondern langfristig wesentlich zur Verbesserung der Bodenfruchtbarkeit und zur Einbindung von CO_2 beziehungsweise Kohlenstoff in die Böden beiträgt. Pro Hektar und Jahr können mehrere Tonnen CO_2 sequestriert werden."[45]

Bezieht man dann noch die Tatsache mit ein, dass Biolebensmittel aus einer naturnahen Produktion meistens mehr Nährstoffe enthalten,[46] wird klar, dass ein objektiver Ertragsvergleich zwischen Biolandbau und industrieller Landwirtschaft viele verschiedene Faktoren mit einbeziehen muss, da man ansonsten zu falschen Ergebnissen kommt. Das wird noch deutlicher, wenn man vor dem Hintergrund des Klimawandels noch Folgendes bedenkt: Zwecks besserer und schnellerer Befahrbarkeit zugunsten einer höheren „Produktivität" wurden im Zuge der Industrialisierung der Landwirtschaft unzählige Bäume und Sträucher ausgerissen, die Flure wurden „bereinigt", wie man das nannte. Nicht mitbedacht hat man dabei die enorme Kühlleistung, die diese Bäume und Sträucher im Ökosystem einstmals erbracht haben und die sie nun nicht mehr erbringen können, weil sie nicht mehr da sind. Das sind „Erträge", die verloren gegangen sind, relativ unbemerkt, aber folgenreich. Abgesehen davon sind durch die Flurbereinigung noch ganz andere Schäden entstanden, zum Beispiel dadurch, dass unzähligen Tieren, die in Bäumen und Sträuchern leben, die Lebensräume genommen wurden. Womit wir wieder beim dramatischen Schwund der

Biodiversität, der Artenvielfalt wären. Alles hängt in lebendigen Systemen eben mit allem zusammen.

Die volkswirtschaftlichen Kosten genau zu beziffern, die durch industrielle Landwirtschaft entstehen, erweist sich zumindest in einigen Bereichen als schwierig. Das mussten wir im Gespräch mit Wissenschaftlern bei der Herausgabe unseres Buches häufiger feststellen. Das hängt zum Beispiel damit zusammen, dass man inzwischen zwar weiß, dass Pestizidrückstände, die von Müttern eingeatmet oder über die Nahrung aufgenommen werden, auch in kleinsten Mengen die embryonale Entwicklung ihrer Kinder schwer schädigen können.

Man weiß auch, dass Pestizidrückstände bei Babys und Kleinkindern viel größere Schäden anrichten können als bei Erwachsenen, weil die kindlichen Organismen sich noch in Entwicklung befinden und dadurch auf äußere Einflüsse viel empfindlicher reagieren.[47] Es wird aber komplex und sicher auch ungenau, wenn man ausrechnen will, wie hoch die durch solche Schäden verursachten zusätzlichen Kosten im Gesundheitssystem sind. Man kennt auch die Wirkungen auf den menschlichen Organismus nicht, wenn verschiedene synthetische Pestizide zusammenwirken, weil das fast nie untersucht wurde. Man weiß aber sehr wohl aus einzelnen Studien, dass unter Umständen Giftstoffe sehr viel giftiger werden, wenn sie mit anderen Substanzen in Verbindung treten. Man weiß auch, dass synthetische Pestizide Wasserlebewesen, Würmer, Vögel schädigen und damit ganze Nahrungsketten zum Einstürzen bringen können und bereits geringste Konzentrationen von Neonikotinoiden, einer speziellen Klasse von synthetischen Pestiziden, heute die Hälfte aller Honigbienen weltweit gefährden.[48] Hinzu kommt die Verschmutzung des Trinkwassers durch Rückstände von Pestiziden und vieles andere. In der Schweiz wurden bereits Trinkwasserentnahmestellen geschlossen, weil Grenzwerte überschritten werden. Hinzu kommen die negativen Auswirkungen auf das Klima durch die Schädigung der Böden und den Einsatz von Stickstoffdünger, der in der Produktion sehr energieaufwendig ist. All diese Schäden monetär zu bewerten, das ist sehr komplex. Schätzungen ergeben jährliche globale Schäden in Höhe von 12 Billionen US-Dollar, die durch dieses im Grunde bankrotte Lebensmittelsystem hervorgerufen wer-

den. Bis 2050, so schätzt man, steigen diese Kosten auf bis zu 16 Billionen Dollar pro Jahr an.[49]
Die Produktivität der industriellen Landwirtschaft scheint nur so lange hoch zu sein, wie die Schäden an der Natur und der öffentlichen Gesundheit nicht berücksichtigt werden.
Die Produkte aus der industriellen Landwirtschaft sind daher nicht billig. Es hat nur den Anschein als wären sie es, weil nicht richtig gerechnet und das Verursacherprinzip nicht angewendet wird. Stattdessen werden diese Kosten externalisiert. Sie wirken sich nicht in der Buchhaltung der verursachenden Betriebe aus, sondern werden nachfolgenden Generationen aufgebürdet. Nachhaltig ist das nicht. Würden alle diese Kosten in den Produktpreisen enthalten sein, dann wäre die industrielle Landwirtschaft gegenüber dem Biolandbau nicht mehr konkurrenzfähig. Denn wer würde freiwillig pestizidbelastete Produkte aus einer vielfach umweltschädigenden Produktionsweise kaufen, die schlechtere Nährwerte haben und gleich viel oder mehr kosten als Bioprodukte? Es gibt inzwischen eine ganze Reihe von Initiativen und Richtungen, die sich um Kostenwahrheit im Hinblick auf unterschiedliche Land- und Lebensmittelsysteme bemühen.

Wir schätzen viele dieser Initiativen sehr, halten innerhalb dieser Vielfalt aber einen Ansatz für besonders zukünftig und praktikabel und haben ihn daher in unseren Bodenfruchtbarkeitsfonds integriert. Dieser Ansatz konzentriert sich aufgrund der Bewertungsprobleme weniger auf die Kostenseite, sondern mehr auf die monetäre Bewertung der vielfältigen Leistungen, die durch nachhaltig wirtschaftende Bäuerinnen und Bauern erbracht werden. Denn neben der Kostenwahrheit braucht es auch eine Leistungswahrheit im Hinblick auf unterschiedliche Anbausysteme, und zwar bis in die betrieblichen Buchhaltungssysteme hinein. Diese Leistungen zu bewerten ist wesentlich einfacher. Es wird bei diesem Ansatz aber nicht der Wert einer Feldlerche, eines Schmetterlings oder einer Biene berechnet, weil das unsinnig wäre, sondern die Leistungen, die ein Bauer oder eine Bäuerin erbringen muss, damit diese Tiere in der Agrarlandschaft wieder einen geeigneten Lebensraum vorfinden können. Wir sind begeistert von diesem Ansatz.
Die Begeisterung rührt auch daher, dass es bei diesem Ansatz gelungen ist, die komplexen Wechselbeziehungen innerhalb der ökologischen

Zusammenhänge, aber auch Aspekte der regionalen Wertschöpfung sowie des Sozialen zu berücksichtigen, ohne dass das Ganze dadurch unübersichtlich und unpraktikabel wird. Es ist damit gelungen, Instrumente zu schaffen, wodurch die Nachhaltigkeitsleistungen von Landwirtschaftsbetrieben endlich realitätsnah bewertet werden können. Damit sind die Voraussetzungen dafür geschaffen, dass sie auch vergütet werden können. Und weil wir diesen Ansatz für so zukünftig halten, werden wir ihn im Folgenden etwas näher beschreiben.

Dimensionen der Nachhaltigkeit — Die Methode „Richtig Rechnen in der Landwirtschaft" der Regionalwert AG Freiburg

Die in „Richtig Rechnen" erfassten Nachhaltigkeitsleistungen werden drei Themenfeldern der Nachhaltigkeit zugeordnet: Soziales, Ökologie, Regionalökonomie. Diese Einteilung dient vor allem der Strukturierung der einzelnen Kategorien und Unterkategorien. In Realität stehen jedoch die meisten Leistungen in komplexer und vielsetiger Wechselwirkung sowohl mit der Gesellschaft (Soziales), der Umwelt (Ökologie) als auch der Wirtschaft (Regionalökonomie). Innerhalb der Themenfelder gibt es jeweils zwei bis vier Kategorien, welche die Unterkategorien themenbezogen gruppieren. In der sozialen Dimension gibt es die Kategorien „Fachwissen" und „Betrieb in der Gesellschaft". Die ökologische Dimension unterteilt sich in die Kategorien „Bodenfruchtbarkeit", „Biodiversität", „Klima und Wasser" sowie „Tierwohl". Die regionalökonomische Dimension besteht aus den Kategorien „Wirtschaftliche Souveränität" und „Regionale Wirtschaftskreisläufe".

„Angetrieben von der Herausforderung und dem Ziel, diese Leistungen in übersichtlicher und ganzheitlicher Form darstellen und durch möglichst einfache Online-Eingaben erfassen zu können, entwickelten und erforschten wir in den Jahren 2016 bis 2019 die monetäre Wertsetzung dieser Maßnahmen und Leistungen in unseren Forschungsprojekten ‚Richtig Rechnen in der Landwirtschaft I und II'. Gemeinsam mit Akteuren aus Landwirtschaft, Gesellschaft, Politik und Wissenschaft entwickelten wir ein umfangreiches Set von Leistungskennzahlen und erarbeiteten deren Bewertung und Monetarisierung.

In der Folge des Projekts wurden die Regionalwert-Nachhaltigkeitsanalyse und die Regionalwert-Leistungsrechnung entwickelt. Landwirtinnen und Landwirte können durch unsere Regionalwert-Leistungsrechnung ihre geschaffenen Mehrwerte transparent und finanziell ausdrücken.

Zusätzlich erhalten sie mit der Regionalwert-Nachhaltigkeitsanalyse endlich eine objektive Einschätzung, wie sich ihre tägliche Arbeit auf die Nachhaltigkeit ihres Betriebs auswirkt."[50]

Nachhaltigkeitsanalyse

Dieses Instrument bewertet bis über 200 Kennzahlen in den Bereichen Ökologie, Soziales und Regionalökonomie. Landwirtschaftliche Betriebe bekommen bei jeder Kennzahl eine prozentuale Zielerreichung zwischen 0 und 100 Prozent. Je nach Zielerreichung wird das Ergebnis mit einer Farbskala optisch verdeutlicht. Damit ist die Möglichkeit gegeben, positive und auch negative Entwicklungen in den verschiedenen Bereichen sichtbar zu machen. Die Nachhaltigkeitsanalyse ermöglicht es den Bäuerinnen und Bauern zugleich, einen ganzheitlichen Überblick über die komplexe Vielfalt der verschiedenen Nachhaltigkeitsthemen in ihrem Betrieb zu haben und zu halten und ganz bewusst Entwicklungen in die Richtung der eigenen Zielsetzungen voranzutreiben.

Anwendungsbereiche sind: Interne Prüfung auf Nachhaltigkeit, Kommunikation an Kunden, Nachhaltigkeitsbericht für Banken, Grundlage für die Berichtsberatung. Mit der Regionalwert-Nachhaltigkeitsanalyse können die sozial-ökologischen Leistungen von Landwirtschaftsbetrieben schnell und übersichtlich erfasst werden. Die einfache Online-Eingabe ermöglicht eine unkomplizierte Erfassung der Werte. Dabei spielt es keine Rolle, ob es sich um Bio-Betriebe oder um konventionell bewirtschaftete Betriebe handelt. Das Tool für nachhaltige Betriebsentwicklung bietet dem Landwirtschaftsbetrieb einen übersichtlichen und ganzheitlichen Orientierungsrahmen im Hinblick auf die Themenfelder Ökologie, Soziales und Ökonomie, insbesondere Regionalökonomie.

Leistungsrechnung

Mit der Regionalwert-Leistungsrechnung können die finanziellen Werte der sozialen, ökologischen und regionalwirtschaftlichen Leistungen der Landwirtschaftsbetriebe ermittelt werden. Diese wichtigen Leistungen für Betrieb, Gesellschaft und Umwelt werden dank der Regionalwert-Leistungsrechnung endlich greifbar, transparent kommunizierbar und schließlich auch bezahlbar. Damit steht der Gesellschaft und auch der Politik ein praxiserprobtes Steuerungsinstrument für eine nachhaltige Entwicklung der Landwirtschaft zur Verfügung. Dieses Instrument bewertet die erbrachten Nachhaltigkeitsleistungen monetär. Grundlage für die Wertbildung sind wissenschaftliche Referenzwerte, Einschätzungen von Landwirtinnen und Landwirten sowie gesellschaftliche Wertbildungen. Anwendungsbereiche: Gesellschaftliche Ausgleichzahlungen, Staatliche Ausgleichzahlungen, Ausgleichzahlungen in der Lieferkette, Preistransparenz, Preisbildung mit Kunden.

Wie funktioniert der Ablauf?

1. Stufe: Erfassung von Nachhaltigkeitsleistungen

Im Rahmen des Forschungsprojekts „Richtig Rechnen" wurde ein Set von 7 Kategorien, knapp 50 Unterkategorien und circa 180 Eingabewerten zur Erfassung von Nachhaltigkeitsleistungen entwickelt und bis heute weiterentwickelt (siehe Schaubild unten). Die Zusammenstellung und Definition der einzelnen Eingabewerte war und ist ein anhaltender Prozess, dem grundsätzlich folgende Fragen zugrunde liegen: Welche Leistungen beschreiben einen nachhaltig wirtschaftenden Betrieb? Wie können diese Leistungen praktikabel und sachgemäß erfasst werden? Dabei muss immer abgewogen werden zwischen einer vollständigen Darstellung des Betriebsgeschehens auf der einen Seite, und einem nicht ausufernden Erfassungsaufwand auf der anderen Seite.

2. Stufe: Bewertung

Um die erfassten Daten bewerten zu können, ist ein Interpretationsrahmen notwendig. Dazu ist es wichtig, zum einen den Ist-Zustand der landwirtschaftlichen Praxis zu kennen und zum anderen ein Ziel pro Leistungskennzahl zu definieren. Daraus können dann Grenzwerte abgeleitet werden, die zwischen 0 und 100 Prozent erreicht werden können.

3. Stufe: Monetarisierung

Um zu zeigen, dass durch Nachhaltigkeitsleistungen nicht nur betriebliche Kosten entstehen, sondern auch Vermögen und Güter (Bodenfruchtbarkeit, Biodiversität etc.) aufgebaut oder erhalten werden, ist es wichtig, diese Leistungen monetär abzubilden. In der Richtig-Rechnen-Methode gibt es unterschiedliche Rechenwege zur Monetarisierung der Leistungskennzahlen. Wichtig ist jedoch, dass unterschiedliche Sichtweisen zur Wertbildung beitragen. So werden neben wissenschaftlichen Studien auch die Meinung der Landwirte und Landwirtinnen sowie der Gesellschaft berücksichtigt.

4. Stufe: Vergütung

Sind alle Leistungen des Betriebes erfasst und in Geldwerten ausgedrückt, erhält er die Regionalwert-Leistungsrechnung. Diese Leistungsrechnung dient dann als Grundlage für den Leistungsausgleich, den Landwirte und Landwirtinnen für geschaffene Mehrwerte erhalten sollten.

Wirksamkeit und bisherige Ergebnisse — Welchen Mehrwert haben die Landwirte und Landwirtinnen?

Die Rückmeldungen von Landwirtinnen und Landwirten, die die Instrumente genutzt haben sind positiv. Zudem gibt es erste Ansätze zur Anerkennung und Bezahlung der Leistungen. Durch die detaillierte und transparente Darstellung sowie der Monetarisierung der nachhaltigen Leistungen können Landwirtinnen und Landwirte nun ihrer Forderung nach mehr Wertschätzung einen fundierten Nachweis geben und gemeinsam mit Akteuren aus Politik, Wirtschaft und Gesellschaft nach Lösungen suchen.

Nachhaltigkeitsanalyse und Leistungsrechnung im Bodenfruchtbarkeitsfonds

Mit den Partnerbetrieben des Bodenfruchtbarkeitsfonds der Bio-Stiftung Schweiz und den anderen Projektpartnern sollen diese Instrumente in der bisher größten zusammenhängenden Gruppe praktisch angewendet evaluiert und kommuniziert werden. Zur praktischen Umsetzung in diesem Pilotprojekt gehört, dass die nachhaltigen Leistungen nicht nur erfasst, bewertet und bilanziert, sondern auch vergütet werden sollen.

Die Transformation der (Land)wirtschaft – Die Kunst, der freie Mensch und das Geld

Von der Belohnung von Landbesitz zur Aufwandsentschädigung für Nachhaltigkeitsleistungen

Nachhaltigkeitsleistungen von Landwirtschaftsbetrieben bewerten zu können schafft die Voraussetzungen dafür, dass Agrarsubventionen in Zukunft überhaupt leistungsbezogen vergeben werden können. Bisher ist es ja in vielen Ländern so, dass Landbesitz in der Hauptsache durch Flächenprämien belohnt wird. Es ist aber für den Steuerzahler kaum nachzuvollziehen, dass Eigentümern von landwirtschaftlichen Nutzflächen Steuergelder geschenkt werden, nur weil sie Land besitzen. Denn Land zu besitzen ist ja keine Leistung, sondern ein Privileg, das mit viel Verantwortung verbunden ist. Nachvollziehbar wäre vielmehr, wenn Bäuerinnen und Bauern eine Aufwandsentschädigung dafür bekommen, dass sie Leistungen im Dienste des Gemeinwohls erbringen. Es ist offensichtlich, dass die leistungsbezogene Aufwandsentschädigung ein mächtiger Hebel sein kann, um den Transformationsprozess der Landwirtschaft hin zu mehr Nachhaltigkeit zu beschleunigen.

Im Bodenfruchtbarkeitsfonds wollen wir untersuchen, wie sich die leistungsbezogene Aufwandsentschädigung nach der Methode von „Richtig Rechnen", wenn sie denn gezahlt wird, auf das Engagement der Bäuerinnen und Bauern und somit auf die Entwicklung der einzelnen Betriebe auswirkt.

Wirtschaft im Ungleichgewicht

Als gemeinnützige Stiftung benötigen wir Spendengelder für alle unsere Projekte. Die Bio-Stiftung Schweiz ist eine Initiativstiftung und keine Vergabestiftung. Wir haben kein größeres Vermögen im Hintergrund und verbringen sehr viel Zeit mit Fundraisingaktivitäten, weil wir ohne Spenden unsere Arbeit überhaupt nicht machen könnten. Auf Spendengelder angewiesen sind aber nicht nur wir, sondern auch viele andere innovative Initiativen und Projekte, die sich für die Gesundung des Ökosystems Erde einsetzen oder sich in anderen Bereichen für den Kulturfortschritt engagieren. Es gäbe sehr viel zu tun in diesen Bereichen, es könnten in nächster Zeit viele sinnvolle Arbeitsplätze entstehen, um die dringend notwendige Transformation der Landwirtschafts- und Lebensmittelsysteme in schnellem Tempo voranzutreiben. Es gibt ungeheuer viele Menschen mit enormen Begabungen, die nichts lieber tun würden, als sich mit ihrem Können in diesen Transformationsprozess einzubringen. Aber oft fehlt es am Geld, diese Menschen zu bezahlen, was den Prozess erschwert und verlangsamt. Warum ist das so? Wenn man auf das Ganze der Wirtschaft blickt, wundert man sich. Denn an finanziellen Möglichkeiten fehlt es nicht.

Die Wertschöpfung in der Landwirtschaft macht heute nur einen Bruchteil der Wertschöpfung im Verhältnis zur Gesamtwirtschaft aus. Das liegt daran, dass in anderen Bereichen wie zum Beispiel in der Industrie durch den Einsatz von Maschinen hoch produktiv gearbeitet werden kann und somit auch viel Kapital und Vermögen innerhalb der Volkswirtschaften gebildet wird. Aus volkswirtschaftlicher Perspektive betrachtet wäre also genug Geld da, um die Transformation der Landwirtschafts- und Lebensmittelsysteme zu finanzieren und diesen Prozess stark zu beschleunigen. Fakt ist aber, das meiste Geld befindet sich in den Händen von relativ wenigen Menschen, die immer mehr wollen, und es ist oft nicht da, wo es für wichtige Transformationsprozesse dringend benötigt wird.

Ernst Ulrich von Weizsäcker, der bedeutende Denker der Nachhaltigkeit und sehr geschätzte Botschafter unseres Bodenfruchtbarkeitsfonds, hat uns im Gespräch einmal darauf aufmerksam gemacht, dass es einen Begriff gibt, der im Club of Rome im Hinblick auf nachhaltige Entwicklung zunehmend an Bedeutung gewinnt, weil er dabei helfen kann, Probleme besser zu verstehen, und auch bei der Entwicklung und Umsetzung von nachhaltigen Lösungen sehr hilfreich sein kann. Es ist der Begriff der Balance. Dieser Begriff ist nicht neu. In Asien bietet er den Menschen seit Jahrtausenden Orientierung im Leben, auch im Hinblick auf die eigene Gesundheit.

Und tatsächlich: wenn wir die Entwicklung der Landwirtschaft und die wirtschaftliche Entwicklung in den vergangenen Jahrzehnten unter diesem Gesichtspunkt genauer ansehen, ist einiges nicht im Gleichgewicht.

Zum Beispiel haben die Vermögensungleichgewichte in vielen Ländern in den vergangenen Jahrzehnten stark zugenommen. Diese Entwicklung hat sehr viele Menschen in menschenunwürdige Lebensumstände getrieben und verhindert, dass sich größere Teile der Bevölkerung nachhaltig angebaute und produzierte Lebensmittel leisten können, die aufgrund der beschriebenen Kostenunwahrheit im Handel teurer sind als Produkte aus der industriellen Landwirtschaft. Außerdem gefährden die Vermögensungleichgewichte die Stabilität der Wirtschaft als Ganzes und verhindern, dass sinnvolle Arbeit von genügend Menschen getan werden kann.

Die mächtigsten Player in der Wirtschaft sind heute Unternehmen wie Blackrock. Diese Unternehmen gewinnen immer mehr an Einfluss und Macht durch die Technik, die sie zur Steuerung der Wirtschaft und zur Profitmaximierung nutzen. Im Fall von Blackrock handelt es sich um eine Analysesoftware mit dem Namen Aladdin, die auf globaler Ebene unvorstellbare Mengen an Daten sammelt und analysiert und somit die Grundlage für profitable Investitionsentscheidungen liefert. Dazu gehören Informationen über Dürrekatastrophen und sich anbahnende Engpässe bei Lebensmitteln ebenso wie Informationen über plötzlich stattfindende Regierungsstürze.

Das technokratische Welt- und Menschenbild, von dem wir in Bezug auf die Landwirtschaft bereits sprachen, beherrscht auch die Wirtschaftstheorie und -praxis und scheint immer noch mehr an Einfluss zu gewinnen. Man stellt sich die Wirtschaft in diesem Modell ebenso wie die Landwirtschaft als Maschine vor und sucht nach den Stellschrauben, an denen man drehen kann, damit die Maschine rund läuft. Wir sehen durchaus, dass dieses technokratische Verständnis von Wirtschaft in der Praxis kurzfristig bis mittelfristig sehr erfolgreich ist. Wir sehen, dass dadurch riesige Vermögen angehäuft und eine gewaltige Wirtschaftsmacht ausgeübt und etabliert werden kann. Eine wirtschaftliche Macht, die dann letztlich auch das politische Leben und das kulturelle Leben dominiert. Aber für uns ist klar: Eine solche Wirtschaft ist letztlich nicht nachhaltig. Sie kann es nicht sein. Warum? Aus dem gleichen Grund, aus dem auch die industrielle Landwirtschaft nicht nachhaltig ist. Der Grundirrtum liegt unserer Ansicht nach auch hier darin, dass die Wirtschaft eben keine Maschine ist, ebenso wenig wie die Landwirtschaft eine Maschine ist, sondern ein Organismus. Und zwar ist die Wirtschaft ein Organismus, der einerseits mit der Natur organisch verbunden ist und andererseits in existenzieller Weise mit dem Leben jedes einzelnen Menschen. Die organische Verbundenheit der Wirtschaft mit der Natur macht es überhaupt erst möglich, dass sie ihr solche massiven Schäden zufügen kann.

Eine der Schlüsselfragen für eine nachhaltige Wirtschaftsentwicklung ist daher, was innerhalb der Wirtschaft anders werden muss, damit sie wirksam und vor allem rechtzeitig zur Heilung der Natur und des Planeten beitragen kann. Durch die Wirtschaft sind auch alle Menschen existenziell miteinander verbunden. Alle Menschen brauchen Nahrung, Kleidung, ein Dach über dem Kopf und vieles andere mehr, um ein menschenwürdiges Leben führen zu können. Es macht keinen Sinn zu fragen: Wo sind die Stellschrauben, an denen wir drehen können, damit die Maschine wieder rund läuft. Es macht aber Sinn zu fragen: Wie können wir so miteinander umgehen und die Wirtschaftsprozesse so lenken und gestalten, dass alle Menschen ausreichend mit Gütern und Dienstleistungen versorgt sind, also ein menschenwürdiges Leben führen können? Sinn und Ziel einer nachhaltigen Wirtschaftsentwicklung ist eine Wirtschaft, die theoretische und praktische Antworten auf diese Frage gibt. Eine solche Wirtschaft wird sich gleichzeitig als gesund und stabil erweisen. Eine Wirtschaft, die stattdessen in der Hauptsache auf die Profitmaximierung und die Vermögenskonzentration von einigen wenigen Menschen ausgerichtet ist, wird sich nicht gesund und stabil entwickeln können. Wir beschreiben das im Folgenden anhand der Wirkungen des Geldes, das kontinuierlich durch die Wirtschaft fließt und daher auch Liquidität genannt wird.

Drei Arten des Geldes

Mit Geld kann man etwas kaufen, man kann es verleihen und man kann es verschenken. Die Wirkung des Geldes ist so sehr verschieden, je nachdem für welche der drei Optionen Menschen sich entscheiden, dass es Sinn macht, von drei verschiedenen Geldarten oder, noch präziser, von Geldqualitäten zu sprechen. Kaufen Menschen etwas, stoßen sie innerhalb der Wirtschaft einen Wertschöpfungsvorgang an, was dazu führt, dass das gleiche Produkt wieder in der gleichen Qualität und zu denselben (sozialen) Bedingungen produziert, gehandelt und für den Konsum zur Verfügung gestellt wird. Jede Kaufentscheidung stärkt die Produzenten und Händler, weshalb nachhaltiger Konsum der wirksamste Weg ist, die Gesamtentwicklung der Wirtschaft in Richtung Nachhaltigkeit zu lenken. Bezogen auf die Entwicklung einer nachhaltigen Landwirtschaft und Lebensmittelversorgung bedeutet dies, dass die Summe der Verbraucher durch ihren Konsum von nachhaltigen Lebensmitteln die Macht hätten, die Transformation der Landwirtschaft in Richtung Nachhaltigkeit durchzusetzen. Wenn die Lebensmittelpreise nicht lügen würden und die wahren Kosten von Lebensmittelprodukten in den Preisen enthalten wären, würde sich der Transformationsprozess der Landwirtschafts- und Lebensmittelsysteme in Richtung Nachhaltigkeit stark beschleunigen. Darin liegt wohl auch der Grund, warum der Kostenwahrheit im Hinblick auf Lebensmittel ein so starker Widerstand entgegengebracht wird.

Wenn Vertreter der Wirtschaft sagen, dass die Wirtschaft ihren Beitrag zum Klimaschutz, zur Biodiversität und Gewässerschutz, zur Bodenfruchtbarkeit und damit zur Ernährungssicherheit leisten will und das nicht nur leere Worte sind, dann müsste sich die Wirtschaft mit ihrem ganzen Gewicht dafür einsetzen, dass im Hinblick auf Lebensmittel Kostenwahrheit durchgesetzt wird. Gegenwärtig sind Bioprodukte im Verkaufsregal zum Teil sehr viel teurer als Produkte aus der industriellen Landwirtschaft und damit für viele Bürgerinnen und Bürger unerschwinglich. Wenn Wirtschaft wirklich zur nachhaltigen Entwicklung der Landwirtschaft beitragen will, dann müsste sie innovative

Wege finden, allen Bürgerinnen und Bürgern den Konsum von nachhaltigen Lebensmitteln, am besten Bioprodukten, zu ermöglichen. Was Menschen an Einkommen und Vermögen nicht für den eigenen Konsum verwenden, werden sie entweder verleihen oder in anderer Form zur Vermögenssteigerung einsetzen oder sie werden es verschenken. Der wesentliche Unterschied zwischen Leihgeld und Schenkgeld liegt darin, dass Leihgeld nur in Richtungen fließen sollte, aus denen es auch wieder zurückkehren kann. Die Wirtschaft kann nur in begrenztem Umfang Leihgeld sinnvoll verwenden. Fließt mehr Leihgeld in die Wirtschaft als diese sinnvoll verwenden kann, dann wandelt sich dieser überflüssige Teil des Leihgeldes zwangsläufig in Schenkgeld um. An den geplatzten Kreditkarten- und Immobilienblasen während der Finanzmarktkrise konnte man die unfreiwillige Umwandlung von Leihgeld in Schenkgeld in verschiedenen Varianten anschaulich beobachten. Was folgt daraus? Kaufgeld, Leihgeld und Schenkgeld müssen innerhalb einer Volkswirtschaft in einem gleichgewichtigen gesunden Verhältnis zueinander sein, wenn die Wirtschaft sich dauerhaft stabil und gesund entwickeln soll.

Von dieser Gesundheit und Stabilität sind wir momentan weit entfernt und das liegt daran, dass zu viel Geld verliehen und im Verhältnis dazu zu wenig Geld verschenkt wird. Dadurch verliert die Wirtschaft ihre Gesundheit und Vitalität, ihre Stabilität und versinkt zunehmend im Chaos. Denn die zunehmende Einkommens- und Vermögenskonzentration wirkt sich auf die Gesamtwirtschaft so aus, dass die Sogkraft auf die Wertschöpfungsvorgänge und das gebildete Kapital immer mehr zunimmt, wodurch die Massenkaufkraft geschwächt wird. Die Massenkaufkraft ist aber eine wesentlich tragende Säule der Gesamtwirtschaft. Sinkt die Massenkaufkraft unter ein bestimmtes Niveau, setzen destruktive Kettenreaktionen in den Wertschöpfungsketten ein, wodurch die Realwirtschaft immer mehr in Mitleidenschaft gezogen und damit instabil wird. Dieser destruktive Prozess kann nur dadurch aufgehalten werden, dass die Schenkgeldflüsse innerhalb eines wirtschaftlichen Zusammenhangs zunehmen. Vor diesem Hintergrund ist die Idee des Helikoptergeldes entstanden, bei der man aus Helikoptern Geld auf die Bevölkerung abwirft, um die Massenkaufkraft zu stärken und so zu verhindern, dass die gesamte Wirtschaft zusammenbricht. Es dürfte aber klar sein, dass es wesentlich smartere Lösungen gibt, Geld zu verschenken, als es auf die Bevölkerung herabregnen zu lassen.

Die Bedeutung des Schenkgeldes für eine gesunde Wirtschaftsentwicklung wird unserer Ansicht nach in den Wirtschaftswissenschaften, aber auch in der Wirtschaft bislang unterschätzt. Und das ist erstaunlich. Denn man sollte meinen, dass gerade Unternehmer ein großes Interesse daran haben sollten, dass sich die Wirtschaft gesund und langfristig stabil entwickeln kann. In den Wirtschaftswissenschaften wird sich die Einsicht in die Bedeutung des Schenkgeldes erst ausbreiten, wenn Wirtschaftswissenschaftler anfangen, visionär zu denken, wenn sie anfangen, sich konkret vorzustellen, welche mächtigen Gesundungsimpulse in der Landwirtschaft und Ökologie, im Sozialen und in der Kultur zur Stabilität der Gesamtwirtschaft umgesetzt werden könnten, wenn eine ausreichende Anzahl vermögender Personen bereit wären, auf einen Teil ihres Vermögens zu verzichten.

Vermögende Menschen bräuchten aber unserer Ansicht nach nicht darauf zu warten, dass die Wirtschaftswissenschaften entsprechende Studien vorlegen. Sie sollten auch nicht auf den Zeitpunkt warten, wo alle Vermögenden sich gleichzeitig in Bewegung setzen, weil schließlich jeder und jede aus Vernunftsgründen seinen gleichen Beitrag leisten sollte. Sie sollten auch nicht darauf warten, dass der Staat das irgendwann regelt. Denn der Zeitpunkt, wo solche Wunder geschehen, wird möglicherweise nie kommen.
Es wäre aus unserer Sicht viel zeitgemäßer, wenn sie selbst beginnen würden, visionär zu denken, wenn sie sich vorstellen würden, was alles an Sinnvollem entstehen könnte, wenn sie sich von einem Teil ihres Vermögens trennen würden, um sinnvolle Arbeit von Menschen möglich zu machen. Im Übrigen haben viele Vermögende Zweifel daran, dass durch zusätzliches Geld in den Staatskassen viel Fortschritt im Hinblick auf nachhaltige Entwicklung bewirkt werden würde, was möglicherweise ein berechtigter Grund ist, sich um Steueroptimierung zu bemühen.
Wir glauben an die Freiheit und das eigenverantwortliche Handeln der einzelnen Menschen. Wir wissen, dass sich immer mehr vermögende Menschen darüber im Klaren sind, dass die Wirtschaft gegenwärtig zutiefst krank ist. Wir wissen auch, dass immer mehr Vermögende

erwägen, sinnvolle Initiativen und Projekte in Zukunft verstärkt zu unterstützen oder dies bereits tun, weil sie damit rechnen, dass ein Teil ihres Vermögens sich aufgrund von krankhaften Entwicklungen in den nächsten Jahren ohnehin in Luft auflösen wird und sie daher ein größeres Interesse daran haben, dass es sinnvoll wirksam werden kann, bevor es in sinnloser Weise verpufft. Auch die Bio-Stiftung Schweiz und der Bodenfruchtbarkeitsfonds stehen gerne als Schenkgeldgefäß zur Verfügung!

Kompost und Schenkgeld

Wenn organisches Material auf dem Komposthaufen oder in der freien Natur zersetzt wird, kann man den vergehenden Formen, dem vergänglichen Leben nachtrauern. Man kann sich aber auch an den Stoffwechselvorgängen der Lebewesen freuen, die an diesem Kompostierungsvorgang beteiligt sind. Man kann beobachten, dass das Leben auf der einen Seite schwindet und gleichzeitig auf der anderen Seite gestärkt wird. Und zwar nicht nur das Leben der Bodenlebewesen. Denn der Kompost auf den Äckern und in den Gemüsegärten verteilt, ermöglicht den zukünftigen Pflanzen und ihrem Leben erst, dass sie sich kraftvoll entfalten können.

Ebenso kann man dem Geld, das man durch Schenkungen hergibt nachtrauern. Man kann sich aber auch an dem Leben freuen, das dadurch auf der anderen Seite gestärkt wird. Man kann sich an den Zukunftsimpulsen, an sinnvollen Tätigkeiten und ihren Ergebnissen freuen, die erst durch Schenkgeld in der Welt entstehen können. Uns sind in unserer Arbeit sehr vermögende Menschen begegnet, die das Schenken von Geld als einen Gewinn für sich erleben und nicht als einen Verlust. Sie wissen und erleben, dass den Menschen durch ihre Spenden ermöglicht wird, Dinge zu tun, weil sie Fähigkeiten haben, die sie selbst nicht besitzen, die ihnen aber trotzdem wichtig sind. Sie wissen und erleben, dass ihr Beitrag wichtig und wertvoll ist und deshalb auch wertgeschätzt wird. Man geht aufeinander zu und kommt in freilassender Art miteinander ins Gespräch. Man lernt sich dabei kennen und schätzen – oder auch nicht. Man bemerkt, dass man gemeinsame Ziele hat und die Aussicht auf Erfolg größer ist, wenn man zusammenarbeitet – oder auch nicht. Es bildet sich immer mehr gegenseitiges

Vertrauen – oder auch nicht. Unserer Ansicht nach ist es ein Geben nach den jeweiligen Möglichkeiten, eine freie Kooperation, die Aussicht auf Erfolg hat, die Freude macht und Begeisterung weckt und schließlich eine nachhaltige Zukunft ermöglicht. Wir sind uns der Anziehungs- und Bindungskraft, die vom Geld ausgeht bewusst. Es ist nicht leicht, sich von Geld zu trennen. Aber wir wissen ebenso, dass es keine zwingend wirkenden Naturgesetze gibt, die das Verhältnis des Menschen zum Geld festlegen. Letztlich liegt es in der Freiheit des Menschen, sein Verhältnis zum Geld selbst zu bestimmen.

Der freie Mensch und die Kunst

> „Der Mensch spielt nur, wo er in voller Bedeutung des Wortes Mensch ist, und er ist nur da ganz Mensch, wo er spielt."
> *Friedrich Schiller*

Friedrich Schiller, der bedeutende deutsche Dichter und Denker des 18. Jahrhunderts hat Ideen vom freien Menschen entwickelt, die unserer Ansicht nach heute noch aktuell und fruchtbar sind und Zukunft in sich bergen. Denn sie geben Antwort auf die Frage, wie innovative Transformationsprozesse umgesetzt werden können. Schiller beschreibt unterschiedliche Triebe, die im Menschen in einer gewissen Polarität zueinander wirksam sind und ihn jeweils unfrei machen können. Was sind das für unterschiedliche Triebe? Es ist einerseits der Stofftrieb, der mit der Sinnlichkeit im weitesten Sinne zusammenhängt und andererseits der Formtrieb, der im Denken, aber auch im Handeln wirksam ist.

Wenn der Mensch sich in der Sinnlichkeit verliert, dann wird er zum Wilden, wie Schiller das nennt. Wenn er sich in der Welt der Formen, Regeln und Normen verliert, dann wird er zum Barbaren, der fortwährend seine Gefühle unterdrückt und letztlich ein lebloses graues Leben nach strikten Regeln und Normen führt. Man kann also ein überformtes und ein zügelloses Leben führen und beides ist nach Schiller unfrei. Der Mensch kann seine Freiheit nur finden und behaupten, wenn er sich selbst im Hinblick auf diese unterschiedlichen Triebe in ein gewisses Gleichgewicht bringen kann.

Jedes Kunstwerk hat eine sinnliche Seite, zum Beispiel Farben oder Klänge und es tritt gleichzeitig in einer bestimmten Form auf, es wird vom Künstler geformt. Der Künstler bringt in seinen Kunstwerken die sinnliche Erfahrung und die Form in immer neuen Erscheinungsweisen zum Ausdruck und indem er dies tut, lebt er noch einen dritten Trieb aus, den Schiller Spieltrieb nennt. Die künstlerischen Formen, die Kunstwerke, entstehen in diesem Sinne spielerisch. Der Spieltrieb ist nach Schiller der eigentlich befreiende Trieb im Menschen, weil er zwischen den beiden Polen vermitteln kann und dem Menschen so immer wieder ermöglicht, das Gleichgewicht, die eigene Freiheit wiederzuerlangen und zu behaupten.

In seinen Dramen bringt Schiller seine Faszination für alles Menschliche zum Ausdruck. Man wird in die tiefsten Abgründe geführt und in lichte Höhen. Das ganze Spektrum der menschlichen Begierden, Neigungen, Triebe und Ideale wird ins Spiel gebracht und die Dramatik entsteht dadurch, dass ganz unterschiedlich geartete Menschen im Leben aufeinandertreffen.

Heute leben wir in dem Drama unserer Zeit und wir meinen, dass letztlich jeder Mensch seine Rolle darin selbst finden muss und dann aber auch selbst zu verantworten hat.

Schillers Zukunftsvision war die gesellschaftliche und kulturelle Entwicklung als ein kreativer Prozess, an dem letztlich alle Menschen beteiligt sind. Gesellschaft ist in diesem Sinne ein Kunstwerk in fortwährender Entwicklung.

Der Künstler Joseph Beuys, der den Begriff der Sozialen Plastik entwickelte und prägte, sprach von einer Gesellschaft, die sich fortwährend weiterentwickelt und an der alle Menschen als Künstler, als kreative Menschen beteiligt sind.

Diese Vision von kultureller und gesellschaftlicher Entwicklung begeistert uns, weil sie auch die Schönheit mit einbezieht und das Gefühl und weil sie die Freiheit und Selbstbestimmung nicht als lästiges Übel ansieht, sondern als Voraussetzung dafür, dass immer mehr Menschen zukünftig in Würde leben können. Die Zukunft unserer Gesellschaft geht uns alle etwas an und jede und jeder von uns wird gebraucht, um dieses gemeinsame soziale Kunstwerk in die Wirklichkeit zu bringen. In diesem Sinne, dem Sinne von Joseph Beuys gesprochen, sind wir alle Künstler!

Von der Landwirtschaft zur Agrikultur

Man kann heute Höfe besichtigen, die ganz im Sinne einer technokratischen Ideologie betrieben werden und in denen alles einer kalten industriellen Logik unterworfen ist. Und gleichzeitig gibt es Höfe, auf denen Bäuerinnen und Bauern den anspruchsvollen Balanceakt hinbekommen zwischen hohen Ernteerträgen einerseits, die ihnen das Leben ermöglichen, und der Entwicklung einer Agrarlandschaft andererseits, die Pflanzen, Tieren und Menschen einen ihrem Wesen gemäßen Lebensraum bietet. Das sind Orte bunter Vielfalt. Das sind Naherholungsgebiete. Das sind Landschaften, in denen Bäume, Sträucher, Äcker, Wiesen und Gemüsebeete in harmonischen und gesunden Proportionen zueinander stehen. Das sind Orte, an denen die Natur auf kreative und individuelle Art wieder ins Gleichgewicht gebracht worden ist. Wenn Bäuerinnen und Bauern in diesem Sinne frei, selbstbestimmt und kreativ arbeiten wollen, dann sollten wir als Gesellschaft ihnen das ermöglichen. Das liegt in unserer Freiheit und auch in unserer Verantwortung. Die Transformation der Landwirtschaft in Richtung Nachhaltigkeit ist eine riesige gesamtgesellschaftliche Aufgabe und Herausforderung. Lasst uns diese also gemeinsam ergreifen und gestalten, proaktiv, freudig, schöpferisch, spielerisch und künstlerisch. Wir sind auf jeden Fall mit dabei ...!

Quellenangaben

Oliver Balmer, Céline E. Géneau, Bettina Weishaupt, Gerda Förderer, Sebastian Moos, Nadine Ditner, Ivan Juric, Henryk Luka: Wildflower companion plants increase pest parasitation and yield in cabbage fields: experimental demonstration and call for caution. Biological Control 76 2014, S. 19-27
Jennifer A. Banfield-Zanin, John Rossiter, Denis J. Wright, Simon Robert Leather, Joanna T. Staley: Predator mortality depends on whether its prey feeds on organic or conventionally fertilised plants. Biological Control 63 2012, S. 56-61
Elodie Belz, Mathias Kölliker, Oliver Balmer: Olfactory attractiveness of flowering plants to the parasitoid Microplitis mediator: potential implications for biological control. BioControl 58 2013, S. 163-173
Fabian Cahenzli, Lukas Pfiffner, Claudia Daniel: Reduced crop damage by selfregulation of aphids in an ecologically enriched, insecticidefree apple orchard. Agronomy for Sustainable Development 37 2017, Art. 65
Fabian Cahenzli, Hans-Jakob Schärer, Lukas Pfiffner, Claudia Daniel: Interaktionen zwischen Blattläusen und ihren Gegenspielern. Öko-Obstbau 03 2018, S. 12-13
Fabian Cahenzli, Hans-Jakob Schärer, Lukas Pfiffner, Claudia Daniel: Selbstregulierende Apfelanlage: Erfahrungen aus sieben Versuchsjahren in der Schweiz. Öko-Obstbau 03 2018, S. 7-11
Rebecca Chaplin-Kramer, Megan E. O'Rourke, Eleanor J. Blitzer, Claire Kremen: A meta-analysis of crop pest and natural enemy response to landscape complexity. Ecology Letters 14 2011, S. 922-932
Claudia Daniel, Guendalina Barloggio, Sibylle Stoeckli, Henryk Luka, Urs Niggli: Management of crops to prevent pest outbreaks. In: Vincenzo Vacante, Serge Kreiter (Hrsg.): Handbook of Pest Management in Organic Farming. CAB International 2018, S. 1-23
Céline E. Géneau, Felix L. Wäckers, Henryk Luka, Claudia Daniel, Oliver Balmer: Selective flowers to enhance biological control of cabbage pests by parasitoids. Basic and Applied Ecology 13 2012, S 85-93
Céline E. Géneau, Felix L. Wäckers, Henryk Luka, Oliver Balmer: Effects of extrafloral and floral nectar of Centaurea cyanus on the parasitoid wasp Microplitis mediator: Olfactory attractiveness and parasitization rates. Biological Control 66 2013, S. 16-20
Heikki M. T. Hokkanen: The making of a pest: recruitment of Meligethes aeneus onto oilseed Brassicas. Entomologia Experimentalis et Applicata 95 2000, S. 141-149
Heikki M. T. Hokkanen: Biological control methods of pest insects in oilseed rape. OEPP/EPPO Bulletin 38 2008, S. 104-109
Patrik Kehrli, Christian Linder, Fabian Cahenzli, Claudia Daniel: Grosse Unterschiede in der KEF-Anfälligkeit von Rebsorten. Schweizer Zeitschrift für Obst- und Weinbau 14 2017, S. 10-12
Douglas A. Landis, Stephen D. Wratten, Geoff M. Gurr: Habitat management to conserve natural enemies of arthropod pests in agriculture. Annual Review of Entomology 45 2000, S. 175-201

Adrien Rusch, Muriel Valantin-Morison, Jean Roger-Estrade, Jean-Pierre Sarthou: Using landscape indicators to predict high pest infestations and successful natural pest control at the regional scale. Landscape and Urban Planning 105 2012, S. 62-73

Rebecca A. Schmidt: Leaf structures affect predatory mites (Acari: Phytoseiidae) and biological control: A review. Experimental and Applied Acarology 62 2014, S. 1-17

Marlies Uken: Revolución im Treibhaus. Hamburg: Greenpeace 2013. https://www.greenpeace.de/themen/landwirtschaft/pestizide/revolucion-im-treibhaus (zuletzt abgerufen am 20.12.2021)

Sylvaine Simon, Pierre-Eric Lauri, Laurent Brun, Hubert Defrance, Benoit Sauphanor: Does manipulation of fruit-tree architecture affect the development of pests and pathogens? A case study in an organic apple orchard. Journal of Horticultural Science and Biotechnology 81 2006, S. 765-773

Teja Tscharntke, Riccardo Bommarco, Yann Clough, Thomas O. Crist, David Kleijn, iTatyana A. Rand, Jason M. Tylianakis, Saskya van Nouhuys, Stefan Vidal: Conservation biological control and enemy diversity on a landscape scale. Biological Control 43 2007, S. 294-309

Joop C. van Lenteren: The state of commercial augmentative biological control: plenty of natural enemies, but a frustrating lack of uptake. BioControl 57 2012, S. 1-20

Werner Wahmhoff: Integrierter Rapsanbau: Untersuchungen zur Entwicklung integrierter Produktionsverfahren am Beispiel des Winterrapses (Brassica napus L.). Berlin: Erich Schmidt 2000, S. 284ff.

Alexander Wezel, Marion Casagrande, Florian Celette, Jean-François Vian, Aurélie Ferrer, Joséphine Peigné: Agroecological practices for sustainable agriculture. A review. Agronomy for Sustainable Development 34, Springer Verlag/EDP Sciences/INRA 2014, S. 1-20

Clevo Wilson, Clement Allan Tidsell: Why farmers continue to use pesticides despite environmental, health and sustainability costs. Ecological Economics 39 2001, S. 449-462

---

[1] https://www.bodenfruchtbarkeit.bio (zuletzt abgerufen am 17.12.2021)
[2] Magazin Outside, Douglas Thompkins (* 1943; † 8. Dezember 2015), Gründer von Esprit und The North Face
[3] Christoph Felgentreu: Faszination Regenwurm. In: Magazin des Bodenfruchtbarkeitsfonds 1/2020. Arlesheim: Bio-Stiftung Schweiz 2020, S. 16-20, www.bodenfruchtbarkeit.bio/images/pdf/Magazin_2020_1_web.pdf (zuletzt abgerufen am 17.12.2021)
[4] Hans Braunwalder, Martin Ott: Geschichte einer Umstellung. In: Das Gift und wir. Wie der Tod über die Äcker kam und wie wir das Leben zurückbringen können. Frankfurt/Main: Westend 2020
[5] Urs Brändli: Zukunftsbild 4. In: Das Gift und wir. Frankfurt/Main: Westend 2020
[6] Martin Ott: Kühe verstehen. Eine neue Partnerschaft beginnt. Seengen: Fona 2011

[7] Christopher Schümann: Biolandhof Braun. In: Magazin des Bodenfruchtbarkeitsfonds 1/2019. Arlesheim: Bio-Stiftung Schweiz 2019, S. 18-21, https://www.bodenfruchtbarkeit.bio/images/pdf/Magazin_1_2019.pdf (zuletzt abgerufen am 20.12.2021)
[8] Volkert Engelsman: Beitragstitel: Die wahren Kosten. In: Das Gift und wir. Frankfurt/ Main: Westend 2020.
[9] Mathias Forster, Christopher Schümann (Hrsg.): Das Gift und wir. Frankfurt/Main: Westend 2020
[10] Norie Huddle: A Tiny Tale of Great Transformation. Washington Huddle Books 1990
[11] Claudia Daniel: Die Alternativen. In: Das Gift und wir. Frankfurt/Main: Westend 2020
[12] Claudia Daniel, Guendalina Barloggio, Sibylle Stoeckli, Henryk Luka, Urs Niggli: Management of crops to prevent pest outbreaks. In: Vincenzo Vacante, Serge Kreiter (Hrsg.): Handbook of Pest Management in Organic Farming. CAB International 2018, S. 1-23
[13] Alexander Wezel, Marion Casagrande, Florian Celette, Jean-François Vian, Aurélie Ferrer, Joséphine Peigné: Agroecological practices for sustainable agriculture. A review. Agronomy for Sustainable Development 34, Springer Verlag/EDP Sciences/INRA 2014, S. 1-20. Douglas A. Landis, Stephen D. Wratten, Geoff M. Gurr: Habitat management to conserve natural enemies of arthropod pests in agriculture. Annual Review of Entomology 45 2000, S. 175-201. Teja Tscharntke, Riccardo Bommarco, Yann Clough, Thomas O. Crist, David Kleijn, iTatyana A. Rand, Jason M. Tylianakis, Saskya van Nouhuys, Stefan Vidal: Conservation biological control and enemy diversity on a landscape scale. Biological Control 43 2007, S. 294-309. Rebecca Chaplin-Kramer, Megan E. O'Rourke, Eleanor J. Blitzer, Claire Kremen: A meta-analysis of crop pest and natural enemy response to landscape complexity. Ecology Letters 14 2011, S. 922-932. Adrien Rusch, Muriel Valantin-Morison, Jean Roger-Estrade, Jean-Pierre Sarthou: Using landscape indicators to predict high pest infestations and successful natural pest control at the regional scale. Landscape and Urban Planning 105 2012, S. 62-73
[14] Vgl. Tscharntke et al., 2007
[15] Vgl. Sylvaine Simon, Pierre-Eric Lauri, Laurent Brun, Hubert Defrance, Benoit Sauphanor: Does manipulation of fruit-tree architecture affect the development of pests and pathogens? A case study in an organic apple orchard. Journal of Horticultural Science and Biotechnology 81 2006, S. 765-773
[16] Vgl. Jennifer A. Banfield-Zanin, John Rossiter, Denis J. Wright, Simon Robert Leather, Joanna T. Staley: Predator mortality depends on whether its prey feeds on organic or conventionally fertilised plants. Biological Control 63 2012, S. 56-61
[17] Vgl. Rebecca A. Schmidt: Leaf structures affect predatory mites (Acari: Phytoseiidae) and biological control: A review. Experimental and Applied Acarology 62 2014, S. 1-17
[18] Vgl. Patrik Kehrli, Christian Linder, Fabian Cahenzli, Claudia Daniel: Grosse Unterschiede in der KEF-Anfälligkeit von Rebsorten. Schweizer Zeitschrift für Obst- und Weinbau 14 2017, S. 10-12

[19] Vgl. Werner Wahmhoff: Integrierter Rapsanbau: Untersuchungen zur Entwicklung integrierter Produktionsverfahren am Beispiel des Winterrapses (Brassica napus L.). Berlin: Erich Schmidt 2000, S. 284ff.
[20] Vgl. Elodie Belz, Mathias Kölliker, Oliver Balmer: Olfactory attractiveness of flowering plants to the parasitoid Microplitis mediator: potential implications for biological control. BioControl 58 2013, S. 163-173 sowie Céline E. Géneau, Felix L. Wäckers, Henryk Luka, Claudia Daniel, Oliver Balmer: Selective flowers to enhance biological control of cabbage pests by parasitoids. Basic and Applied Ecology 13 2012, S 85-93
[21] Vgl. Céline E. Géneau, Felix L. Wäckers, Henryk Luka, Oliver Balmer: Effects of extrafloral and floral nectar of Centaurea cyanus on the parasitoid wasp Microplitis mediator: Olfactory attractiveness and parasitization rates. Biological Control 66 2013, S. 16-20
[22] Vgl. Oliver Balmer, Céline E. Géneau, Bettina Weishaupt, Gerda Förderer, Sebastian Moos, Nadine Ditner, Ivan Juric, Henryk Luka: Wildflower companion plants increase pest parasitation and yield in cabbage fields: experimental demonstration and call for caution. Biological Control 76 2014, S. 19-27
[23] Vgl. Fabian Cahenzli, Lukas Pfiffner, Claudia Daniel: Reduced crop damage by self-regulation of aphids in an ecologically enriched, insecticide-free apple orchard. Agronomy for Sustainable Development 37 2017, Art. 65 sowie Fabian Cahenzli, Hans-Jakob Schärer, Lukas Pfiffner, Claudia Daniel: Interaktionen zwischen Blattläusen und ihren Gegenspielern. Öko-Obstbau 03 2018, S. 12-13
[24] Vgl. Fabian Cahenzli, Hans-Jakob Schärer, Lukas Pfiffner, Claudia Daniel: Selbstregulierende Apfelanlage: Erfahrungen aus sieben Versuchsjahren in der Schweiz. Öko-Obstbau 03 2018, S. 7-11
[25] Vgl. Joop C. van Lenteren: The state of commercial augmentative biological control: plenty of natural enemies, but a frustrating lack of uptake. BioControl 57 2012, S. 1-20.
[26] Vgl. Marlies Uken: Revolución im Treibhaus. Hamburg: Greenpeace 2013. https://www.greenpeace.de/themen/landwirtschaft/pestizide/revolucion-im-treibhaus (zuletzt abgerufen am 20.12.2021)
[27] Vgl. Heikki M. T. Hokkanen: The making of a pest: recruitment of Meligethes aeneus onto oilseed Brassicas. Entomologia Experimentalis et Applicata 95 2000, S. 141-149
[28] Vgl. Heikki M. T. Hokkanen: Biological control methods of pest insects in oilseed rape. OEPP/EPPO Bulletin 38 2008, S. 104-109
[29] Ebd.
[30] Heikki M. T. Hokkkanen 2000
[31] Sepp Braun ist Biobauer, Vorstandsmitglied im Verband Bioland, Partner des Bodenfruchtbarkeitsfonds u. a.
[32] Vgl. https://croplife.org/news/what-is-agroecology/ (zuletzt abgerufen am 20.12.2021)
[33] Vgl. John Alexander Williams: Turning to nature in Germany. Hiking, nudism, and conservation, 1900-1940. Stanford, California: Stanford University Press 2007 und https://www.geschichte-lernen.net/die-

lebensreformbewegung-und-gesellschaftlich-kulturelle-hintergruende/ (zuletzt abgerufen 20.12.2021)

[34] Helga Willer, Minou Youssefi: The World of Organic Agriculture – Statistics and Emerging Trends FIBL/IFOAM 2007/2019

[35] Eine kleine Auswahl: Nicolas H. Lampkin: Organic farming: sustainable agriculture in practice. In: The economics of organic farming- An international perspective, Oxon, UK: CAB International 1994, David Pimentel, Paul Hepperly, James Hanson, David Douds, Rita Seidel: Environmental, Energetic, and Economic Comparisons of Organic and Conventional Farming Systems. Bioscience 55(7) 2005, S. 573-582, Catherine Badgley, Jeremy Moghtader, Eileen Quintero, Emily Zakem, M. Jahi Chappell, Katia Avilés-Vázquez, Andrea Samulon, Ivette Perfecto: Organic agriculture and the global food supply. Renewable Agriculture and Food Systems 22(2) 2007, S. 86-108, John P. Reganold, Jonathan M. Wachter: Organic agriculture in the twenty-first century. In: Nature Plants 2(2) 2016, Art. 15221

[36] https://regenerationinternational.org (zuletzt abgerufen 20.12.2021)

[37] Olaf Christen, Victor Squires, Rattan Lal and Rober J. Hudson (Hrsg.): Interdisciplinary and Sustainability Issues in Food and Agriculture, Band II, EOLSS Publications 2010.

[38] IFOAM: Weltweiter Dachverband des Ökologischen Landbaus. https://www.ifoam.bio/sites/default/files/poa_english_web.pdf (zuletzt abgerufen am 20.12.2021)

[39] https://www.fastcompany.com/40541750/regenerative-organic-certification-wants-to-be-the-ethical-label-to-rule-them-all (zuletzt abgerufen am 20.12.2021)

[40] Nach Christine Jones: „Landwirtschaft ist regenerativ, wenn Böden, Wasserkreisläufe, Vegetation und Produktivität kontinuierlich besser werden, statt nur gleich zu bleiben. Dabei nehmen auch Vielfalt, Qualität, Vitalität und Gesundheit von Boden, Pflanzen, Tieren und Menschen gemeinsam zu."

[41] Friedhelm Taube, Andrea Beste: Pro & Contra – Hybridlandwirtschaft als Alternative? In: Ökologie & Landbau 3, München: oekom 2020

[42] Vgl. u. a. Catherine Badgley et al.: Organic agriculture and the global food supply. In: Journal Renewable Agriculture and Food Systems 22 (2) 2007, S. 86-108

[43] Anna Maria Haering, Alexander Beck, Eduardo Cuoco, Johannes Kahl, C. J. Koopmans, Christina Micheloni, Bram Moeskops, Urs Niggli, Susanne Padel, Ilse Rasmussen: Strategic Research and Innovation Agenda for Organic Food and Farming. Brüssel: TP Organics 2014

[44] Guy Pe'er, Yves Zinngrebe, Francisco Moreira, Clélia Sirami: A greener path for the EU Common Agricultural Policy. Science 365 2019, S. 449-451

[45] Peter Kunz: Erfolgsmodelle ohne Pestizide IV. In: Das Gift und wir. Frankfurt/Main: Westend 2020

[46] Bernward und Marin Geier: Ein Mythos auf dem Prüfstand. In: Das Gift und wir. Frankfurt/Main: Westend 2020

[47] André Leu: Blinde Testmethoden. In: Das Gift und wir. Frankfurt/Main: Westend 2020

[48] Mathias Forster, Christopher Schümann: Die Welt von synthetischen Pestiziden befreien. Ein Gespräch mit Edward Mitchell. In: Das Gift und wir. Frankfurt/Main: Westend 2020
[49] Vgl. das Editorial von Nature: Counting the hidden $12-trillion cost of a broken food system. Nature 574, 296, 2019
[50] Christian Hiss, Gründer und Vorstand der Regionalwert AG Freiburg und Beiratsmitglied des Bodenfruchtbarkeitsfonds

Erwin Thoma

Häuser wie der Baum, Städte wie der Wald

Erwin Thoma

Dr. ing. Erwin Thoma wurde 1962 geboren und ist in Bruck, am Großglockner (Österreich) aufgewachsen. Seine Liebe zur Natur ließ ihn früh den Beschluss fassen, Förster zu werden. Wichtig für ihn waren Begegnungen mit Geigenbauern, Holzknechten und Zimmerleuten, die ihm altes Holzwissen vermittelten. Dieses Wissen setzt er auch in seiner Holzbaufirma ein, um mit seinem Bausystem Holz100, einer internationalen Patentanmeldung, Häuser aus 100 Prozent Holz zu errichten. Der Forst- und Betriebswirt, Unternehmer, Autor und gefragte Vortragsredner nimmt uns mit in eine Welt, die vielen von uns fremd geworden ist: das Leben mit dem Wald, die Faszination der Bäume und das gute Leben mit Holz. Er beschreibt Bäume wie Weggefährten – es sind gelebte Erfahrungen.

HÄUSER WIE DER BAUM, STÄDTE WIE DER WALD

Traumberuf Förster

Angefangen hat alles, als ich nach ordentlichem Studium Förster wurde. Förster war mein Traumberuf. Mit etwas Glück bekam ich bereits in jungen Jahren ein eigenes Forstgebiet, was damals nicht selbstverständlich war. Es gab mehr junge Förster, die arbeiten wollten, als Stellen. Doch genau zu der Zeit wurde ein weit, weit abgelegenes Waldgebiet in den Bergen frei. Es war so weit von der Zivilisation entfernt, dass niemand dort hinziehen wollte. Ich hatte noch einmal Glück, weil meine junge Frau bereit war, mitzukommen. So haben wir dort eine einsame, aber schöne Zeit verbracht, in der ich reichhaltige Erfahrungen sammeln konnte.

Nach einigen Jahren hatte ich den Wunsch, das Handwerk meines Großvaters zu erlernen. Er war Zimmermann und baute nach alter, bewährter Methode. Das Holz aus meinem Wald wurde hauptsächlich an die Spanplattenindustrie verkauft. Mir war klar: Das war weder naturgemäß noch nachhaltig. Was passiert mit den Bäumen, die ich hier verkaufe? Sie werden zerhäckselt, in eine hochgiftige Leimbrühe gerührt und dann zu Platten gepresst. Dann entstehen Möbel daraus, die tunlichst so gebaut sind, dass sie beim nächsten Umzug kaputt gehen, damit der Kunde gezwungen ist, neue zu kaufen. Nach so kurzer Zeit wie möglich. „Geplanter Verschleiß" nennt man das. Den gibt es natürlich nicht nur bei Möbeln. Nach kurzem Nutzungszyklus kommt alles auf Sondermülldeponien. Das alles ging mir durch den Kopf, und ich merkte: Ich will so nicht arbeiten.

Und so gab ich meinen Traumjob auf, um mich mit Opa selbstständig zu machen, zum Schrecken aller in meinem Umfeld. Ich war damals 27 Jahre alt, und der Opa 80. Einen Businessplan hatten wir nicht.

Naturgemäß bauen

Wir fingen an, Häuser aus purem Holz zu bauen. Großvater brachte mir bei, wie man das beste Holz aus dem Wald holt, solches das lange haltbar bleibt und ohne Holzwurmbefall. Zunächst war ich skeptisch, und ehrlich gesagt, auch ein wenig eingebildet, weil ich ja studiert hatte. Der Opa hatte kaum die Schule besucht, nur die Zimmererlehre konnte er machen. Doch er brachte mir Dinge bei, von denen ich im Studium nie etwas gehört hatte. Als er mir sagte: „Das Holz wird im Winter bei abnehmendem Mond geschlagen", dachte ich zuerst: „Auweia, jetzt kommt mir der Opa gleich am Beginn unserer gemeinsamen Reise mit Esoterik." Ich war bei den guten Professoren in Wien und die hätten mir schon erzählt, wenn der Mond eine materialtechnische, wissenschaftlich nachgewiesene Relevanz hätte. Doch er bestand darauf, und ich habe mich nicht getraut, ihm zu sagen, den Blödsinn mache ich nicht mit. „Was soll's", sagte ich mir, „es kostet ja nicht mehr, wenn ich zu der Zeit schlage, zu der er will."

Als ich im Frühjahr unser nach den vom Großvater empfohlenen Regeln geschlagenes Holz prüfte und mit dem Holz anderer verglich, die solche Regeln nicht kannten, musste ich feststellen, dass mein Opa recht hatte. Unser Mondholz war unbeschadet, während das Holz der anderen massiven, flächendeckenden Borkenkäferbefall hatte. So habe ich begriffen, dass mein Opa Dinge wusste, die uns nicht gelehrt wurden. Ich habe seine Wahrheiten zu Beginn mehrfach überprüft, bis mein Vertrauen in diese gewachsen war und mir klar wurde, wie wertvoll sein Wissen ist. Später habe ich festgestellt, dass die Pilzbeständigkeit von Mondholz noch einmal dramatisch höher ist. Eine Fichte oder Tanne, im Sommer oder Frühjahr geschlagen, ist nach wenigen Wochen vollkommen mit blauem Pilz durchzogen. Der Pilz schießt förmlich rein. Schlägt man Mondholz, so kann es ein oder zwei Jahre ohne Pilzbefall liegen. Die Resistenz ist deutlich höher. Mir ist da eine Welt aufgegangen! An der Universität habe ich noch gelernt, Holz im konstruktiven Bereich mit Xyladecor und anderen hochgiftigen Substanzen zu streichen. Das sind brutalste Gifte für Mensch und Umwelt! Und dann kommt mein Großvater und erzählt, wie man ein Holzhaus baut, das 500 Jahre hält, ohne all diese Gifte. Wow!

Die Jahre mit Opa waren für mich ein großartiges Geschenk. Es wurde mir zur Gewohnheit, all sein Wissen in einem Tagebuch aufzuschreiben. Später hat mir ein Verleger, der ein Kunde von mir war, vorgeschlagen, ein Buch daraus zu machen. Entgegen dem Rat meines Steuerberaters, der meinte, ich solle mein wertvolles Knowhow auf keinen Fall an alle weitergeben, habe ich zugestimmt. Denn ich hatte das Bild des Waldes vor Augen, wo diejenigen Pflanzen ideal geschützt sind, die am besten vernetzt sind und ihre Säfte am breitesten verteilen. Der Baum, dem es gelingt, von seinem süßen Saft am meisten herzugeben, der kriegt am meisten zurück. Er explodiert in seinem Wachstum, wenn es ihm gelingt, von seinem Zuckersaft möglichst viel an die Mikroorganismen um ihn herum zu verteilen. Der Baum, der sagt: „Ich mache mir ein Portfolio mit Wertpapieren, mit Zuckeraktien und lasse sie liegen", der verkümmert. Und der, der sagt: „Ich spare nichts, ich gebe es weiter, ich gebe es in den Kreislauf", der lebt. Leben ist Fließen! Niemals Festhalten und Klammern. So ist meine Entscheidung gefallen, ein Buch zu schreiben und das Wissen, das ich gesammelt habe, weiterzugeben.

Was dann passiert ist, hat mich wirklich überrascht! Mein Buch „Dich sah ich wachsen" war gerade auf dem Markt, da bekam ich unzählige Zuschriften aus dem gesamten deutschsprachigen Raum. Von Wagnermeistern, Tischlern, Zimmerern, Förstern, Waldbauern. Ich erhielt Erfahrungsberichte zu diesem Thema, die findet man auf keiner Uni der Welt. Ein Geschenk, ein riesiger Schatz.

Es kamen aber auch heftige Angriffe – vonseiten der chemischen Industrie. Ich sei ein Esoteriker, nicht ernst zu nehmen, das Holz müsse weiterhin mit Chemikalien behandelt werden. Sogar eine Fernsehsendung haben sie daraus gemacht, und der öffentliche Rundfunk war mit dabei. Sie haben behauptet, dass es Blödsinn sei, wenn man die Bäume unbehandelt lässt. Für ein kleines Unternehmen wie meines war das keine komfortable Lage.

Unerwartete Wendung

Doch kurze Zeit später hielt das Leben eine weitere Überraschung für mich bereit. Ich erhielt Besuch aus Japan. Eine Delegation, angeführt von einem buddhistischen Mönch mit geschorenem Kopf und diesem orangefarbenen Gewand, wie man es so kennt. Dolmetscher waren dabei, eine richtige Delegation. Sie haben viele Fragen gestellt. Und als ich wissen wollte, warum sie hier sind, sagte mir der Leiter der Delegation, er sei Leiter des Klosters in Japan, das als ältester Holzbau der Menschheit gilt. Das Gebäude-Ensemble mit fünfgeschossigen Pagoden in der Kaiserstadt Nara, im Süden von Japan ist mehr als 1600 Jahre alt. In diesem Kloster gibt es genaue Aufzeichnungen, wie die Brüder es vor 1600 Jahren gebaut haben. Wie sie die Bäume geerntet und wie sie diese behandelt haben. Er hatte über einen Schüler aus Deutschland von einem Buch erfahren, das genau diese Methode beschreibt. Die Rede war von meinem Buch. Sie waren so erstaunt, dass sie sich sagten, sie fahren nach Europa und schauen sich den an, der so etwas schreibt. Da war ich platt! Das Einzige, was ich dazu sagen konnte, war: „Ich bin mir sicher, dass mein Opa noch nie in Japan war. Ein Wissenstransfer fand demnach nicht statt."

Der Mönch sagte zu mir, sie fänden es gut, dass wir zu arbeiten versuchen, ohne Spuren auf der Welt zu hinterlassen.

Das tat mir in dieser schweren Zeit wirklich gut. Wir haben immer versucht, Bäume so zu verarbeiten, dass das Ergebnis gut für die Gesundheit ist. Denn zwei unserer Kinder hatten, nachdem wir aus dem Forsthaus in ein neues Haus umgezogen waren, eine Holzleimallergie bekommen. Und sie sind dadurch gesundet, dass der Opa mit mir zusammen alles herausgerissen hat, was an Spanplatten im Haus war. Erst dann wurden sie wieder gesund. Das Erlebnis hat mich sehr geprägt. Darum unser Bemühen, einhundertprozentig sauber zu arbeiten. Es war uns auch wichtig, abfallfrei zu arbeiten. Wir wollten das, was das alte Handwerk an wertvollem Wissen hatte, mit modernen Methoden verbinden. Die ersten Jahre sind wir viel angefeindet worden. Auf der anderen Seite haben wir Kunden gefunden, die uns immer wieder beauftragt haben. Das hat uns ermöglicht, weiterzumachen. Den Kunden aus jener schweren Zeit bin ich besonders dankbar.

Ich fühlte auch Dankbarkeit gegenüber diesem Mönch aus dem fernen Japan, weil er gesehen hatte, was wir hier leisten, auch wenn es zu Hause niemand anerkannt hat. Der Mönch sagte schließlich zu mir: „Ich werde Sie unterstützen." Ich war skeptisch, wie sollte er mir denn helfen, er reiste ja bald wieder ab.

Ja, er ist abgereist, mitsamt seiner Begleiter. Danach geschahen aber wundersame Dinge. Ein Verleger aus Japan rief an, er wolle mein Buch auf den japanischen Markt bringen. Zwei bis drei Jahre später hatte ich in Japan mehr Bauten stehen, als in meinem Heimatland Österreich. Und alle Häuser, die wir nach Japan verkauft haben, wurden im Voraus zu 100 Prozent bezahlt. Ich musste bei keinem einzigen dieser Aufträge über Rabatte verhandeln, sie haben unseren Preis immer akzeptiert.

Mit dieser Erfolgswelle im Rücken konnte ich mein Forschungszentrum bauen, sodass wir unsere Arbeit auf wissenschaftliche Grundlagen stellen konnten. Und ich hatte eines verstanden: Dass die Gesetze des Lebens einhundertprozentig universell sind. Dass das Leben immer den Unterstützer am meisten unterstützt. Ich habe verstanden, dass wir von der Natur, von den Bäumen unfassbar viel lernen können. Wir gehören zusammen, die Natur und wir. Das muss eine Handlungsanweisung sein, eine Maxime: „Ich will dem Leben dienen." Und nicht dem nächsten Quartalsgewinn.

Dabei dürfen Sie mich nicht falsch verstehen, ich bin Unternehmer. Selbstverständlich muss ich kalkulieren. Selbstverständlich muss ich für meine 120 Mitarbeiter am Monatsende die Löhne zahlen. Und ich will keine Hungerlöhne zahlen, sondern ich will ihnen zehn, zwanzig Prozent mehr zahlen, als in jedem Tarifvertrag steht. Damit ich das kann, muss ich ganz konsequent mit Zahlen umgehen. Meine Bilanz ist für mich wie die Axt für den Zimmermann. Sie ist ein Werkzeug. Aber sie ist niemals das Ziel.

Was wir aber in der Wirtschaft heute treiben ist der helle Wahnsinn. Die gesamte Wirtschaft ist nur auf Gewinn ausgerichtet, unter Missachtung der Interessen der Menschen. Gewinn auf Kosten aller und ohne Rücksicht.

Feuerfest und erdbebenbeständig

Wir wollen also aus Holz bauen, weil es das Beste für die Gesundheit ist und weil wir so ohne Müll auskommen. Jeder Leim, jedes Kunstoffteil muss als Sondermüll teuer entsorgt werden, nachdem die Dämpfe den Menschen krank gemacht haben. Zudem verschmutzt es unsere Umwelt. Das wollen wir nicht. Wir wollen die Genialität, die Schöpfungsweisheit im Material erhalten. Als wir damit begannen, konnte sich kaum jemand vorstellen, dass man wirklich nur mit Holz bauen kann. Schließlich mussten wir europäische Bauzulassungen für unsere Gebäude bekommen. Wir mussten also in die großen Prüfinstitute und nachweisen, dass das Material das kann, was gefordert ist. Der erste Nachweis war Feuerwiderstandsklasse F30 – Brandsicherheit. Das heißt, das Holz wird für 30 Minuten einer Hitze von 1000 °C ausgesetzt. Es darf dabei kein Feuer durchgehen, kein Rauch und keine Hitze. Und es muss statisch tragfähig bleiben. Geprüft werden ganze Wände mit Verbindungsnut.

Beim ersten Versuch ist den Technikern beim Prüfinstitut – nicht nach 30 Minuten – nach zwei Stunden das Öl im Tank ausgegangen. Die Wand war immer noch da. Deshalb haben sie den Versuch auf eigene Kosten wiederholt. Als Ergebnis wurde uns F180 zertifiziert. Der 6-fache Wert vom Stand der Technik! Denn es ist so: Holz brennt natürlich, das wissen wir alle. Aber es muss dünn und von Luft umspült sein. Auch bei Waldbränden kennen wir das. Ein Waldbrand ist für die Natur das Worst-Case-Szenario. Es verbrennen Äste und Blätter, alles, was klein und dünn ist. Was aber bleibt, sind die dicksten Baumstämme. Auch das Leben in ihnen bleibt erhalten, wenn die Stämme dick genug sind. So kann die Natur danach wieder anfangen, zu wachsen und zu gedeihen. Auch bei einem Hausbrand, wenn es sich um ein solides Holzhaus handelt, bleibt die Baukonstruktion erhalten, viel länger als bei Stahlbaukonstruktionen. Nur die Möbel können da ein katastrophales Feuer auslösen, vor allem wenn sie zum großen Teil aus Schaumstoff bestehen. Wie das brennt – unvorstellbar! Die Holzwände des Hauses aber bleiben erhalten.

In Japan wurden unsere Konstruktionen selbstverständlich auch auf Brandschutz hin geprüft. Aber fast noch wichtiger ist den Japanern die Erdbebenbeständigkeit. Man sagt, die Erdbebenprüfungen in Japan sind die strengsten weltweit. Wir haben in Japan auf dieser berüchtigten Rüttelplatte ein Haus aufgestellt. Dort können Erdbeben in jeder Stärke und beliebiger Dauer simuliert werden. Unser Haus hat dem standgehalten. Sie haben Stärke 7, 8, 9 der Richterskala getestet – keine Chance. Es blieb stabil.

Sie erinnern sich vielleicht an die Jahrhundertkatastrophe in Fukushima mit Erdbeben, Tsunami und schließlich Nuklearkatastrophe? Nun, wir hatten einige Häuser in Fukushima gebaut. Kurze Zeit später haben wir erfahren: Unsere Bauten haben diese Katastrophe einhundertprozentig unbeschadet überstanden. Sie sind vollkommen erdbebenfest, wie der Baum im Wald: Der hat zwar eine statisch berechenbare Säule, aber dennoch eine enorme Elastizität und Nachgiebigkeit.

Natürlich wurde auch die Temperaturdurchlässigkeit geprüft. Wenn Sie auf Stahlbeton mit der gleichen Dicke draufbrennen, dann hat es nach einer halben Stunde an einigen Punkten, wo der Bewehrungsstahl durchgeht, auf der anderen Seite Temperaturen bis zu 400, 500, 600 °C.

Beim Holz kommt kaum Erwärmung durch. Mit anderen Worten: Nach drei Stunden mit Temperaturen von 1000 °C hat das dicke Holz auf der anderen Seite höchstens 2 °C mehr als vorher. Das ist fast unglaublich. So haben wir gesehen, dass Holz der temperaturträgste Baustoff der Welt ist.

Schulterschluss mit der Natur

Ich habe später, als ich merkte, ich würde gern Bilanzen verstehen, Wirtschaftswissenschaften studiert. Im Vorfeld ging ich davon aus, dass das, was an Universitäten gelehrt wird, abgesichert sei. Dass die Wirtschaftstheorien auf dem Prüfstand der Logik und der wiederholbaren Experimente basieren. Die Wirtschafts- und die Forstwissenschaft sind ja beides anerkannte Wissenschaften. Doch plötzlich musste ich feststellen, dass man in der Wirtschaft das Gegenteil von dem lehrt, was man im Wald lernt. Ein Baum hört nach einer gewissen Wachstumsperiode auf zu wachsen. Im Wald war mir immer klar, dass Wachstum begrenzt ist. Ein Baum wächst in die Höhe, damit er das Sonnenlicht bekommt. In dem Augenblick, wenn er seine Existenz abgesichert hat, hört er auf zu wachsen. Er verwendet auch nicht das geringste Quäntchen Energie, um seine Nachbarn zu bekämpfen. Die Pflanzen im Wald wissen ganz genau: Wir haben nur eine Chance, wenn wir brüderlich zusammenarbeiten.

Und was machen wir Menschen? Wenn wir unsere Existenzgründungsphase überstanden haben, dann geht es erst richtig los! Wir streben endloses Wachstum an. Das ist heutzutage der Konsens unserer Gesellschaft, der überall, auch in den Medien, propagiert wird: „Der Gesellschaft geht es nur dann gut, wenn wir exponentielles Wachstum haben."

Wenn ich darüber nachdenke, ob es exponentielles Wachstum in der Biologie gibt, fällt mir nur ein einziges Beispiel ein: die Krebszellen. Sie wachsen tatsächlich ohne Rücksicht auf Konsequenzen. Deren Wachstum limitiert sich schließlich, indem das Trägersystem zerstört wird. Das ist exponentielles Wachstum im Systemvergleich. Spannend, oder?

Es ist mir ein großes Anliegen, dass wir unsere Verbundenheit mit der Natur erkennen und uns darauf einlassen. Und ich garantiere Ihnen, wer das tut, dessen Leben wird sich gravierend verändern. Plötzlich erkennt der Mensch, dass er zum Wesentlichen zurückkehrt und nur das verfolgt, was ihm wichtig ist. Der Schulterschluss mit der Natur verändert nicht nur unser Bewusstsein. Er macht etwas ganz Konkretes mit uns.

Wenn ein Mensch sich mit Holz umgibt, statt mit Synthetik und Beton, wird unter anderem seine Herztätigkeit besser, das kann ein Arzt feststellen. Auch sein Geruchssinn verbessert sich. Insgesamt ist es für die menschliche Gesundheit ein Segen, inmitten von unbehandeltem Holz zu leben.

Natur ist Fülle

Im Wald lernt man noch eine Weisheit: Lassen Sie sich niemals erzählen, dass wir Mangel haben. Unsere Welt ist ein Ort der Fülle. Die Natur arbeitet immer nach dem Prinzip der Fülle. Haben Sie schon einmal im Frühjahr einen Obstbaum gesehen, einen Zwetschgenbaum oder einen Kirschbaum, der sagt: Für meine Fortpflanzung genügen heuer fünf Kirschen, also lasse ich genau fünf Blüten blühen, das reicht. Nein! Der veranstaltet ein Fest für alle! Ein Blütenfest, das unsere Augen erfreut und uns satt macht.

Wenn einer sagt, wir haben Energieknappheit, das ist eine Aussage, die ist an Dummheit nicht zu überbieten. Wir haben ein echtes Problem, mit der Schöpfung umzugehen. Wir haben ein echtes Problem mit Monopolen und Abhängigkeiten, die geschaffen werden. Eine meiner fünf Fabriken steht in Deutschland, im Schwarzwald. Das ist die größte von ihnen. Sie läuft mit Sonnenstrom. Damit kann ich 200 Häuser im Jahr produzieren. Nur mit der Sonne, die aufs Dach scheint. Nur von dem einen Dach. Die Sonne, die ansonsten überall auf die Wiesen scheint, brauchen wir nicht. – Mir kann keiner erzählen, dass wir einen Energiemangel haben. Wir haben Verteilungsprobleme. Weil es immer Menschen gibt, die glauben, alles für sich beanspruchen zu müssen. Und dann bleibt wenig für die anderen. Das Thema haben wir. Und deshalb ist mein Bestreben, unabhängig und energieautark zu sein, sodass mir beim Heizöl keiner den Hahn abdrehen kann, indem ich lerne, mich selbst gesund zu erhalten bis ins hohe Alter. Dass ich unabhängig werde bei der Ernährung und zum Beispiel nur Fleisch esse, wenn ich weiß, dass die Tiere in ihrem Leben nicht gequält wurden, und sonst locker monatelang ohne Fleisch leben kann. Diese Unabhängigkeit ist die traumhafteste Grundlage, um in die Fülle zu gehen. Das ist der größte Friedensdienst, den wir der Welt leisten können. Das ist der Weg, den wir gehen müssen.

Bäume sind ein Wunder der Natur. Die Wälder der Erde bewegen mehr Masse als der größte Wirtschaftszweig, den wir kennen: Die Bauwirtschaft. Sie ist es, die mehr Material bewegt, als alle anderen Wirtschaftsbranchen. Und die Wälder bilden und bewegen noch mehr Masse – und führen sie wieder zurück. Hier ist also eine gewisse Gemeinsamkeit. Doch nun folgt der große Unterschied: Die Bauwirtschaft ist der Wirtschaftszweig der Menschheit, der am meisten Energie verbraucht. In Deutschland verbraucht die Herstellung der Baustoffe, das Bauen und das Erhalten und Betreiben mehr als die Hälfte des gesamten Energieverbrauchs des Landes. Und das ist in allen Industrieländern so. Zudem verursacht die Bauwirtschaft weltweit über die Hälfte des gesamten Abfalls auf der Erde.

Der Wald, der noch mehr Material bewegt, verbraucht gar keine Energie. Er nutzt lediglich die erneuerbare Energie, die als Sonnenstrahlen jedem Baum zur Verfügung steht, und kennt das Wort Abfall nicht. Im Wald herrscht Kreislaufwirtschaft, es ist ein geschlossenes System. Der Wald ist für mich der radikalste Gegenentwurf zu Fehlentwicklungen in unserer Zeit, den ich kenne.

Dem Kreislauf des Lebens vertrauen

Das Wichtigste ist, dass wir die Angst verlieren. Da wird uns tatsächlich erzählt, wir sind zu viele Menschen auf der Welt. Es gibt Leute, die erzählen das allen Ernstes. Jetzt haben wir schon über sieben Milliarden, wenn das so weiter geht, haben wir nichts mehr zum Beißen usw. Wenn wir annehmen, der durchschnittliche Mensch wiegt 70 Kilogramm. Dann liegt das Lebendgewicht aller Menschen bei 500 Millionen Tonnen. Das sind angeblich zu viel. Biologen haben ausgerechnet, wie viel sämtliche Termiten und Ameisen wiegen, die es auf der Erde gibt. Es sind sechs- bis siebenmal so viele. Haben Sie schon einmal gehört, dass man sagt: Die Termiten und Ameisen essen uns bald alles weg, es bleibt nichts mehr für uns übrig? Natürlich nicht. Die Erde trägt das leicht. Allerdings sind uns die Ameisen an einem Punkt überlegen: Sie gründen ihr Dasein auf keiner Wegwerfwirtschaft, sondern auf einer Kreislaufwirtschaft. Sie lernen die Dinge so zu konstruieren und zu designen, dass das, was sie nicht mehr brauchen, woanders wieder verwendet werden kann. Das können wir Menschen auch, wir müssen nur wollen. Genau das meine ich, wenn ich sage: Wir suchen den Schulterschluss mit der Natur. Wir müssen wieder zum Kern des Lebens. Und das ist, bei Gott, keine traurige Aufgabe. Das ist das Fröhlichste, Zuversichtlichste und Schönste, was wir machen können. Dem Leben dienen, auf jeder Ebene. Gehen wir raus, schauen wir an, was wir morgen essen. Schauen wir unser Bildungssystem an. Schauen wir unsere Bekleidung an. Schauen wir uns alles an, und handeln wir nach dem Prinzip, dass wir sagen können: Wir gehören zu denen, die das Leben unterstützen.

Vorträge

Erwin Thoma: Häuser wie der Baum, Städte wie der Wald. https://www.youtube.com/watch?v=txhY_GoUhvA (zuletzt abgerufen 29.11.2021; hieraus sowie aus den uns zur Verfügung gestellten Informationen von Erwin Thoma stammen die meisten Inhalte dieses Beitrags)
Erwin Thoma: Klimawandel – eine Chance? https://www.youtube.com/watch?v=IAqCGf2pRgM (zuletzt abgerufen 29.11.2021)
Erwin Thoma: Intelligenz, Schönheit und Heilkraft der Bäume https://www.youtube.com/watch?v=IZAjtS4MypI (zuletzt abgerufen 29.11.2021)

Literatur

Erwin Thoma: Strategien der Natur. Wie die Weisheit der Bäume unser Leben stärkt. Elsbethen: Benevento 2019
Erwin Thoma, Elisabeth Thoma: Die geheime Sprache der Bäume. Die Wunder des Waldes für uns entschlüsselt. Elsbethen: Servus 2016
Erwin Thoma: Dich sah ich wachsen. Was der Großvater noch über Bäume wusste. Elsbethen: Servus 2016
Maximilian Moser, Erwin Thoma: Die sanfte Medizin der Bäume. Gesund leben mit altem und neuem Wissen. Elsbethen: Servus 2014
Erwin Thoma: Holzwunder. Die Rückkehr der Bäume in unser Leben. Elsbethen: Servus 2016

Website: www.thoma.at

Vera Zingsem

WELTVERWOBEN

Vera Zingsem

Vera Zingsem lebt als freie Autorin, Dozentin und Tanzpädagogin in Tübingen. Sie studierte Pädagogik, Theologie (Dipl.-theol.) sowie Religionswissenschaft in Neuss, Bonn, Jerusalem und Tübingen. Während ihrer Promotion spezialisierte sie sich auf Mythenforschung. Von 1993 bis 2011 war sie freie Lehrbeauftragte an der Evangelischen Hochschule für Sozialwesen in Reutlingen-Ludwigsburg.
Die Autorin ist Mitglied der GEDOK Stuttgart (Elle-Hoffmann-Preis 2003) und im Verband deutscher Schriftstellerinnen und Schriftsteller. Dort war sie von 1997 bis 2009 im Landesvorstand von Baden-Württemberg tätig.
Sie ist Mitinitiatorin des 2010 gegründeten Vereins PolyThea e. V. (für weibliche Spiritualität und postpatriarchale Visionen) und gründete 2016 den ersten polytheistischen Göttinnentempel in Deutschland – www.polythea-tempel.de.
In Kloster Malgarten initiierte sie die Gründung der Museumsscheune „Raum für Sophia", in der die wundervollen Göttinnenskulpturen der Bonner Künstlerin Julitta Franke dauerhaft ausgestellt werden.

WELTVERWOBEN

Der innere Zusammenhang von Gottesbild, Weltbild, Menschenbild und Ethik

„In der gesamten Geschichte der Völker haben wir feststellen können, sich über die Notwendigkeit von Veränderungen klar zu werden, ist nicht mehr als der erste von vielen, vielen Schritten, um einen Wandel tatsächlich zu erreichen. Etwas zu ändern, gehört zu dem Schwierigsten, was es gibt."

Balam Ibarra [1]

Eine Erklärung vorweg und um Missverständnissen vorzubeugen: Wenn im Folgenden vom Gottesbild die Rede ist, geht es nicht um das Göttliche an sich, sondern immer nur um das Bild, das Menschen sich vom Göttlichen machen. Das Göttliche an und für sich ist für den Menschen, solange er auf dieser Erde lebt, nicht zu erkennen.

Wenn wir uns mit den Visionen für eine lebenswerte Zukunft befassen, kommen wir nicht umhin, uns mit den Voraussetzungen unseres Denkens zu befassen, die uns bis hierher geführt haben. Voraussetzungen, wie sie etwa vor 3000 Jahren in den Schriften unserer Bibel begannen und ca. 500 Jahre später zusätzlich von den griechischen Philosophen Sokrates, Plato, Aristoteles, Aischylos und anderen untermauert wurden. Seither haben sie unser Denken, Fühlen und Handeln weltweit in einem Maße bestimmt, welches der Gegenwart kaum mehr bewusst ist, weil es selbstverständlich geworden ist und daher nicht mehr hinterfragt wird.

Bevor wir uns also an die Umsetzung neuer Visionen machen, ist es sinnvoll zu überlegen, ob es nicht gerade die Denkmuster unserer abendländischen Kultur sind, die uns bewusst oder unbewusst an deren

Verwirklichung hindern könnten. Es reicht nicht, mit dem Verstand etwas zu wollen, wenn seit Langem verinnerlichte Glaubensmuster uns letztlich wieder in die alten eingefahrenen Gleise zurückfallen lassen. Und dies wird umso eher geschehen, je mehr wir der Überzeugung sind, wir hätten sie längst überwunden.

In unserer abendländischen Kultur sind wir alle, ob wir es wahrhaben wollen oder nicht, durch Gottesvorstellungen und damit zusammenhängende ethische Werte und Moralvorstellungen geprägt, die uns vom schulischen Religionsunterricht bis hin zu monumentalen Hollywoodfilmen über biblische Themen vermittelt wurden. Diese Muster aus der Perspektive einer vergleichenden Religionswissenschaft anzusehen, wie ich es im folgenden unternehme, kann uns die Augen öffnen für ideologische Sackgassen, in die wir uns selbst dann, wenn wir uns explizit zum Atheismus bekennen, immer wieder verrennen.

Auch die Zeit der Aufklärung hat es schließlich nicht geschafft, unser anthropozentrisches Weltbild zu relativieren oder die Stellung der Frau in der Gesellschaft wesentlich zu verbessern oder unser Verhältnis zur Natur, zur Erde, anders denn als Herrschaftsverhältnis zu definieren.

Im vorliegenden Artikel stellt sich also die Frage: Welche werthaltigen und normensetzenden Geschichten erzählen wir uns in einer Kultur, und zu welcher Art von Zusammenleben führen sie die Menschen, die dieser Kultur angehören.

Herrschen und Beherrschtwerden

Wie es der Begründer der Analytischen Psychologie, Carl Gustav Jung, einmal symbolisch ausgedrückt hat: Unser leitender (unbewusster) Hintergrundmythos wurde der Kampf gegen den Drachen (Schlange), der mit seiner vollständigen Vernichtung enden sollte. Diese Prophezeiung, die sich in den ersten Kapiteln des Alten Testaments (Gn 2–3) grundgelegt und in der Johannes-Apokalypse am Ende des Neuen Testaments wiederholt findet, könnte heutzutage makabererweise kurz vor ihrer Erfüllung stehen, und wir werden alle Hände und Herzen voll zu tun bekommen, um sie noch abzuwenden.

In der ältesten Schöpfungsgeschichte der Bibel (ca. 3000 Jahre alt) wird von Gott ein Fluch über die Schlange ausgesprochen, der mit der

Weissagung endet, dass einer kommen wird, welcher der Schlange den Kopf zermalmen wird (Gn 3, 14–15). Im letzten Buch der Bibel, welches die Endzeitkämpfe offenbart, auf die sich auch in der Gegenwart erstaunlich viele Menschen beziehen, wird darauf eingegangen: „Und gestürzt wurde der große Drache, die alte Schlange, die der Teufel heißt und der Satan, der die ganze Welt verführt" (Apk 12, 9).

Die Schlange ist das Weisheitssymbol der Antike und wird zusätzlich weltweit in allen Kulturen mit Heilkraft und ewigem Leben assoziiert (nach wie vor ist es das Symbol der Ärzte- und Apothekergilde), Letzteres vor allem auch in Verbindung mit der Energie der Erde im Ganzen. Für unsere Kultur ist es ein sehr bedenkliches Zeichen, wenn bereits in der ältesten der beiden Schöpfungsgeschichten symbolische Angriffe auf die Erdenergie so unverblümt zum Ausdruck gebracht werden. Wir müssen uns also nicht wundern, dass wir gerade in unserer jüdisch-christlich geprägten Kultur unser Verhältnis zur Erde und ihren Hervorbringungen nicht anders denn als Herrschafts- wenn nicht Zerstörungsverhältnis zu deuten und auszuleben gelernt haben. Dabei waren es die neuzeitlichen Philosophen, die Väter der modernen Naturwissenschaft wie Francis Bacon, René Descartes, Thomas Hobbes und Isaac Newton, die dazu beitrugen, auf durchaus christlichem Hintergrund, die Anschauung der Erde als einen vormals lebendigen Organismus, zu puren Herrschaftszwecken in die Verdinglichung einer seelenlosen Maschine zu verwandeln und entsprechend zur Benutzung und Ausbeutung freizugeben.[2]

Vieles wird in meinen Augen davon abhängen, ob und wie bald es uns gelingen wird, die Erde wieder als ein eigenständiges, geistiges und geistvolles Wesen verstehen und behandeln zu lernen, das wie jedes lebendige Wesen nicht zum Mittel fremder Zwecke gemacht werden darf und weniger unseres Schutzes (auch das ist schon Hybris) als unseres Verstehens bedarf. Das bedeutet auch, dass der moderne Mensch seine Selbstvergottung, sein allein auf den Menschen und seine angeblichen Bedürfnisse zugeschnittenes, anthropozentrisches Weltbild aufgeben muss, das ihm immer noch und ganz zu Unrecht einflüstert, er sei so etwas wie die Krone der Schöpfung.

So erklärt auch der Theologe und analytische Psychologe Eugen Drewermann: „Der eklatante Mangel der biblischen Anthropozentrik wirkt sich tatsächlich am schlimmsten darin aus, dass es kaum möglich scheint, auf dem Boden der Bibel eine umfassende, nicht nur auf den Menschen bezogene Ethik der Natur zu begründen. Die Bibel selbst enthält nicht einen einzigen Satz, wo von einem Recht der Tiere auf Schutz vor der Rohheit und Gier der Menschen oder gar auf Mitleid und Schonung in Not die Rede wäre."[3]

Vieles, wenn nicht alles, wird in Zukunft davon abhängen, ob es uns gelingt, ein neues Bewusstsein für den Umgang mit unserem Planeten zu entwickeln, den wir – gemäß dem angeblichen Schöpfungsauftrag der Bibel – beherrschen wollten; ein neues Bewusstsein im Umgang mit all den nicht menschlichen Lebewesen, den Pflanzen und Tieren, denen wir eine würdevolle Mitweltlichkeit (Umwelt ist bereits wieder anthropozentrisch gedacht) verwehren, weil wir sie zu Sachen, zu Objekten degradiert haben, mit denen wir glauben, nach Belieben verfahren zu können.

Halten wir einen Augenblick inne und verändern unsere Perspektive in eine visionäre Richtung: Wenn es nicht mehr darum geht, wer über wen herrschen soll, sondern darum, wer wem etwas gibt und wer wen ernährt, dann steht die Welt buchstäblich auf dem Kopf. Es sind nämlich die Pflanzen, die sich Tieren wie Menschen selbstlos zu essen geben, die Tiere geben sich den Menschen zur Nahrung hin, und nur die Menschen müssen aufpassen, dass sie nicht mehr nehmen, als sie zurückgeben können. Aus dieser Perspektive sind dann plötzlich die Pflanzen die Krone der Schöpfung, weil sie alle anderen Wesen am Leben erhalten und mit der Schönheit ihrer Blüten deren Herz und Sinne erfreuen. So jedenfalls wird es von den Kulturen gesehen, die sich noch enger mit der Natur und ihren Gesetzen verbunden fühlen. Meines Erachtens täten wir gut daran, uns diesen Blickwinkel zu eigen zu machen, damit Dankbarkeit für die beständigen Gaben unserer Mitgeschöpfe in unsere Herzen und in unseren Verstand einziehen können. Und wenn wir unsere Welt verändern wollen, dann bitte zuerst in diese Richtung.

Es fällt auf, dass wir es in den beiden Schöpfungsgeschichten, die das „Buch der Bücher" einleiten und die immer noch als die Grundlage unserer abendländischen Kultur gelten, bereits mit einer Vielzahl von

Verdinglichung und Entseelung von Lebendigem zu tun haben. Weil es von Anfang an nur um Beherrschen und Beherrscht-Werden geht, nie und nirgends dagegen um ein Miteinander der gerade erst ins Leben gerufenen Geschöpfe. Was in den ersten Kapiteln der Bibel erschaffen wird, ist eine Welt ohne Liebe, Freude und Mitgefühl, und es bleibt nicht aus, dass die Langzeitfolgen beträchtlich sind.

Schöpfungsgeschichten sind schließlich alles andere als harmlos. Und sie zielen auch weniger auf die Vergangenheit als auf die Gegenwart, genau genommen ist sogar recht eigentlich die Zukunft ihr zentrales Anliegen. Erschaffen wird, was schon da ist oder was man sich für die Zukunft wünscht. Was zu Anbeginn bereits da war, dürfen spätere Zeiten nicht so ohne weiteres aufheben. Es wurde mit göttlichem Beistand ins Leben gerufen und damit in besonderer Weise geheiligt. Was hier erzählt wird, verbindet sich mit den höchsten Werten, Idealen und Visionen einer Kultur, die durch Rückbindung an jene „allerersten Tage" eine besondere Bestätigung erhalten. Hier werden die Weichen gestellt für die Identität einer Kultur. Hier wird erklärt, worum es im Leben geht, welche Aufgaben Frauen und Männern zugeteilt werden, wie das Verhältnis zur außermenschlichen Natur aussehen soll ... Als eine Form der narrativen Ethik geben Schöpfungsgeschichten vor allem auch moralische Verhaltensmuster vor, die für die Zukunft als wünschenswert erachtet werden. Was die Schöpfungsgeschichten der Bibel uns in Form von Erzählungen vermitteln, wird später mit den „Zehn Geboten" (Dekalog) in Verhaltensnormen umgewandelt, die das, was „im Anfang" geschah, konsequent in Handlung umsetzen, die vor allem aber in ihrer Dürftigkeit bis heute noch gelten (siehe unten).

In geradezu erschreckender Weise geht es in den ersten Kapiteln der Bibel vorwiegend um Kampf und Spaltung: Gott gegen Mensch, Mann gegen Frau, Gott gegen die Erde und die Schlange. Die Mutter des Lebens – Chava/Eva – wird zur Mutter des Todes. Die Erde, in den umliegenden Kulturen immer noch als eine lebendige Wesenheit gefeiert, wird den Menschen zur Bebauung und Beherrschung übergeben, zusätzlich noch verflucht: „verflucht sei der Erdboden um deinetwillen, Dornen und Disteln soll er dir wachsen lassen" (Gn 3, 17f), damit die

Bebauung nur ja nicht zu leicht von der Hand geht. Ein freudvolles Leben, in Harmonie mit der Mitwelt sieht anders aus.

In der jüngeren der beiden Schöpfungsgeschichten (ca. 500 v. Chr. verfasst), wendet sich dieser neue Gott gleich gegen die gesamte damals als göttlich erkannte Welt der Gestirne und degradiert sie kurzerhand zu Lampen am Firmament. Eine weitere Form der Vergegenständlichung von Lebendigem. Wenn heutzutage ans Licht kommt, dass die benachbarten Ägypter zur selben Zeit ihr Wissen über die Planeten und Gestirne, über Astrologie, Geomantie und Radionik für die Bebauung ihrer Felder nutzten, kann man über so viel Ignoranz dieser neuen Religion nur den Kopf schütteln. Die damals vollzogene Entmythologisierung der Gestirnswelt, die uns immer als fortschrittlich verkauft wurde, bedeutete in Wirklichkeit wohl einen Rückfall in primitivste Barbarei.[4]

Der neue monotheistische Gott, der hier als Alleinherrscher ins Leben erzählt wird, kann per Definition keine anderen Gottheiten neben sich dulden. Gleichzeitig wird in Gn 1, 28 der sogenannte Schöpfungsauftrag aus der 500 Jahre älteren Geschichte wiederholt und bekräftigt: „Seid fruchtbar und mehret euch und macht euch die Erde untertan. Herrschet über die Fische des Meeres und über die Vögel des Himmels und über alles Getier, das sich auf Erden regt." Das alles müsste uns nicht weiter beunruhigen, wenn sich nicht gegenwärtig mit dem Transhumanismus eine neue Herrschaftsform ankündigen würde, die sich nach derselben Prämisse alles Leben auf diesem Planeten untertan machen möchte.

Der Mensch, obwohl seinem Schöpfer gegenüber seit den ersten Tagen der Schöpfung als sündhaft und fehlerhaft erkannt, soll es den biblischen Autoren zufolge gleichwohl mit der Erde aufnehmen, ihr seinen Stempel aufdrücken, als sei er ihr überlegen. Das nennt man, psychologisch gesehen, einen ausgewachsenen Grandiositätskomplex, der häufig einem Minderwertigkeitskomplex auf dem Fuße folgt.

Das Erkennen, dass der Transhumanismus die konsequente Fortsetzung und Erfüllung biblischer Geschichten ist, weil hier endlich der fehleranfällige, sprich „sündige" Mensch durch eine perfekt funktionierende Maschine ersetzt werden soll, könnte ein erster Schritt zur Befreiung in eine neue, lebenswerte Zukunft sein. Zu begreifen, dass die alten, verhängnisvollen Geschichten uns so lange in ihrem Bann halten werden, bis wir neue erzählen, die wir vor allem im Austausch mit anderen Kulturen gewinnen können, die weniger zerstörerisch wirken, könnte ein zweiter Schritt auf diesem Weg sein. Geschichten, die uns endlich zu einem neuen Bild von göttlich, spirituell und menschlich sowie – ich schreibe es hier mal so hin, obgleich es vielleicht seltsam klingen mag – erdlich und tierlich führen können. Begriffe, die wir noch gar nicht in unserem alltäglichen Wortschatz haben und die sich entschieden von „tierisch" und „irdisch" (erst recht „unterirdisch") absetzen.

Im Begriff des Erdlichen ehren wir die Erde wieder als eine eigene, geistvolle Schöpferin und mit ihr zusammen alles pflanzliche Leben, das sie unermüdlich hervorbringt. Im Begriff des Tierlichen geben wir den Tieren ihre Würde zurück, die wir ihnen unter dem Etikett „tierisch" genommen haben.

Das Ziel, die Vision könnte die Wiedergewinnung der Vorstellung eines beseelten Kosmos sein, in dem wir erfahren, dass und wie alles mit allem verbunden ist, die Natur als Mitwelt und nicht mehr als Umwelt erscheint, und wir Menschen uns wieder bescheiden in ein Gewebe des Lebens einfügen, das viel zu groß ist, als dass wir es je durchschauen geschweige denn beherrschen könnten. Ganz im Sinne der berühmten Rede des Häuptlings Seattle, die er im Jahr 1855 an den Präsidenten der USA gerichtet hat:

„Der Mensch schuf nicht das Gewebe des Lebens, er ist darin nur eine Faser. Was immer ihr dem Gewebe antut, das tut ihr euch selber an." Denn „alle Dinge sind miteinander verbunden. Was die Erde befällt, befällt auch die Söhne und Töchter der Erde. Denn dies wissen wir; die Erde gehört nicht den Menschen, der Mensch gehört zur Erde."

Und an anderer Stelle derselben Rede:
„Was wäre der Mensch ohne die Tiere? Wären alle Tier fort, so stürbe der Mensch an großer Einsamkeit des Geistes. Was immer den Tieren geschieht, geschieht bald auch den Menschen."[5]

Dass die Tiere etwas mit unserem Geist zu tun haben könnten, ist keine Vorstellung, die unserer Kultur besonders naheliegt. Wie ein roter Faden zieht sich schließlich durch die Geschichte unseres Denkens, in Philosophie wie auch Theologie, die Frage, was den Menschen vom Tier unterscheidet, nie wurde dagegen gefragt, was uns denn mit dem Tier in geistiger, spiritueller Hinsicht verbindet.

Ganz anders die uramerikanischen Gesellschaften. Für sie „bleibt der Mensch ein *Teil*, niemals wird er zu einem autonomen Individuum, das nur seine Interessen kennt und unbekümmert durchsetzt. Hier wurzelt die indianische Vorstellung von der Weltdemokratie und Weltsymmetrie, von der Verwandtschaft aller Wesen und Erscheinungen." Es ist „die Überzeugung indianischer Denker, mit Pflanzen, Tieren, Wolken und Winden verwandt zu sein."[6]

Diese Vorstellungen begegnen uns im Übrigen auch in der Weltauffassung der alten chinesischen Philosophie, für die der Mensch auch nur eine Stimme im Konzert der „zehntausend Dinge" ausmachte, als welches die Welt beschrieben wurde.[7]

Alternative Schöpfungsmythen

Ganz anders dagegen die Schöpfungsgeschichten sogenannter indigener Völker: Sie ehren die Tiere als ihre älteren Verwandten und Lehrmeister und entwerfen Bilder von harmonischer Zusammenarbeit aller Wesen. Sie haben die Menschen, die erst nach ihnen auf die Welt kamen, mit ihrer selbstlosen Liebe und Fürsorglichkeit gewärmt und genährt, sie haben sie in ihr Wissen über die Pflanzen eingeweiht, vor allem auch in das Wissen von deren Heilkräften. Dass Tiere sich hingaben, damit die Menschen etwas zu essen hatten, wurde und wird ihnen bis heute in speziellen Seelenrückführungszeremonien gedankt. Nur ein Tier, das freiwillig kam, durfte überhaupt getötet werden. Eine ähnliche Sitte ist auch aus dem alten China bekannt, wo man den Wildtieren, die man im Pferch zusammentrieb, an der einen Seite einen Ausweg ließ.

Noch im antiken Ägypten galt Tierquälerei als gegen die Weltharmonie der großen Weisheitsgöttin Maat gerichtet und als unverzeihliches Verbrechen, das auf derselben Stufe mit Mord, Totschlag und Vergewaltigung stand und jegliche Möglichkeit auf Wiedergeburt für immer ausschloss.

In der Bibel erscheint das Tier nicht als Mitgeschöpf, als Partner, mit dem der Mensch in einen auch spirituellen Austausch treten könnte, sondern als ein Wesen das vom Menschen beherrscht und seinem Gott als Opfer dargebracht werden muss. Die Erde, und was sie uns schenkt, hat für diesen neuen Gott, so wie er uns geschildert wird, keinen Wert, ist keine göttliche Kraft, mit der er in Beziehung treten möchte. Da er sie geschaffen hat, steht sie nicht auf gleicher Ebene mit ihm. In der Tat würden wir in Richtung Polytheismus gehen, sobald wir die Erde, die wir nicht umsonst noch immer unsere Mutter nennen, endlich wieder als eigenständiges und machtvolles, geistvolles Wesen anerkennen könnten, mit dem es möglich ist, in einen achtungsvollen Dialog einzutreten.

Dass Tieropfer in der antiken Welt keineswegs in jedem Kult selbstverständlich waren, erfahren wir etwa aus dem Kult um die Liebesgöttin, Weltschöpferin und Totengöttin Aphrodite (Venus). Solange Aphrodite – im sogenannten goldenen Zeitalter – noch die alleinige Göttin der Menschen war, galten Tieropfer als verboten. Zwischen Mensch und Tier glühte die Flamme von Freundschaft und Harmonie, wie der Dichterfürst Empedokles (494–434 v. Chr.) uns wissen lässt:

„Ihnen war nicht Ares der Gott, auch nicht Zeus, der König,
Nicht Kronos und nicht Poseidon.
Nein, nur Königin Kypris (Aphrodite)
war Göttin des Menschengeschlechtes.
Sie verehrte man fromm durch Statuen, Gaben der Demut,
Auch mit Gemäldetafeln und kunstvoll bereiteten Salben,
Mit der Gabe der reinen Myrrhe und duftenden Weihrauchs,
Und des gelblichen Honigs Spende floss nieder zur Erde.
Doch von der Stiere Blut troff niemals grässlich der Altar,
Sondern dies war den Menschen die allergrößte Befleckung,
Anderer Leben zu rauben und edle Glieder zu essen.
Zahm waren alle Geschöpfe und ganz zutraulich den Menschen,
Wildgetier wie die Vögel, es glühte der Freundlichkeit Flamme."[8]

Auch beim Dichter Lukrez, der vier Jahrhunderte später sein Gedicht über das Universum mit einer Anrufung der Venus einleitet, finden wir noch ganz ähnliche Anklänge:

„Venus, unsere Hüterin, unter den kreisenden Sternen des Himmels
Erfüllst du das schiffetragende Meer
Und das fruchtbare Land mit Leben.
Durch dich erst wird alles Lebendige empfangen,
Um geboren zu werden, das Tageslicht zu erblicken.
Göttin, vor Dir weichen Stürme.
Bei deinem Kommen öffnen sich die Schleusen des Himmels.
Daedalus' süße Erde lässt ihre Blumen sprießen
Für Dich. Besänftigt lächeln Meereswogen dir,
Und aus des Himmels Frieden strömt Licht.
Die Quelle kommt zum Leben wie des Westwinds
Zeugungskräftiger Atem, die Vögel in der Luft
Verkünden deine Ankunft, ihr Herz ergriffen
Von deiner Macht. Der neue Überfluss
Lässt wilde Tiere Freudensprünge tun.
Gefangene deiner Güte folgen dir, wohin du führst,
Durch Meer und Höhen, Ströme Blätterwerk,
Wo Vögel wohnen, und grüne Felder.
In alle Herzen dringet unausweichlich deine Liebe,
Damit sich alle Arten
Auf Erden freudig mehren."[9]

Aus den wenigen Zeilen des Lukrez klingt uns ein geradezu lustvolles Verständnis von Welt und Leiblichkeit entgegen, ein Einklang des gesamten Kosmos, in dem der Mensch tatsächlich nur ein Geschöpf unter vielen ist. Die ganze Schöpfung pulsiert in freudvoller Harmonie, vereint sind Menschen, Tiere, Pflanzen, Ströme, Berge auf einer „süßen Erde" unter den friedvoll kreisenden Sternen des Himmels.

Von der Vorstellung solch einer beinahe ekstatischen Verbundenheit allen Lebens befinden wir uns heute Lichtjahre entfernt, und doch wäre es eine Vision, für die zu leben es sich lohnte.

Im Alten Testament erscheint die Göttin der Liebe und Gerechtigkeit, unter ihrem babylonischen Namen Ischtar, Himmelskönigin; ihr Symbol war auch damals schon der Venusstern, der sich uns in den beiden Facetten des Morgen- und Abendsterns zeigt. Und auch ihr brachte man – ganz wie bei Aphrodite/Venus – Honigkuchen dar, was von den Propheten des neuen und einzig wahren Gottes scharf bekämpft wurde. Offensichtlich war es aber doch nicht so leicht, die Menschen und insbesondere die Frauen, von der Verehrung ihrer Himmelskönigin abzuhalten, wie es das folgende Zitat (Jer 15ff) eindrücklich nahelegt:

„Wir werden vielmehr das Wort, das wir gegeben haben, voll und ganz ausführen: nämlich der Himmelskönigin Rauchopfer darzubringen und ihr Trankspenden auszugießen ..., wobei wir uns satt essen konnten und uns wohl befanden und kein Unglück erlebten. Aber seit wir aufgehört haben, der Himmelskönigin Rauchopfer darzubringen und Trankspenden auszugießen, hat es uns an allem gefehlt und sind wir durch Schwert und Hunger aufgerieben worden."

Die Frauen erklären dem Propheten, dass auch ihre Männer einwilligen, wenn sie Kuchen mit dem Bild der Himmelskönigin anfertigen und ihr darbringen.

Die Spaltung der Welt

Die neue Welt der Israeliten, die sich auf dem Boden des damaligen Palästina einrichten will, brauchte, nachdem sie die dort ansässigen kanaanitischen Stämme mit Gewalt vertrieben hatte, offenkundig Gesetze, um sich in ihrer neuen Heimat durchzusetzen und gleichzeitig von den anderen Völkern abzugrenzen. Und so entstand der Katalog, den wir noch heute die „Zehn Gebote" (Dekalog) nennen und immer noch als die Grundlage unserer Kultur anerkennen. In diesem Katalog (Ex 20, 1– 7; Dt 5, 6–22) werden die ersten Kapitel der Bibel gewissermaßen in die Form von Gesetzen gegossen, die nun bei Strafe an Leib und Leben nicht mehr missachtet werden dürfen.

Es ist jedoch eine zwiespältige Sache mit jeder Art von Sittenkodex, wie uns der größte Philosoph des alten China, Lao-tse, in der 38. Ode seines Tao-te-king wissen lässt:

„Wer die Urkraft hochhält, weiß nichts von Urkraft,
Darum ist er urkräftig.
Wer die Urkraft niedrig schätzt, verfehlt nicht, urkräftig zu sein,
Darum ist er ohne Urkraft.
Wer die Urkraft hochhält, ist ohne Handeln,
Und es ist ihm nicht ums Handeln.
Wer die Menschlichkeit hochhält, handelt,
Und es ist ihm nichts ums Handeln.
Wer die Gerechtigkeit hochhält, handelt,
Und es ist ihm ums Handeln.
Wer den Sittenkodex hochhält, handelt,
Und wenn dem niemand entspricht,
Dann entblößt er die Arme
Und geht zur Gewalt über!
Darum:
Verliert man die Führerin des Alls (Tao),
Dann danach die Urkraft.
Verliert man die Urkraft,
Dann danach die Menschlichkeit.
Verliert man die Menschlichkeit,
Dann danach die Gerechtigkeit.
Verliert man die Gerechtigkeit,
Dann danach die Sitten. –
Was nun den Sittenkodex anlangt,
So ist er ein dürftiges Etwas von Treu und Glauben
Und der Verwirrung Anfang."[10]

Auf der Basis derartiger Vorstellungen haben die PhilosophInnen des alten China das Symbol des Yin und Yang entwickelt, dass sich auch in der westlichen Welt inzwischen großer Beliebtheit erfreut. Bei diesem – nicht zufällig runden – Symbol fällt sofort auf, dass sich die helle/„gute" und die dunkle/„böse" Seite an keiner Stelle voneinander trennen lassen, stets spielt die eine in die andere hinein, will sagen: Jedes Dunkle und im schlimmsten Fall Zerstörerische hat auch seine lichte, förderliche Seite, aber – und das fällt schwerer zu akzeptieren – jedes Licht hat auch seinen Schatten. Es gibt nichts, das nur gut wäre, so wie es auch nichts gibt, das nur schlecht wäre. Und genau das ist die Voraussetzung für ein Weltbild, in dem allumfassende Wandlung das einzig Sichere im Leben ist. Wer so denkt, hat das dichotomische Weltbild, das Gut-Böse-Schema aufgegeben oder erst gar nicht eingeübt. Stattdessen geht es darum, sich den Gesetzen fortwährender Wandlung anzupassen, wie sie uns ja auch in der Natur begegnen. Dass dieses Symbol gleichzeitig noch mit den physikalischen Gesetzen der Enantiodromie zusammengeht, macht es besonders attraktiv für die moderne Welt.

Im Bezug auf die Zehn Gebote, die wir für uns bis heute als gültige Normen anerkennen, kann man Lao-tse nur recht geben. In ihnen findet sich zudem kein Gesetz zur Achtung der Erde als einer eigenen gestalterischen Kraft, die nicht zum Mittel menschlicher Zwecke gemacht werden kann, kein Gesetz, das dazu anhält, im Einklang mit der Tier- und Pflanzenwelt zu leben oder auch nur die Verbundenheit alles Lebendigen fördern würde.

Außerdem ruft jedes Gebot sein Gegenteil bereits auf den Plan: Wenn man betonen muss, dass es nur einen Gott geben darf, dann ist die damals noch gängige Verehrung anderer Gottheiten „böse". Mit dem Gebot „Du sollst nicht töten", ersteht das Bild, dass man es eben doch tun könnte usw. Und schon entsteht eine Spaltung zwischen den „Guten", Gehorsamen, die sich an die Regeln halten, und den „Bösen", die das eben nicht tun und denen daher drastische und zum Teil gewalttätige Strafen angedroht werden, die das Gebot „Du sollst nicht töten" gleich wieder außer Kraft zu setzen drohen. Wer sich nicht an die Gebote hielt, durfte gnadenlos gesteinigt, sprich auf die grausamste Art getötet werden. Tiere waren bei diesem Tötungsverbot ohnehin nicht eingeschlossen, auch sie durften gesteinigt werden, wenn sie zufällig einen Menschen verletzten (Ex 21, 28).

Dass Frauen gesteinigt werden dürfen, wenn sie nach der Hochzeitsnacht kein blutiges Laken vorzeigen können oder bei einer Vergewaltigung nicht hörbar geschrien haben, gehört zum düstersten Kapitel dieser Religion überhaupt und hat in den letzten drei Jahrtausenden zu Milliarden von beinahe stillschweigenden Femiziden geführt. Im Namen der Scharia wird dieses Gesetz in Teilen der islamischen Welt bis heute praktiziert.

Dass auch weitere dieser Gebote aus Sicht einer anderen Kultur nicht ganz unproblematisch zu bewerten sind, spiegelt uns James Arévalo Merejildo, der vertraut ist mit der Spiritualität der alten wie der modernen Inka-Kultur. Zwei von den Zehn Geboten waren es vor allem, die den Inka von den spanischen Eroberern auferlegt wurden: Du sollst nicht stehlen und du sollst nicht lügen.

„Welche Veranlassung sollten wir in einer hoch entwickelten Gesellschaft, wie wir sie in der Anden-Bevölkerung vorfinden, haben, nicht zu stehlen, wenn diese Gesellschaft doch weiß, dass alles einzig und allein der Pachamama (Mutter Erde) gehört. Diese Gesellschaft lebt nach dem Prinzip einer Gemeinschaft, das sich ausdrückt in den Worten alle für eine/n und eine/r für alle. Eine Gesellschaft die nach dem Prinzip der Fürsorge lebt, des heute für dich; morgen für mich: Welche Notwendigkeit, etwas zu rauben, besteht in einer Gesellschaft, in der es sich von selbst versteht, dass bereits ein neugeborenes Kind sein eigenes Land zur Bearbeitung erhält? Welche Notwendigkeit, etwas zu stehlen, besteht in einer Gesellschaft, in welcher die Idee, vor Hunger sterben zu müssen, weder möglich noch erlaubt war, weil die Verteilung und Erhaltung von Lebensmitteln dort bereits ein unerwartet hohes Organisationsniveau erreicht hatte? Welche Notwendigkeit zu stehlen gibt es dort?
Warum müsste man in einer hoch entwickelten Gesellschaft lügen und misstrauen? Warum sollte es da überhaupt notwendig sein zu lügen? Warum, wenn eine solche Handlung uns nicht hilft, spirituell zu wachsen?"[11]

In einer Gemeinschaft, die stets dafür sorgt, dass niemand hungern muss, und die jedem Menschen bereits bei seiner Geburt ein Stück Land gibt, das er für seinen Lebensunterhalt bebauen darf, macht das siebente Gebot in der Tat keinen Sinn. Eine künftige Politik wäre also gut beraten, Armut in der Gesellschaft erst gar nicht aufkommen zu lassen, sie vielmehr als das Armutszeugnis einer fehlgeleiteten Sozialpolitik zu bewerten, das umgehend zu korrigieren wäre.

Gegenseitige Verbundenheit allen Lebens

Dass man ethische Leitlinien ganz anders formulieren und gestalten kann als in Form von Gesetzestafeln, verrät uns ein Blick in das antike Ägypten, das mit seinem Konzept rund um die Weisheitsgöttin Maat schon mehr als 2000 Jahre vor der biblischen Tradition ein einzigartiges Moral- und Rechtssystem geschaffen hatte, das sogar bis heute in den westlichen Kulturen unerreicht geblieben ist, das wir uns aber in der heutigen Zeit vielleicht – wenn auch natürlich in aktualisierter Weise – neu zum Vorbild nehmen könnten.

Maat erscheint als Prinzip der Gerechtigkeit, der Weltweisheit und der Weltharmonie. Sie trägt als charakteristischen Kopfschmuck und Wahrzeichen eine schlichte Straußenfeder im Haar, die in Bild und Schrift auch stellvertretend für die ganze Göttin stehen kann. Den Mythen zufolge erstand sie zugleich mit der Schöpfung und verkörperte die mit der Weltentstehung gesetzte Ordnung der Weltenharmonie. Welch kühne Vorstellung, die gesamte kosmische Ordnung in einer einzigen Feder symbolisiert zu sehen! Federn erwecken ein Gefühl von Leichtigkeit, sind aber auch nicht leicht zu fassen und finden zu uns eher als ein Geschenk des Himmels. Sie verbreiten Freude statt Schwere. So etwas scheint in unseren Augen mit Recht und Gesetz nur schwer vereinbar zu sein, und das zeigt bereits, dass wir es hier mit einer anderen Auffassung von Moral zu tun haben könnten.

Mit der Weisheitsgöttin verbindet sich ein Weltkonzept, dass die gesamte belebte Natur mit umfasst: „Mit ihrer Vorstellung von der Maat haben die Ägypter einen universalen Begriff geschaffen, der sich als tragende Grundlage für jegliches Ordnungsgefüge in Natur und Menschenwelt verwenden lässt. Maat meint auch die Ordnung und das Gleichgewicht in Natur und Umwelt, sie hat mit Musik und Dichtung, mit Kunst ganz allgemein zu tun. Sie ist die Harmonie der Töne, der Wohlklang und das richtige Maß, auch in der Architektur, die Ausgewogenheit gegenüber jeder Unmäßigkeit. Messen, Wägen und Rechnen haben aufs engste mit Maat zu tun."[12]

Maat wird oft in Zusammenhang mit der Schöpfergöttin Hathor, Göttin der Liebe, der Musik des Rausches und des Tanzes in einem Atemzug genannt. Weisheit, Wahrheit und Gerechtigkeit wohnen also mitten im Herzen von Liebe und Musik und auch des Rausches, der Selbstvergessenheit. Wobei die Vorstellung von Liebe die Sinnlichkeit mit einschließt. Hathor ist eine Göttin, die man sogar in menschlichen Liebesnöten – erfolgreich – anrufen konnte. Von ihr hieß es, dass sie „das Lied der Herzen" auffing.[13]

Maat gibt Luft und lässt atmen. Beim Darreichen der Maat hält man eine kleine Figur der Göttin an Mund und Nase des Adepten, damit er aus ihr atmen möge. Sie verwirklicht sich nicht allein im Halten von Normen und Gesetzen, das ist lediglich die unterste Stufe ihrer Verwirklichung, sondern vor allem durch schöpferisches Tun und Eigenverantwortung.

Wenn man sie – in Form einer kleinen Figur – an Mund und Nase hält, um den Geist der Empfangenden zu öffnen, erscheint die Göttin auf ihren Fersen sitzend auf einer flachen, abgeschrägten, trapezförmigen Plattform, ein Symbol, das mindestens ebenso wichtig ist wie die Straußenfeder: Sie ist die Basis, auf die sich alles kosmische und soziale Leben gründet.

Maat, als Weltweisheit und rechtes Maß, ist auch die Speise der Götter, ohne die sie nicht leben können, und auch die Verstorbenen in der jenseitigen Welt leben von ihr. In dieser Hinsicht verbindet sie das Menschliche mit dem Göttlichen, das Leben mit dem Tod. Im Ausführen der Maat werden Götter und Menschen eins. In der Verwirklichung der Maat nehmen beide teil an der beständigen Erschaffung der Welt. Für die Menschen bedeutet Maat-Tun Mehrung der Maat, wo und wie immer es ihnen möglich ist. Dies war ein durchaus bescheidenes Ideal, das viel Raum für Eigenverantwortung und schöpferisches Wirken ließ, zugleich aber auch die Unzulänglichkeit des Menschen in pragmatischer Weise mit bedachte:

„Es kann ja nicht darum gehen, Lüge, Unvernunft und Gemeinheit in der Welt vollständig auszurotten. Es wird sie geben, solange es Menschen gibt, sie sind Teil des ‚menschlichen Versagens', der Unzulänglichkeit, die in einer Welt technischer Perfektion nur immer spürbarer wird."[14] Das Konzept der Maat „tritt uns nicht mit übertriebenen

Ansprüchen und absoluten Forderungen entgegen; sie misst mit menschlichen Maßen"[15] und fordert nichts, woran Menschen von vornherein scheitern müssten.

Es fällt auf, dass in den Gesetzesvorschriften des Alten Testaments immer wieder die Formel gebraucht wird „so sollst du das Böse aus deiner Mitte austilgen" (etwa in Dt 22, 13–21 oder 22, 23–27), als ob das ein lohnenswertes Ziel sein könnte. In Wirklichkeit sind solche Formeln nur dazu angetan, Angst und Schrecken unter den Menschen zu verbreiten, wie wir gerade in den aktuellen Zeiten feststellen müssen, wo plötzlich ein Virus zum Bösen erklärt wird, das gnadenlos ausgerottet werden soll, auch wenn damit das ganze Leben ringsum abgetötet wird.

In den Gräbern des Alten Ägypten konnte man immer wieder formelhaft lesen, was Menschen zur Mehrung der Maat beigetragen hatten: „Ich gab Brot dem Hungrigen, Wasser dem Dürstenden, Kleider dem Nackten, ein Fährschiff dem Schifflosen."[16]

Heutzutage mehren wir Maat zum Beispiel, indem wir die Verantwortung für unsere Gesundheit selbst in die Hand nehmen und Maßnahmen der Regierung darauf abklopfen, ob sie uns eher schaden als nützen. Wir mehren sie durch jeden noch so kleinen Beitrag, mit dem wir Freude in die Herzen der Menschen säen, mit jedem noch so kleinen Beitrag, mit dem wir das Leid der Tiere verringern oder Massentierhaltung gleich ganz abschaffen, die Vergiftung des Ackerbodens aufhalten, indem wir kein Schädlingsbekämpfungsmittel mehr spritzen, oder indem wir durch Wachsamkeit die immense Gewalt gegen Frauen und Kinder verringern helfen. In jedem Fall bedeutet Maat-Tun die Eigenverantwortung der Menschen von klein auf zu stärken, wo immer uns das möglich erscheint. Wir mehren sie aber auch durch all die schönen neuen und schöpferischen Konzepte, die wir in diesem Buch zusammengestellt haben!

Mehrung der Maat bedeutet – auch und vor allem in der heutigen Welt – Verzicht auf Nutzen, der andere schädigt, und Verzicht auf Machbarkeit, die neue Gefahren heraufbeschwört.

Vollkommen unvereinbar mit dem Weltgesetz der Maat waren: Mord und Totschlag, Vergewaltigung, Habgier, Tierquälerei, unterlassene

Hilfeleistung gegenüber den Armen und Schwachen, Sklaverei, Folter und Geldgeschäfte. Bis in die Zeit des Pythagoras (6. Jahrhundert v. Chr.) kam diese Hochkultur ohne Geld aus und unterhielt trotzdem – oder gerade deshalb – eine blühende Wirtschaft und eine geradezu beneidenswerte Festkultur. Feier- und Ruhetage füllten dort mehr als drei Monate im Jahr aus![17] Es wäre zu überlegen, ob auch wir eines Tages zurück zu einer Wirtschaft finden könnten, die auf Geld verzichten kann.

Auch Armut stand nicht im Einklang mit der Maat. In einer florierenden Gesellschaft muss ein Minimum an Wohlstand für alle Menschen gewährleistet sein. Es gehörte zu den Aufgaben der jeweils herrschenden Pharaon/inn/en, diese Armut erst gar nicht aufkommen zu lassen, und sie wurden wohl auch daran gemessen, wie weit es ihnen gelang, für den Ausgleich zwischen Arm und Reich zu sorgen. Wie sähe unsere Welt wohl aus, wenn wir noch heute unsere amtierenden Politker/innen an diesem Anspruch messen würden?!

Eine ganz besondere Aufmerksamkeit verdient auch der Umgang mit der Schuldfrage. Vor Gericht suchte man im Sinne der Maat, Schuldzuweisungen zu vermeiden und stattdessen die Kontrahenten durch einen Vergleich zu befrieden, der die verlorengegangene Harmonie der Welt wiederherstellte.

Die Maat als tragender Grund unseres Seins „schließt alle Lebewesen und die ganze Natur mit ein. Es ist das universalste und gerechteste ethische Prinzip, das von Menschen aufgestellt wurde", erklärt der weltbekannte Ägyptologe Erik Hornung.[18]

Auch das Verhältnis zum Tier war in Ägypten einzigartig, was man allein daran sehen kann, dass alle bedeutenden Göttinnen und Götter in mindestens einer Tiergestalt verehrt wurden. Eine höhere Wertschätzung könnte man den Tieren wohl kaum zukommen lassen. Von vielen Tieren nahm man zudem an, dass auch sie, den Menschen gleich, im Tod mit Osiris eins und von Isis zu neuem Leben auferweckt würden.

Bei *einem* Tier lohnt es sich, ganz besonders zu verweilen. Es spielt in so gut wie allen großen Kulturen und Religionen der Welt eine zentrale Rolle, weil es nicht zuletzt als Symbol und Repräsentant der Energie der Erde selbst angesehen wurde. Es ist die Schlange (etymologisch eins mit dem Drachen), die eines der schillerndsten Wesen der Welt überhaupt darstellt, um das sich zahllose mythische und mystische Geschichten ranken. Obgleich sie den Mythen zufolge in allen vier Elementen zu Hause ist, wird sie doch bevorzugt mit den Kräften der Erde in Verbindung gebracht. Eine Schlange zu töten oder dazu aufzurufen, sie zu töten, kann deshalb viel über unser Verhältnis zur Erde aussagen. Und so sind wir wieder bei Gn 2–3, und bei Eva, dem Baum und der Schlange. Wer erschafft eigentlich etwas so Sinnloses wie einen Baum, von dessen Früchten man nicht essen darf, ja sogar sterben wird, wenn man es doch tut? Was ist das für ein Gott, der seine ersten Menschen, die er gerade erst in die Welt gesetzt hat, schon mit dem Tod bedroht? Und warum darf diese Maßnahme von den ersten Menschen nicht infrage gestellt werden? Warum verlangt dieser Gott von Anfang an so etwas wie Kadavergehorsam, die Akzeptanz von etwas vollständig Sinnlosem? Und warum will er partout nicht, dass die von ihm gerade erst erschaffenen Menschen Erkenntnis gewinnen?

Eva will es dabei nicht bewenden lassen. Sie lässt sich mit ihrem Verlangen nach Erkennen und Verstehen spontan auf ein Gespräch mit dem Wesen ein, das in der Antike und selbst noch bei den Philosophen (zum Beispiel Philo von Byblos) als der Inbegriff von Weisheit schlechthin galt: eben die Schlange. Damit wendet sie sich, dem damaligen Verständnis nach der – weiblich konnotierten – Gegenreligion zu, und das kann in diesem Kontext nicht geduldet werden. Es steht zu vermuten, dass die Geschichte überhaupt nur deshalb erzählt wurde, um beide – Frau und Schlange – im selben Handstreich herabzuwürdigen.

Schlangen galten in den Kulturen der alten Welt als heilig und wahrsagekräftig. Weil sie auf dem Bauch kriechen, hielt man sie für fähig, im Verbund mit der Weisheit der Erde zu leben, zu deren Innerem sie Zugang zu haben schienen. Die Fähigkeit, sich zu häuten, schien, ihnen ewiges Leben zu verleihen, und so wurden sie schon früh symbolisch mit der Heilkunst verbunden. Asklepios, der griechische Gott der Heilkunst (lat. Äskulap) erschien – zusammen mit seiner Gemahlin Hygieia – gleich selbst in Gestalt einer Schlange und reiste, dem Mythos nach, in dieser Gestalt sogar vom Orient an den Tiber nach Rom, um dort eine Seuche zu heilen.[19] Der Schlangenstab, der noch heute ein Wahrzeichen der Ärzte- und Apothekerzunft ist, hatte ursprünglich Blätter und galt als Lebensbaum. Die berühmte Uräusschlange, die aufgerichtete Kobra, wurde im alten Ägypten als eine mütterlich wohlwollende Kraft geheiligt und zugleich als Symbol der weiblichen Sonne erkannt. Große Göttinnen wie Isis wurden selbst in Form einer aufgerichteten Kobra verehrt. Die Uräusschlange an der Stirn von Gottheiten galt als Sinnbild uranfänglicher Schöpfer- und gleichzeitig Schutzkraft. Im antiken Griechenland fand sich eine große Pythonschlange am Orakel zu Delphi, dem Heiligtum der Erdentiefe. Dort, wo die Göttin Gaia, die Göttin Erde, als Urwahrsagerin gefeiert wurde. In den *Eumeniden* verrät uns der Dichter Aischylos etwas über die – zunächst rein weibliche – Abfolge göttlicher Macht an diesem Heiligtum:

„Als erste Gottheit und als *Protomantis*, als Urwahrsagerin, waltet Gaia hier, die Erdmutter. Auf Gaia folgte ihre Tochter Themis, die Göttin des Rechts. Als Dritte nahm, mit Willen der Themis und ohne Gewalt, Phoibe den Platz ein."

Phoibes Tochter aber ist Leto, welche auf der Insel Delos die Zwillinge Artemis und Apollon zur Welt brachte. Sie übergab dereinst das Heiligtum als Geburtstagsgeschenk an ihren Enkel Apollon. Von ihr hat er auch den Beinamen Phoibos, der Strahlende, erhalten.[20]

In der Version des Euripides jedoch (*Iphigenie auf Tauris*) erschlägt der Sonnengott Apollon den großen Erddrachen Python, um sich an seine Stelle zu setzen und sich fortan selbst zum Herrscher über die Macht der Erdgöttin aufzuschwingen. Zur Deutung der Sprüche bleibt er dennoch auf die Pythia, die jeweilige Priesterin am Orakel angewiesen. Hier klappt die Machtübernahme nicht ganz, doch die Tendenz wird klar: weg vom „dunklen" Mutterschoß des Weiblichen und hin zur lichten Klarheit der Sonne. „Die Version des Euripides stellte den Übergang als einen Triumph der rationalen Kräfte über die Dunkelheit der früheren Erdmysterien dar", als einen Sieg der Vernunft, welche „die mit weiblicher Macht assoziierten Kräfte hinter sich zurück lässt."[21]

Während in der ersten Geschichte die Übernahme des Erdorakels als ein Geschenk erscheint, das Dankbarkeit und verwandtschaftliches Verbundensein mit den als weiblich erkannten Erdenergien hervorruft, geht es in der anderen um die männliche Selbstermächtigung durch eine Gewalttat gegen die Leben verströmende Erde selbst. Denken wir nur an die zahlreichen Georgsbrunnen, welche die Marktplätze unserer Städte zieren. Dort vollzieht sich der symbolische der Akt der Drachentötung als Angriff auf die Erdenergie sozusagen permanent vor unseren Augen.

Ähnlich wie in den ersten Schriften des Alten Testaments werden auch in Griechenland die neuen Geschichten mit einer neuen Richtlinie verbunden, der sogenannten pythagoreischen Gegensatztafel, die im 6. Jahrhundert v. Chr. aufgestellt wurde und auf dem künstlich hergestellten Gegensatz zwischen Form und Formlosigkeit beruhte. Hier werden zehn Befindlichkeiten als unvereinbare Gegensätze einander gegenübergestellt und damit zugleich in ein hierarchisches System gebracht, das die Begriffe auf Seiten der Form denen der Formlosigkeit gegenüber als überlegen darstellt. Dabei wurde Männlichkeit willkürlich mit aktiver, bestimmter Form und Weiblichkeit mit passiver unbestimmter Stofflichkeit verbunden.

Mit dem Begriff der Form wurden ferner verbunden: Begrenztes, Ungerades, Einzelnes, Rechtes, Ruhendes, Licht, Gutes und Quadrat. Mit dem Begriff des Formlosen gingen einher: Unbegrenztes, Gerades, Menge, Linkes, Bewegtes, Gekrümmtes, Dunkel, Schlechtes und Rechteck.

Nach dieser Vorstellung findet sich das Weibliche auf derselben Stufe mit Dunkel und Schlecht. Eine Gleichachtung und Gleichstellung beider Geschlechter verbietet sich unter dieser Prämisse von vornherein. Die Entseelung und Entgeist(lich)ung von ganz konkreten Frauen setzt sich vielmehr in den *Eumeniden* des Aischylos konsequent fort, wenn der Mutter dort sogar jegliche Verwandtschaft mit den eigenen Kindern abgesprochen wird und der Mann zum alleinigen Erzeuger des Kindes erklärt wird, in glatter Leugnung der täglichen Erfahrung, der zufolge die Mutter ganz entschieden mehr Anteil am Kind hat. Sie wird fortan und durch die Jahrtausende gleichbleibend – in Philosophie wie Theologie – zum leeren Behältnis erklärt, in das der Mann den neuen Spross „einsät".

Bis heute noch sprechen wir gedankenlos vom „Erzeuger" und davon, dass „er ihr ein Kind macht", obgleich wir es inzwischen längst besser wissen sollten. Und noch immer geistert die Vorstellung in den

Köpfen herum, dass nur das stärkste Spermium den Wettlauf um das Eindringen ins weibliche Ei gewinnt, und auch das könnten wir inzwischen längst besser wissen, dass es nämlich das Ei ist, das auswählt und dass die beiden nach der Aufnahme des Spermiums einen wunderbaren Tanz miteinander vollführen. Schließlich besitzen Frauen sogar die Fähigkeit, neues (weibliches) Lebens ganz ohne Zutun des Mannes aus sich hervorzubringen, was bis heute noch kaum bis ins allgemeine Bewusstsein vorgedrungen ist, weil es der Vorstellung von männlicher Überlegenheit zuwiderläuft, von der wir bis heute intellektuell und sprachlich gesehen und auch im ganz alltäglichen Leben nicht lassen wollen.

Im Transhumanismus werden solche Gedanken weitergesponnen, wird heute davon fantasiert, man könne Kinder außerhalb des Mutterleibs in künstlichen Gebärmüttern aus Plastik heranzüchten, um auf diese Weise sogenannte Designer-Babys zu gewinnen, die dann natürlich perfekt sein müssen. Oder man züchtet gleich von vornherein, überlegene und unterlegene Menschen wie in Huxleys Roman „Schöne neue Welt" schon vorgedacht, wo die einen gleich als Diener/innen für die anderen herangezogen werden.

Wäre es nicht endlich an der Zeit, dass wir lernten, uns mit all unseren menschlichen Unzulänglichkeiten, Schwächen und Fehlern, die wir in den monotheistischen Weltreligionen überdies mit „Sünde" zusammendenken, abzufinden und deren Schönheit und Liebenswürdigkeit zu erkennen? Eben jene „Fehler" machen uns nämlich angewiesen auf andere und führen somit zu gegenseitiger Verbundenheit. Vor allem aber sind sie die Vorbedingung von Liebe. Wenn ich in mir eine vollständig abgerundete Kugel wäre, dann brauchte ich niemanden außerhalb meiner selbst, womit auch freundschaftliche Beziehungen zu anderen Menschen in gewisser Weise überflüssig würden.

Zwei Geschichten aus Platons *Symposion*, in dem es um das Wirken und die Definition der Kraft der Liebe (Eros) geht, könnten uns hier auf die Spur bringen.

Da ist zum einen der „Mythos vom Kugelmenschen", dem zufolge die ersten Menschen sich als vollständige Kugeln, mit acht Gliedmaßen räderschlagend über die Erde bewegten. Zeus aber bekam Angst, dass sie ihm gegenüber in dieser Ganzheit zu mächtig würden, sodass er sie kurzerhand in zwei Hälften teilte. Seither, so heißt es, suchte jede Hälfte sich wieder mit ihrer anderen zu vereinen. Sehen wir einmal davon ab, dass Zeus hier seine Macht in gewalttätiger Weise ausspielt, so geht es hier positiv gesehen doch auch um die gegenseitige Anziehungskraft, die Menschen aufeinander ausüben und die als Vorbedingung von Liebe oder Freundschaft verstanden werden kann. Solange die Menschen wie Kugeln zusammenklebten, konnten sie einander ebenso wenig erkennen wie Gaia und Uranos (Erde und Himmel), als sie noch ungetrennt aufeinander lagen. Nun aber können sie einander suchen und finden und werden dadurch lebendiger als je zuvor.

Die andere Geschichte handelt von den „Eltern des Eros", des Liebesgottes. Hier werden unter anderem Armut und Reichtum genannt. In der Liebe oder auch Freundschaft zu einem anderen Menschen erkennen wir einerseits unseren Reichtum (den uns die andere Seite ja spiegelt, aus ihrer „Armut" heraus), andererseits fühlen wir uns selbst dem anderen gegenüber „arm", denn das ist der Grund, warum wir uns zu ihr/ihm hingezogen fühlen. Wir merken, dass uns etwas fehlt, und hoffen, es bei unserem Gegenüber zu finden. Das zumindest ist eine (nicht unbedingt die einzige) Motivation, überhaupt aufeinander zuzugehen. Im günstigsten Fall werden beide Seiten dann um vieles „reicher"!

Wie wäre es, wenn wir anfingen, unsere „Fehlerhaftigkeit" als Grundlage unserer Lebendigkeit und Liebesfähigkeit zu feiern, statt sie zu verteufeln und uns dabei ein ums andere Mal als Versager fühlen zu müssen, die wieder mal an einem vorgegebenen Maßstab gescheitert ist? Finden wir uns damit ab, dass wir nun einmal sind, wie wir sind, und dass gerade das uns liebenswert macht. Sehen wir uns mit dem Humor an, den wir uns dadurch, dass wir immer wieder „Mist bauen", redlich verdient haben, und lassen wir, wie man auf gut Kölsch sagt, „der läve Jott ene joode Mann sin".

Zum Symboltier des Sonnengottes Apollon wurde der Schwan erklärt, der seit jeher auch in anderen Kulturen mit der Weisheit verbunden wurde, da er, dank seiner leiblichen Beschaffenheit die Höhe des Himmels mit der Tiefe der Erde zu verbinden wusste. Mit seinem langen, schlangenförmigen Hals, der tief ins Wasser hinab gründeln konnte, schrieb man ihm zudem eine symbolische Verbindung zu Dunkelheit und Tod zu. Das führt uns zu jener anderen Sonnengottheit, die den Schwan als ihr Symboltier führt, und das ist die Göttin Aphrodite, die Göttin der Liebe, der Schöpfung, des Todes und der Auferstehung. Zu ihr, die den gesamten Zyklus des Lebens liebevoll begleitet und umgreift, scheint er noch viel besser zu passen.

Während Apollon „eine hoheitsvolle Distanz" umgibt, steht Aphrodite mitten im prallen, blühenden und vergehenden Leben. Sie, die aus der Unterwelt des Meeres erstand (für die damalige Welt ein Ort des Todes), hat viel mehr Beziehung zum Tod, als uns normalerweise bewusst ist. Auch ihre Liebe zu Adonis führt sie – wie ihre prominenten „Schwestern" Inanna/Ischtar und Isis – durch den Abgrund von Tod und Leiden zurück zur Wiedergewinnung ihrer Lebens- und Liebeskraft. Ohne die Erfahrung von Dunkelheit und Tod ist recht eigentlich das Leben überhaupt nicht zu verstehen. Wer den Abstieg in Tod und Verwandlung vermeiden will, bringt sich dadurch auch um das Leben. Eine Erfahrung, die wir gerade in den Zeiten von Corona mit der Erfindung des „homo hygienicus" neu machen dürfen.

Die Zeiten, in denen wir das Leben nur aus einer apollinischen, gleichsam übergeordnet rationalen Perspektive betrachtet haben, sollten allmählich zu Ende gehen. Sie sollten wieder einem Gefühl für die gegenseitige Verbundenheit allen Lebens Platz machen, in der die anthropozentrische Sicht auf die Welt, die den Menschen zur Achse erklärt, um die sich alles zu drehen hat, langsam aber sicher der Vergangenheit angehören wird.

Denkanstöße

Dazu am Schluss noch einige Anregungen. Die erste stammt von Thich Nhat Hanhh aus der Zen-buddhistischen Tradition und bringt ein Beispiel für „Inter-Sein":

> Berührst Du das Papier, so berührst Du alles im Kosmos.
> Da schwebt eine Wolke in diesem Stück Papier.
> Ohne Wolke kein Regen
> Ohne Regen kein Baum
> Wenn wir die Wolke aus dem Papier herausnehmen,
> fällt es in sich zusammen.

Schaust du tief in dieses Stück Papier hinein und berührst es tief, kannst du auch die Wolke berühren.

Das Stück Papier ist mit dem Sonnenschein, dem Regen, der Erde, der Papierfabrik, den Arbeiterinnen und Arbeitern in der Fabrik, mit der Nahrung, die sie täglich zu sich nehmen, verbunden und verwoben.[22]

Der Auftakt der Ansprache des bolivianischen Vizepräsidenten David Choquechuanca, der zum Volksstamm der Aymara gehört, anlässlich seines Amtsantrittes im Jahre 20 JdF [23]

„An die Vertreter von internationalen Organisationen, Botschafter und Vertreter von Behörden. Mit der Erlaubnis der Gottheiten, unserer älteren Geschwister und unserer Pachamama (Mutter Erde), unserer Vorfahren und unserer Achachillas (spirituelle Wesen, welche in den Bergen die Geister schützen). Mit Erlaubnis unseres Patuhu (Regenbogen); mit Erlaubnis unseres heiligen Coca-Blattes; mit Erlaubnis aller Anwesenden und nicht Anwesenden in diesem Parlamentssaal! Heute möchte ich unser Pensasiento (fühlendes Denken) mit Ihnen teilen. Die Pflicht, miteinander zu kommunizieren, die Pflicht, Gespräche zu führen, ist das Grundprinzip von Buen Vivir (gutem Leben)."[24]

Man stelle sich für einen Augenblick solch eine Rede in irgendeinem europäischen Parlament vor, eine Rede, in der Wesenheiten angesprochen und mit einbezogen werden, die bei uns in gar keiner Weise als ernst zu nehmende „Gesprächspartner/innen" verstanden, geschweige denn berücksichtigt werden müssten, doch es wäre genau die Richtung, auf die wir uns geistig und gesellschaftlich zubewegen sollten.

Auch das Wort „fühlendes Denken" erweckt ganz neue Dimensionen der Beziehung zur Mitwelt. Für unsere westliche Welt, die wir uns angewöhnt haben, Denken und Fühlen strikt zu trennen und dabei das Fühlen für minderwertig zu erklären, könnte sich hier ein neuer Zugang zum Verständnis des Lebens und zu einer anderen Art von Politik und Gesprächskultur auftun.

Vom „Säen und Ernten von Wasser" bis hin zur Permakultur: eine neue Art der Kommunikation und Kooperation mit der Erde und ihren Lebewesen entsteht weltweit

Wie der Umgang mit einer als beseelt erfahrenen Welt sich ganz konkret und praktisch auswirken kann, zeigt sich an folgendem Beispiel: Beim Volk der Quechua im Süden der peruanischen Anden ist das Säen und Ernten von Wasser eine alte Kulturtechnik, die nur in einer Gemeinschaft verwirklicht werden kann. In dieser Gemeinschaft werden Entscheidungen erst getroffen, wenn so lange miteinander geredet wird, bis alle Beteiligten Raum bekommen haben, sich auszudrücken! Dazu gehört auch, dass man die Lebewesen des Ortes und der Umgebung um ihr Einverständnis bittet und im beständigen Gespräch mit dem Ort selbst bleibt. Auch das Wasser wird hier als ein vollgültiges Mitglied der Gemeinde angesprochen. Rituale und Feste begleiten dabei stets alle notwendigen Schritte. „Technische Maßnahmen werden dadurch belebt und in einen sozialen, spirituellen und ethischen Kontext eingebettet."[25]

Gemäß der Weltanschauung der Andenvölker sind die Erde, die Berge und das Wasser Gottheiten einer beseelten und spirituellen Natur, denen in Form von Ritualen und den damit verbundenen Gesängen Fürsorge und Achtung entgegengebracht wird. Mit Liedern versetzt man das Wasser in gute Stimmung und Schwingung, dass es überhaupt Lust bekommt, aus der Tiefe herauf zu „wachsen", was mit wasserrufenden Pflanzen unterstützt wird. Immer wieder werden die Gottheiten des Wassers mit Geschenken bedacht: Kokablätter, Blumen, Früchte und Chicha (Obstwein). Der Erfolg gibt den Quechua recht: Wasserbecken, die rein technisch angelegt werden, bringen wenig bis gar keinen Ertrag. Doch es gibt ermutigende Zukunftsperspektiven: Die Methode des Säens und Erntens von Wasser ist in Peru inzwischen sogar Teil des Lehrplans an Grundschulen geworden!

Dass sich auch bei uns im Zusammenhang mit der Einführung der Permakultur derlei Vorstellungen immer weiter verbreiten, können wir als ein ermutigendes Zeichen bewerten, das zu einer neuen Art der Kommunikation mit den energetischen Kräften der Erde führen kann. Sobald wir die Erde nach und nach wieder als ein beseeltes Wesen verstehen lernen, treten wir in einen ganz neuen Kosmos des respektvollen Austauschs und der Kooperation mit ihr ein. Es könnte dann selbstverständlich werden, dass wir die Pflanzen in unserem Garten mit Gesang, Musik und Tanz oder mit liebevollem Besprechen zum Wachsen und Gedeihen anregen, dass wir uns bei ihnen entschuldigen oder sie vorher befragen, wenn wir ihre Blätter oder Früchte pflücken oder ihre Äste beschneiden wollen.[26] Das ist keine romantische Gefühlsduselei, sondern entspricht längst auch naturwissenschaftlichen Erkenntnissen aus Physik und Neurobiologie. Die Erde ist ein harmonikales Gebilde, ist Schwingung, Akkord und Musik, wo jeder Kristall seine eigene Tonart hat. Desgleichen kommunizieren Pflanzen und Bäume über Klänge, weshalb es durchaus sinnvoll ist, mit ihnen zu sprechen und für sie zu singen.[27]

Ganz neue – aber eigentlich alte – Perspektiven eröffnet in dieser Hinsicht das aktuelle Buch von Alanna Moore mit dem bezeichnenden Artikel „Stone Age Farming", dessen erstes Kapitel bereits die Überschrift „Erde und Seele" trägt. Doch auch hier stoßen wir wieder auf das im Vergleich zu unserer Zeit sehr viel weiter fortgeschrittene Wissen alter Kulturen, allen voran der Ägypter und der Maya, von denen man neuerdings annimmt, dass sie vor langer Zeit bereits in regem Austausch miteinander gestanden haben.[28]

Es scheint so, als hätten bereits die alten Ägypter gewusst, „dass sowohl die Sonne als auch der Mond einen stetigen Strom magnetischer Energie liefern, der ebenfalls von Pflanzen genutzt wird." Man entdeckte eine ägyptische Hieroglyphe, deren Bedeutung sich übersetzen ließe mit „die Erde ist ein Magnet der Sonne" oder „die Erde besitzt eine Anziehungskraft für himmlische Energie".[29] Was nicht zuletzt auch auf das ägyptische Konzept der Weltweisheit (Maat) noch einmal ein ganz neues Licht werfen würde. Noch heute benutzen Mayastämme ein geradezu unglaubliches Wissen über die Zusammenhänge von Astrologie, Geomantie und Radionik, mit dessen Hilfe sie Ländereien von immenser Ausdehnung bewirtschaften und von Schädlingen freihalten können. „Die Maya wussten zum Beispiel, dass Venus auf Marienkäfer und Mars auf Blattläuse einwirkte. [...] Wären die Maya-Codices nicht von den christlichen

Eroberern zerstört worden, wüssten wir vielleicht mehr über ihr verblüffendes Radioniksystem."[30]

Auf jeden Fall eröffnet sich uns hier ein Feld von ganz neuen Dimensionen einer Kommunikation mit den Kräften des Kosmos, das der alten Welt bereits wesentlich vertrauter war als der gegenwärtigen.

Impulse aus unserer heimischen Mythologie

Werfen wir zu guter Letzt noch einen Blick auf unsere heimische Mythologie, die nach mehr als einem Jahrtausend Unterdrückung so nach und nach wieder an den Rändern unseres Bewusstseins auftaucht. Nur allzu leicht wird schließlich übersehen, dass unsere hiesige, indigene Kultur mehr als doppelt so viele Jahre lang unterdrückt wurde wie die der beiden Amerikas. Entsprechend unbekannt ist vielen auch immer noch, welch genuin demokratische Kultur dereinst auf den Thingplätzen von Nordeuropa gepflegt wurde. Der mythische Friedensschluss zwischen Asen und Wanen könnte noch heute beispielgebend für eine Friedenskultur sein, und einem Teilbereich dieses Friedensschlusses, in Personifikation der drei Nornen, möchte ich mich abschließend widmen.

In ihrem Bestreben, jeden weiteren Krieg zwischen den Gottheiten zu vereiteln, fassten sie alle zusammen einen kühnen Entschluss: Fortan wollten sie ihr Schicksal in die Hände der drei Nornen, der Schicksalsschwestern am Fuße des Weltenbaumes legen. Jeden Tag, so wurde beschlossen, mussten sie alle sich dort unten zum Thing, beim Beratungsplatz einfinden, um sich gemeinsam mit den Riesinnen zu beraten. Das brachte ihnen den Namen „die Rater" ein und hat auch sonst nur Gutes bewirkt. Krieg zwischen den Göttergeschlechtern hat es seither niemals mehr gegeben, zumindest wurde von keinem erzählt, und das wäre an sich schon bemerkenswert.

Wen wundert es, wenn die Menschen es den Gottheiten gleichtaten und ebenfalls Thingplätze errichteten, oder war es gar umgekehrt?! Immer ist es ja so, dass menschliche Gemeinschaften ihre höchsten Werte am „Götterhimmel" wiederfinden wollen. Und für die germanischen Stämme galt ein demokratisches Miteinander ganz offensichtlich als ein höchstes Gut, bei dessen Ausübung sie sich mit ihren Gottheiten eins fühlen durften, die – den Erzählungen nach – ohnehin ganz wesentliche Dinge freigiebig mit ihnen teilten: das Wasser und die Poesie und nach dem Tod die eigenen Burgen im Jenseits, in denen jeder, im wahrsten Sinne des Wortes, nach seiner Fasson selig werden konnte. Die demokratischen Formen, die wir bei vielen indigenen Völkern bewundern, finden wir mithin vor unserer eigenen Haustür, und wir sollten sie auch in Zukunft hegen und pflegen. Demokratie meinte dabei ganz offensichtlich nicht einfach Mehrheitsbescheid, sondern Ausdiskutieren, bis alle im Kreis mit dem Ergebnis einverstanden sein konnten. So etwas braucht Zeit, eine Zeit, die wir heutzutage nicht mehr zu haben scheinen, die wir aber ganz dringend wiedergewinnen sollten, um zu wirklich tragfähigen Beschlüssen zu finden.

Urd, Werdandi und Skuld – Vergangenheit, Gegenwart und Zukunft. Vereint sitzen sie, dem Mythos nach, am Urdbrunnen und spinnen das Geschick der Menschen: Urd spinnt ihnen den Lebensfaden, Werdandi führt ihn ins Gewebe ein, und Skuld zieht ihn am Ende des Lebens wieder aus. Danach wirft sie ihn hinter sich, sodass die Älteste der drei ihn wieder aufgreifen und mit jedem neuen Faden zusammenzwirnen kann, den Werdandi dann wieder in das Gewebe einführt, den wir als unsere Welt verstehen. So entstehen wir – bildlich gesprochen – immer wieder neu als eine Mischung aus unseren Ahnen und unserem eigenen Sein, Wollen und Werden.

Die Welt wird hier vorgestellt als ein großer Webteppich, in dem wir alle nur eine Faser sind, und dennoch mit allem, was lebt und west, untrennbar verbunden. Es kommt nun darauf an, wie weit wir bereit sind, diese Verbundenheit aktiv zu realisieren. Im Gewebe der Welt sind wir nicht mehr als eine Faser, doch wenn diese Faser fehlt, ist nichts mehr, wie es war. In der Mischung unseres Fadens sind wir verbunden und gleichzeitig einzigartig. „Der Mensch schuf nicht das Gewebe der Welt, er ist darin nur eine Faser", ein Bild, das uns offensichtlich mit allen indigenen Völkern und Stämmen der Welt verbindet. Es ins Leben zu übersetzen, könnte die größte Herausforderung für unsere Zukunft sein.

Ich möchte enden mit einem Gedicht des romantischen Dichters Novalis, das mir zu unserer gegenwärtigen Lage zu passen scheint:

> Wenn nicht mehr Zahlen und Figuren
> Sind Schlüssel aller Kreaturen,
> wenn die, so singen oder küssen,
> mehr als die Tiefgelehrten wissen,
> wenn sich die Welt ins freie Leben
> und in die Welt wird zurückbegeben,
> wenn dann sich wieder Licht und Schatten
> zu echter Klarheit werden gatten,
> und man in Märchen und Gedichten
> erkennt die ewgen Weltgeschichten,
> dann fliegt vor einem geheimen Wort
> das ganze verkehrte Wesen fort.

Literatur

Joachim-Ernst Berendt: Nada Brahma. Die Welt ist Klang. Reinbek: Rowohlt 1996
Eugen Drewermann: Der tödliche Fortschritt. Von der Zerstörung der Erde und des Menschen im Erbe des Christentums. Regensburg: Pustet 1981
Marion Giebel: Tiere in der Antike. Darmstadt: Wissenschaftliche Buchgesellschaft 2003
Marion Giebel: Das Orakel von Delphi. Ditzingen: Reclam 2001
Erik Hornung: Geist der Pharaonenzeit. München: Artemis 1989
Balam Ibarra: Zur Weisheit hin. Das uralte Wissen der Indianer Nordamerikas als Wegweiser in eine neue Zeit. Georgsmarienhütte: Driediger 2012
Christian Jacq: Nofretetes Tochter. München: Bertelsmann 1998
Lao-Tse: Führung und Kraft aus der Ewigkeit. Das „Tao-te-King" in der Übertragung von Erwin Rousselle. Frankfurt: Insel 1985
Genevieve Lloyd: Das Patriarchat der Vernunft. „Männlich" und „weiblich" in der westlichen Philosophie. Bielefeld: Daedalus 1985
Carolyn Merchant: Der Tod der Natur. Ökologie, Frauen und neuzeitliche Naturwissenschaft. München: C.H.Beck 1987
James Arévalo Merejildo: Inka Initiation Path. The Awakening of the Puma. Evidences of Archeo-astronomy in the Andes. Cusco, Peru: 2004
Alanna Moore: Stone Age Farming. Neue Impulse für Permakultur und Hobby-Gartenbau. Immenstadt: Mobiwell 2015
Werner Müller: Indianische Welterfahrung. Berlin: Ullstein 1981
Ovid: Metamorphosen, übers. V. Michael v. Albrecht, München: Goldmann 1981
Barbara Stamer, Vera Zingsem: Schlangenfrau und Chaosdrache. Stuttgart: Kreuz 2001
Mariel Starkgraff: Vom Säen und Ernten von Wasser. Das Volk der Quechua im Süden Perus hütet das Wasser wie seine Kinder. In: Oya #56 Hüten statt Haben. Lassan: Oya Medien eG 2019, S. 26–28
Wilfried Westphal: Die Töchter der Kleopatra. Frauen in Ägypten. Von den Pharaonen bis heute. Düsseldorf: Artemis & Winkler 2000
Vera Zingsem: Der Himmel ist mein, die Erde ist mein. Göttinnen großer Kulturen im Wandel der Zeiten: Schalksmühle: Pomaska-Brand 2008
Vera Zingsem: Freya, Iduna und Thor. Vom Charme der germanischen Göttermythen. Tübingen: Klöpfer + Meyer 2010

[1] Balam Ibarra: Zur Weisheit hin. Das uralte Wissen der Indianer Nordamerikas als Wegweiser in eine neue Zeit. Georgsmarienhütte: Driediger 2012
[2] Vgl. Merchant, S. 11–17
[3] Ebd. S. 100
[4] Vgl. Alanna Moore: Stone Age Farming. Neue Impulse für Permakultur und Hobby-Gartenbau. Immenstadt: Mobiwell Verlag 2015, S. 111f.
[5] Übersetzung: René Bardet, Poesie und Musik, 1982
[6] (Müller, S. 72)
[7] (vgl. a.a.O. S. 93)
[8] Marion Giebel: Tiere in der Antike. Von Fabelwesen, Opfertieren und treuen Begleitern. Darmstadt: Wissenschaftliche Buchgesellschaft 2003, S. 51
[9] Vera Zingsem: Der Himmel ist mein, die Erde ist mein. Göttinnen großer Kulturen im Wandel der Zeiten. Schalksmühle: Pomaska-Brand 2008, S. 131f.
[10] Lao-Tse: Führung und Kraft aus der Ewigkeit. Das „Tao-te-King" in der Übertragung von Erwin Rousselle. Frankfurt: Insel 1985
[11] James Arévalo Merejildo: Inka Initiation Path. The Awakening of the Puma. Evidences of Archeo-astronomy in the Andes. Cusco, Peru: 2004, S. 49
[12] Erik Hornung: Geist der Pharaonenzeit. München: Artemis Verlag 1989, S. 139f.
[13] Christian Jacq: Nofretetes Tochter. München: Bertelsmann 1998, S. 35
[14] Hornung, S. 144
[15] Ebd. S. 145
[16] Ebd. S. 141
[17] Vgl. Jacq, S. 20
[18] Hornung, S. 145
[19] Vgl. Ovid: Metamorphosen XV.623ff
[20] Vgl. Marion Giebel: Tiere in der Antike, Darmstadt: Wissenschaftliche Buchgesellschaft 2001, S. 9f.
[21] Genevieve Lloyd: Das Patriarchat der Vernunft. „Männlich" und „weiblich" in der westlichen Philosophie. Bielefeld: Daedalus 1985, S. 3
[22] Thich Nhat Hanh: Du bist ein Geschenk für die Welt. München: Kösel Verlag 2020
[23] JdF: Jahrtausend der Frau, welches am 28. Mai 2000 auf dem Hambacher Schloss von Siegrun Laurent und Tausenden von Frauen aus aller Welt aufgerufen wurde.

[24] Siehe https://www.youtube.com/watch?v=JmAFKehPY-M (zuletzt abgerufen am 10.12.2021); Übersetzung aus: MutterlandBriefe 22. Frankfurt/Main: MatriaVal e.V. 2021, S. 11

[25] Mariel Starkgraff: Vom Säen und Ernten von Wasser. Das Volk der Quechua im Süden Perus hütet das Wasser wie seine Kinder. In: Oya #56 Hüten statt Haben. Lassan: Oya Medien eG 2019, S. 26

[26] Vgl. Alanna Moore: Stone Age Farming. Neue Impulse für Permakultur und Hobby-Gartenbau. Immenstadt: Mobiwell 2015, S. 125–127

[27] Vgl. Joachim-Ernst Berendt: Nada Brahma. Die Welt ist Klang. Reinbek: Rowohlt 1996, S. 101–110

[28] Vgl. Moore 2015, S. 112

[29] Vgl. ebd. S. 23

[30] Ebd. S. 112

Frank Lustig

Nachwort

Frank Lustig

Geboren und wohnhaft in Gelsenkirchen und 54 Jahre jung. Buddhist und Taoist. Deutsche sowie italienische Staatsbürgerschaft. Selbstständiger Unternehmer und ehemaliger Polizeibeamter. Vater von zwei Söhnen, getrennt lebend. Hobbys: Literatur allg., Anthropologie, Psychologie, Politologie, Philosophie, Rechtswesen, Musik, Wandern und Gärtnern.

In jungen Jahren Volontariat bei einem Musikmagazin und in der Folge einige Jahre berufliche Tätigkeit in einem Musikverlag.

Seit 2020 politische Tätigkeit in der Basisdemokratischen Partei Deutschland.

Nachwort

"Die alte Welt liegt im Sterben und die neue Welt kämpft darum, zum Leben zu erwachen."

Antonio Gramsci

Das Zitat von Antonio Gramsci stand wohl ungenannt im Raum, als wir vom Redaktionsteam uns das erste Mal über die Notwendigkeit einer positiven Vision, oder besser vieler positiver Visionen, für uns, unsere Mitmenschen, unsere Gesellschaft, unser Gefühls- und Liebesleben, unseren Umgang mit der Mitwelt, ja, mit unseren Existenzgrundlagen, austauschten.

Geprägt von den traumatisierenden Verhältnissen in der „Corona-Zeit" wurde mehr und mehr in den Gesprächen deutlich, dass diese Zeit nur einen Höhepunkt von einem Sammelsurium an Fehlverhalten und Fehlentwicklungen darstellt, die wir alle, mehr oder weniger, im Laufe unseres Lebens wahrgenommen haben.

Eine nahezu pandemische Ausbreitung an Verhaltensweisen, die dem „mehr desselben" gleichen, das der berühmte Psychotherapeut und Konstruktivist Paul Watzlawick in seiner „Anleitung zum Unglücklichsein" wunderbar ironisch und humoristisch gekonnt beschrieben hat, können wir, liebe Leserinnen und Leser, allerorten wahrnehmen. Leider führte Watzlawick auch aus, wohin eine einmal erfolgreiche Methode bei ständiger Wiederholung, ohne Anpassung an die veränderten Umstände führen kann, zur Katastrophe oder zur Auslöschung einer Spezies im Tierreich.

Der Wunsch, einen Strich unter diese fatalen Verhaltensstrategien und Negativerfahrungen zu ziehen und die positiven Wirkkräfte von progressiven, inklusiven, lebensbejahenden Lebensstilen und Konzepten zu mehr Entfaltung und Verbreitung zu verhelfen, war und ist die größte Motivation, die uns zu dieser Arbeit angetrieben hat.

Nicht allein Hoffnung, nein, sogar Vertrauen, Zuversicht, Glaube und Gewissheit auf die Erreichbarkeit einer lebenswerten Zukunft wollen wir mit dem vorgelegten Werk vermitteln. Und, ich gestehe, nicht zuletzt auch uns selbst. Dass dies wahrhaftig und wissenschaftlich belegt „funktioniert", soll unten noch nähere Erwähnung finden und die Zuversicht stärken helfen.

Wir haben unser Schicksal in unserer eigenen Hand, und jeder Gedanke ist ein Baustein am werdenden Schicksal.

Durch das vorliegende Buch, liebe Leserinnen und Leser, wird deutlich, dass sich viele Menschen bereits seit langer Zeit intensiv und konkret mit dem Thema einer besseren Welt beschäftigen. Die positiven und teilweise begeisternden Erfahrungen, eine Welt voller Prospektiven über die mannigfaltigsten Bereiche wird Sie, wie uns, an diesem Punkt durchdrungen haben.

Glücklich und froh sind die Mitglieder der Redaktion, dass sich eine Gruppe von „Macherinnen und Machern" hier in diesem Werk bereit erklärt hat, ihr Wissen und ihre Visionen mit uns zu teilen, und die Kraft dieser Visionen ist offenbar so ansteckend, dass viele weitere herausragende Persönlichkeiten aus nahezu allen Bereichen Interesse bekunden, ihre progressiven Konzepte einem größerem Publikum vorzustellen.

Die Kraft der positiven Gedanken und Handlungen wird konkret erfahrbare Realität mit ungeahnter Wirksamkeit für uns und unsere Umgebung. Lebensqualität und Gesundheit, Lebenslust und Beziehungsqualität, Empathie und Vertrauen, Selbstwirksamkeit und Mitbestimmung sind hier die Parameter, die einen Wandel erfahren und uns eine Ahnung von unserer wahren Größe vermitteln. Was wir bis heute als bestimmende Elemente erfahren haben. ist dann eher von Unterdrückung, Manipulation, Fremdbeherrschung, Konditionierung und Traumatisierung geprägt.

Diese Elemente der seelischen Grausamkeiten sind seit Jahrhunderten zu Elementen der sozioökonomischen Verhaltenssteuerung entwickelt, oder unbewusst von Generation zu Generation übernommen worden. Tragischerweise wurde und wird, heute mit schwerer erkennbaren Methoden, schon auf die Kleinsten, ja sogar schon auf das ungeborene Leben durch Medikalisierung der Schwangerschaft, massiv Einfluss ausgeübt. Schon an diesem Punkt müssen wir mit den Veränderungen ansetzen und eine Rückeroberung der Schwangerschaft aus dem Medizinbetrieb einleiten. Wir müssen auch hier die Verantwortung für unsere Kinder, geboren oder ungeboren, übernehmen. Deshalb bedarf es einer Stärkung des Berufes der Hebamme und eine Wiedererlangung von Fähigkeiten zur Gesunderhaltung und zur Gesundung sowie eine Entstaatlichung der Ausbildung im Gesundheitswesen, die eng an pharmabasiertes Wissen gekoppelt ist. Traditionell überlieferte und erworbene Heilkunst wurde und wird aufgrund schlechter marktwirtschaftlicher Verwertbarkeit und der mangelhaften Steuerungsmöglichkeiten seitens der Machteliten ins Abseits befördert. Mit dem Ergebnis, dass wir dem ganzen System zunehmend ohnmächtig und hilflos ausgeliefert sind. Dies entspricht nicht unserer wahren Natur und unserem Wunsch nach Selbstbestimmung und Eigenverantwortung für die Belange, die uns betreffen.

Konfrontieren wir die verantwortlichen Stellen mit unseren Forderungen nach kindgerechter Bildung, nach einer natürlichen Geburt, ohne eine überbordende Apparatemedizin, die alles zum Geschäft erklärt hat. Kinder, die natürlich zur Welt gekommen sind, gehen mit einer psychischen und physiologischen Grundausstattung ins Leben, die einen Großteil der seelischen und körperlichen Leiden quasi unmöglich macht. Lachende, natürlich aufwachsende Kinder, die eine natürliche Geburtserfahrung in Liebe mit ihrer Mutter erfahren sowie viel Zeit in freiem Spiel und Lernen verbracht haben, bilden ein resilientes Fundament für eine ausgeglichene Persönlichkeitsentwicklung, in der Selbstwirksamkeit, Selbstbewusstsein, ausgereifte Liebes- und Beziehungsfähigkeit „normal" sind, und der Gedanke, wie man solch liebevolle Wesen dann später in Reih und Glied stellen will, oder sonst wie zu fremdbestimmtem Handeln manipulieren möchte, scheint absurd, nahezu unmöglich und nötigt uns nur ein amüsantes Lächeln ab. Spüren Sie, liebe Leserinnen und Leser, das Lächeln auf Ihren Lippen, so wie ich gerade in diesem Moment?

Wir bekommen eine vage Ahnung von den enormen Entwicklungspotenzialen, wenn wir uns vorstellen, dass Kinder freiwillig und mit Spaß lernen können, und dies in einem Bruchteil der Zeit, die heute aufgewendet werden muss. Die dabei entstehenden Persönlichkeiten sind die ideale Basis für eine menschenwürdige Gesellschaft!

Stellen wir uns einmal vor, wie Kinder, und auch Erwachsene, geprägt durch unsere von struktureller Gewalt beherrschte Zivilisation, auf einem Bauernhof konkret erleben, wie alles wächst und gedeiht, wie alles mit allem verbunden ist, wie lebendiger Erdboden durch die Finger rinnt, voll mit nützlichen Lebewesen, die ein gedeihliches Wachstum der Pflanzen ermöglichen, die uns und unsere Tiere in ihrer ganzen Gnade gesund ernähren. Eine Bauernfamilie erleben, die in Achtung vor dem Leben und in vollem Bewusstsein ihrer Verantwortung für unsere Mitwelt für die jetzige und zukünftige Generation ihre Erfahrung über die unfassbare Herrlichkeit der Lebensvorgänge weitergibt. Nach einem solchen Tag auf dem Bauernhof sind Kinder und Erwachsene verändert! So eine Erfahrung ist unvergesslich und berührt unseren Urgrund! Diese Erlebnisse werden weitergetragen zu Freunden und Bekannten. Und somit verbreiten sich diese Erfahrungen konsekutiv, wovon nicht zuletzt die ökologische Landwirtschaft profitiert und deren Akzeptanz gefördert wird.

„Ich bin Leben, das leben will, inmitten von Leben, das auch leben will", schrieb einst der Friedensnobelpreisträger Albert Schweitzer in seinem epochalen Werk „Kultur und Ethik" und proklamierte eine Ethik der „Ehrfurcht vor dem Leben". Auch wenn diese Worte vor ca. einhundert Jahren geschrieben wurden, so haben sie nichts an Aktualität eingebüßt. Als dauerhafte Maxime für unser Handeln in der Zukunft erscheinen sie ratsam und universell. Dieses Bewusstsein zieht sich wie ein roter Faden durch das Buch. Dieses Bewusstsein zu erweitern, indem die Wahrnehmung ausgeweitet, Erfahrungen erlebt werden können, ist von zentraler Bedeutung.

Dr. Ulrich Warnke, Biophysiker, schreibt dazu in seinem Buch „Quantenphilosophie und Spiritualität": „Ohne Bewusstsein existiert nichts – tatsächlich überhaupt nichts auf dieser Welt. Alles, wirklich alles, was wir über diese Welt wissen; alles, was unsere Welt ausmacht, alles Erdenkliche ist bis zu diesem Zeitpunkt immer über ein menschliches Bewusstsein gelaufen […] Daraus folgt im Umkehrschluss, dass das Bewusstsein alles erschafft – alles, was existiert; alles, was wir über unsere Sinne erfahren; alles, was wir erleben; alles, woran wir uns erinnern […]" und (Anmerkung des Autors); alles, was wir für unsere Zukunft prospektieren und visionieren. Wir müssen nur fest daran glauben, Vertrauen und Zuversicht ausstrahlen, denn jeder Gedanke ist ein Baustein am werdenden Schicksal.

Der Volksmund sagt gern dazu: „Der Glaube kann Berge versetzen!" Was ein wenig lächerlich und banal klingt, ist längst durch Quantenphysik und Quantenphilosophie belegte Tatsache in der Wissenschaft, die sich mühsam den Erkenntnisweg dahin gebahnt hat, was in den alten Urreligionen und Lebensphilosophien schon seit Jahrtausenden bekannt ist und eine wundersame und fantastische Verbindung zwischen Spiritualität, Lebenswirklichkeit und moderner Wissenschaft geschaffen hat. In vielen naturnah lebenden Gesellschaften, zum Beispiel bei den polynesischen Stämmen, existiert gar kein Wort für Religion. Für sie existiert keine Trennung in göttliches und weltliches, vielmehr lebt und wirkt das Göttliche in allem und jedem. Eine Vorstellung, die uns das Empfinden von Verbundenheit und Sicherheit spüren lassen kann. Feindseligkeiten gegenüber Mensch, Tier und Mitwelt erscheinen so nahezu ausgeschlossen. Eine schöne Vorstellung!

Einen kurzen Einblick in die segensreiche Macht der Spiritualität und der Mythen durften wir ja schon in dem vorliegenden Band genießen.

Kurz und gut: Quantenphysik und Quantenphilosophie weisen gerade nach, was seit Jahrtausenden bekannt ist! Ein Paradigmenwechsel steht unausweichlich bevor!

An erster Stelle steht nun die Verbreitung von Wissen und Erlebniswelten, die die Einheitserfahrung von Mensch und Mitwelt wahrnehmbar und fühlbar machen, so dass der Mensch wirklich versteht – ganz im Sinne eines Ignazio von Loyola, der schrieb: „Das pure Wissen allein sättigt nicht die Seele, sondern das innere Verkosten und Verspüren." Durch die so erweiterte Wahrnehmung verändert sich auch unser Bewusstsein.

Dem gegenüber steht, noch deutlich, das vorherrschende mechanistische und materialistische Weltbild, das unser Bewusstsein doch stark einschränken will und pyramidalen Herrschaftsstrukturen Vorschub und Unterstützung leistet. Die Anzahl der Menschen, die diese Begrenzungen überwunden haben und jene, die an der Schwelle der Überwindung stehen, nimmt beständig zu, und dies aus unserer Sicht auch zwangsläufig, da die inneren Wirkkräfte auf eine Vereinigung beziehungsweise Einheitserfahrung mit der uns umgebenden Welt hin drängen, von der wir in Wahrheit nur scheinbar getrennt wurden.

Durch mannigfache Aktivitäten in die „richtige" Richtung, wie sie in der vorliegenden Anthologie vorgestellt werden, schaffen wir Realität und erschaffen so immer mehr eine neue Wirklichkeit, die die alten Dystopien ablösen wird.

Dies wissen auch die sogenannte Herrschaftseliten, die mit unzähligen Thinktanks ausgestattet permanent den Puls der Gesellschaft abtasten, um jedwede „gefährliche" Veränderung proaktiv abzuwehren oder besser noch sich an die Spitze emanzipatorischer Bewegungen zu setzen und diese in gewünschte Richtungen zu lenken. Als mahnendes, sichtbares Beispiel mag hier die in den Achtzigern des zwanzigsten Jahrhundert aufgekommene Umwelt- und Friedensbewegung dienen, die heute in eine herrschaftskonforme „Fridays for Future"-Bewegung sowie in Greenwashing-Kampagnen und nicht zuletzt Geoengineering durch Unterwanderung überführt wurden, und final in den sogenannten „Great Reset" des WEF überführt werden sollen. Die tragische Rolle der sogenannten „grünen" Parteien soll hier nur in Erinnerung gerufen werden.

Sicherlich ist so etwas wie ein „Great Reset" diskutabel. Aber, mit Sicherheit nicht jener, der von den undemokratisch und dubios installierten Institutionen wie dem WEF propagiert werden. Dem liegt ein transhumanistisches Weltbild zugrunde, das seine cartesianisch-mechanistische Denkweise aus der Geschichte zugrunde legt.

Eine Zentralisation der Macht, wie sie von WEF, Weltbank, IWF, WHO, EU und anderen institutionellen Ablegern der Herrschaftskasten angestrebt wird, bedeutet die faktische Abschaffung demokratischer Strukturen in den Nationen und Regionen. Wir erleben den Transfer von Eingriffsmöglichkeiten der Bürger in politische und wirtschaftliche Belange, hin zu den oben genannten supranationalen Einrichtungen. Dieser Aufgabe von Partizipation an den Entscheidungsprozessen können wir mit lokalen und regionalen Aktivitäten und politischen Mitbestimmungsstrukturen entgegentreten und so Unabhängigkeit von Fremdlieferketten, Finanzmarktturbulenzen, Heuschreckenökonomie und vielen Auswüchsen der von einigen wenigen forcierten Globalisierung heutiger Prägung erreichen.

Lassen wir uns nicht weiter einreden, dass die jetzige Form des neoliberalen Wirtschaftssystems das Beste für unsere Zivilisation wäre, was es gegenwärtig gibt. Die aktuelle Corona-Krise ist, wie oben bereits erwähnt, nur die Spitze des Eisberges an Verwerfungen, Krisen, Ungerechtigkeiten und Machtmissbrauch. Zurzeit alimentiert unser Wirtschaftssystem eine winzige Schicht der Machtelite überproportional, und auf der anderen Seite lebt eine große Mehrheit an ausgebeuteten Menschen in Armut und Elend. Dazwischen, die von den Konsumversprechen betäubten Massen in den Industrieländern, die hart arbeiten und die Verteilung von Fleißig nach Reich permanent in Gang halten. Mischen wir uns ein, widersprechen wir den Scheinargumenten der Apologeten des entgrenzten Kapitalismus. Hier wird auch das vorherrschende Wirtschafts- und Finanzsystem infrage zu stellen sein, dass allein auf einem Glauben an das künstlich knapp gehaltene Mysterium Geld basiert.

Dass aus den oben angesprochenen Umständen Heerscharen an traumatisierten Menschen hervorgehen, nicht zuletzt auch durch immer wiederkehrende, systemimmanente Kriege überall auf der Erde, darf wirklich niemanden mehr wundern. Gern wird diese Situation verschwiegen und nicht thematisiert. Weil nicht sein kann, was nicht sein darf. Schließlich sind traumatisierte Menschen besonders gut führ- und manipulierbar.

Auch hier geht es nicht zuletzt um Kommunikation und Information von größtenteils frühkindlichen Verletzungen, um eine Heilung oder zumindest eine Besserung der individuellen Lebenssituation herbeizuführen.

Gehen wir die vor uns stehenden Aufgaben guten Mutes an, denn überall kann man die Schöpferkraft sehen, die aus einer positiven Grundeinstellung heraus resultiert. Geben wir uns und den Leidenden die Energie, die es benötigt, wieder auf die Beine zu kommen. Fordern wir alle relevanten gesellschaftlichen Gruppen, insbesondere alle Wissenschaftler auf, in ihren Bereichen, soweit als möglich, Gleiches zu tun.

Wir brauchen die Wissenschaft, frei von Kapital- und Machtinteressen, die lehrt und forscht, ohne die wirtschaftliche Verwertung als Priorität zu setzen. Es ist die Aufgabe von uns allen, dafür einzutreten, dass der Zugriff auf die Wissenschaft von Wirtschaft und Politik verhindert wird.

Aus diesem Grund möchte ich noch auf einen wesentlichen Pfeiler einer positiven Vision für unser Leben zu sprechen kommen: Den Rechtsrahmen, in dem wir leben, der in der Bundesrepublik vom Grundgesetz und der staatlichen Organisationsstruktur gebildet wird.

Es ist unser Gemeinwesen! Wir sind der Souverän! Holen wir uns das Recht auf Partizipation und Mitbestimmung zurück! Mischen wir uns wieder ein in die Belange, die uns betreffen und deren Folgen wir tragen müssen.

Öfters müssen wir hören, nicht zuletzt vom amerikanischen PR-Manager Walter Lippmann, einem der prominentesten Vertreter dieser Ansicht, dass das gemeine Volk nicht in der Lage ist, komplexe Sachverhalte zu verstehen, und aufgrund dessen eine Elite repräsentativ die Entscheidungen für uns alle treffen muss. Dumm nur, dass diese Repräsentanten nur selten die Folgen und Fehler ihrer Entscheidungen mittragen müssen. Zudem nun mehrere, wissenschaftlich auf höchstem Niveau erstellte Studien, zum Beispiel die unter der Leitung von Martin Gilens (Princeton University) „Affluence and Influence" oder die am Institut für Sozialwissenschaften der Universität Osnabrück von der ehemaligen Arbeitsministerin Andrea Nahles in Auftrag gegebene Studie zum Armuts- und Reichtumsbericht 2016, ergeben haben, dass unsere Gesellschaften sich in einer Krise der Repräsentation befinden. Im Lichte der Erkenntnis, dass die repräsentative Demokratie zur Verhinderung der direkten Demokratie erfunden wurde, erscheint es plausibel, dass die oben genannte Studie der Universität Osnabrück im genannten Armuts- und Reichtumsbericht keine Erwähnung mehr gefunden hat.

Ich möchte mit den Worten der famosen Schriftstellerin und Bürgerrechtlerin Daniela Dahn das Ende dieses Nachwortes einleiten: „Wir sind der Staat", schrieb sie und ich stimme mir ihr überein, dass Volk sein allein nicht genügt.

Die nötigen Informationen, um Staat sein zu können, sollten wir uns gegenseitig über Netzwerke und persönlichen Austausch zur Verfügung stellen. Statt abendlich der unten haltenden Unterhaltung in Form von Serien, Krimis oder manipulierenden sogenannten Nachrichtensendungen zu folgen, könnten wir regelmäßig in Versammlungen, auf lokaler Ebene und auch darüber hinaus, zusammenkommen. Uns über relevante Belange austauschen und informieren, Entscheidungen fällen und Aktivitäten initiieren, Kontakte knüpfen und uns auch nur ganz einfach aneinander erfreuen, Leben zusammen gestalten und erleben. Wer braucht da noch irgendeine Serie oder so etwas wie die Tagesschau?

Eine von uns Bürgern finanzierte und kontrollierte Presse- und Medienlandschaft als Grundversorgung der Informationsvermittlung kann man sich als sinnvolle Ergänzung vorstellen. Möge dieses Buch als Baustein seinen Teil dazu beitragen.

Da es noch viele Themenbereiche gibt, die eine progressive Vision verdienen, wird es noch mindestens einen weiteren Band geben. Die Vorbereitungen dazu laufen bereits und ich kann Ihnen versichern, dass es wieder einiges Inspirierendes und Visionäres für Sie zu entdecken gibt.

Schlussendlich hoffen wir vom Redaktionsteam, Ihnen, liebe Leserinnen und Leser, ein Werk an die Hand gegeben zu haben, das Sie in die Lage versetzt, wieder zu träumen, von einem besseren und sinnvolleren Leben, für uns und unsere Kinder. Bitte vergessen Sie nicht: Aus Träumen werden Visionen und Gedanken, und aus Gedanken werden Taten. Knüpfen Sie Kontakt mit Gleichgesinnten, eine Unterstützung steht in Form einer Vernetzung auf unserer Webseite www.driediger.de zur Verfügung. Reden Sie mit Ihren Freunden, Bekannten und Verwandten über die hier gewonnenen Eindrücke. Geben Sie das Buch weiter. Verschenken Sie es.

Die Menschen, die nach Visionen und Wegen zur praktischen Anwendung derselben suchen, werden es Ihnen danken.

In Liebe,
für das Redaktionsteam

Frank Lustig

DANKSAGUNG

Zuallererst möchte ich den Coautoren dieses Werkes herzlich für ihre Mitwirkung danken. Sie haben mit ihren informativen, engagierten, inspirierenden Beiträgen die Entstehung dieses Buches erst möglich gemacht.

Von Herzen danken möchte ich meinen Freunden aus dem Redaktionsteam: Anja Pauls, Christoph Gringmuth, Frank Lustig und Vera Zingsem. Insbesondere danke ich Anja für die mentale und emotionale Unterstützung in verschiedenen Phasen der Entstehung sowie für ihre tatkräftige Hilfe bei der redaktionellen Arbeit.

Ich danke Christoph für das Strukturieren und Ordnen sowie für seinen fundierten Beitrag zum Thema Ökonomie. Vera danke ich von ganzem Herzen dafür, dass sie darauf bestand: Es gibt keine Zukunft ohne Vergangenheit.

Wenn die Idee für dieses Buch auch von mir stammte, so war Frank doch über weite Strecken die treibende Kraft des Projekts. Er knüpfte Kontakte, entwickelte Ideen und glaubte von Anfang an an die Verwirklichung dieses Vorhabens. Danke dafür!

Elvira Driediger

Historisches Dokument der Zeitenwende

HANNES HENKELMANN
ZWEI TAGE IN BERLIN
Fotoband

Ein Friedensfest sollte es werden, ein Fest, dass gleichzeitig zeigen sollte, dass es viele Millionen Menschen sind, welche die Corona-Maßnahmen der Regierung nicht mehr mittragen. Ein Fest, bei dem die internationalen Flaggen für Frieden, Freiheit und Demokratie Mut machend im Wind flattern würden. Und genau so kam es auch!
Die Straßen zwischen und rund um Brandenburger Tor und Siegessäule konnten die Menschenmengen kaum fassen.
Doch was friedlich begann, wurde schon bald zu einer Zerreißprobe, wie es auch die Fotos in diesem Band eindrücklich belegen. Machen Sie sich anhand dieses Buches ein eigenes Bild ...

84 Seiten . Gebunden mit Schutzumschlag . ISBN 978-3-932130-63-2

SAFI NIDIAYE
DER SCHLÜSSEL LIEGT IM HERZEN
Wie bewusstes Fühlen Probleme löst

Bewusste Wahrnehmung von Gefühlen, konzentriert und fokussiert, ist der Weg zur Freiheit. Auf dem Weg der bewussten Wahrnehmung und geführt von ihrer Intuition, entdeckte die Autorin Safi Nidiaye diese Methode, die fast jedes Lebensproblem lösen, unsere tiefsten emotionalen Wunden heilen, unsere Herzen öffnen und uns von all den fremden Bürden befreien kann, die wir uns unbewusst aufgeladen haben. Und das alles ohne Selbstvergewaltigung, ohne Strategien, ohne etwas zu tun – außer wahrzunehmen.

Safi Nidiaye nannte diese Methode "Körperzentrierte Herzensarbeit".

144 Seiten . Gebunden mit Schutzumschlag . ISBN 978-3-932130-65-6

Die Körperzentrierte Herzensarbeit ist ein Weg zur Problemlösung, Selbstheilung, Bewusstwerdung, zu Freiheit, Lebendigkeit und einem Leben mit Herz.
Lassen Sie sich von der Autorin Schritt für Schritt auf den Grund Ihrer Probleme führen und den verborgenen Schatz darunter entdecken.

Hörbuch/Übungs-CD . ISBN 978-3-932130-66-3